**Reisetipps von A bis Z
Reise-Highlights**

Kapstadt

Kap-Halbinsel

Weinland

Walküste

aroo

rden Route

„Big Five"

**Westcoast und
Cederberge**

Anhang

Klipgat Cave bei De Kelders

Kapstadt, Garden Route & Kap-Provinz

Elke Losskarn

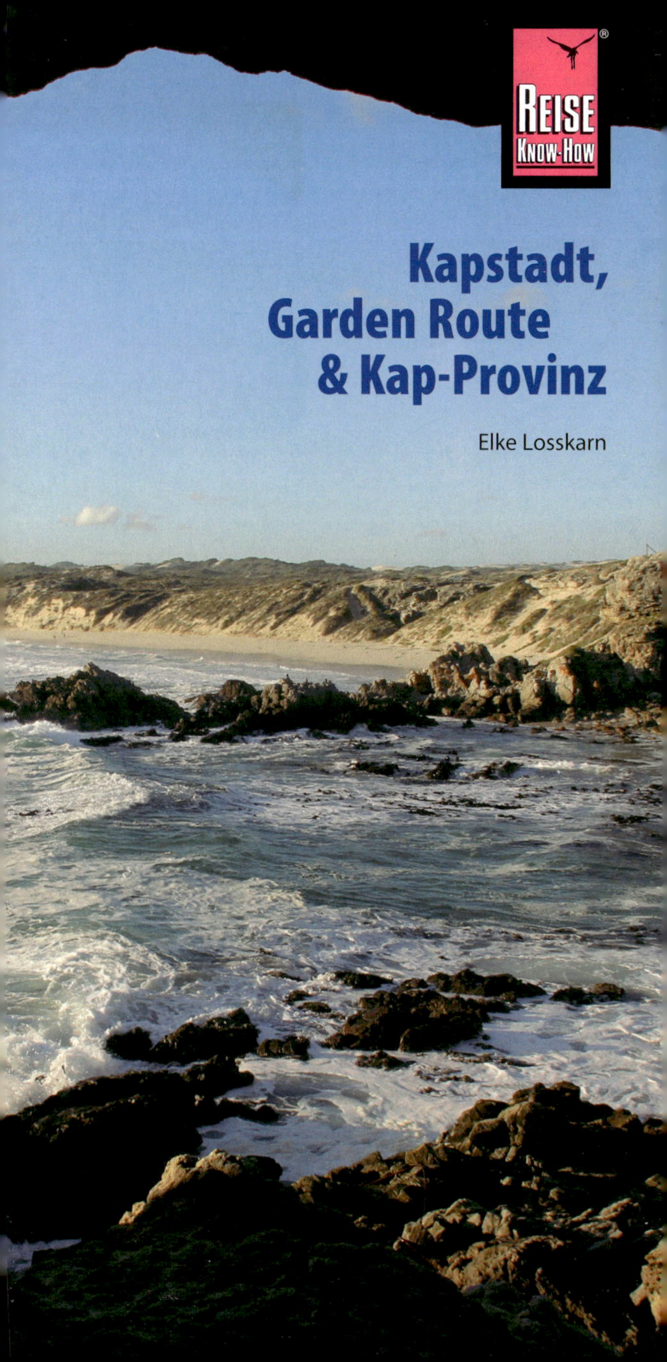

Südafrika perfekt –
das Südafrika-Portal im Internet

des REISE KNOW-HOW Verlags Helmut Hermann

www.suedafrikaperfekt.de

- Die Internet-Ergänzung zu den Südafrika-Reisehandbüchern von REISE KNOW-HOW
- Informationen über Land & Leute, Tipps zur Planung Ihrer Reise
- Über 400 Unterkünfte aller Art (von günstig bis gehoben) mit ausführlichen Beschreibungen, Fotostrecken und Geo-Daten
- Büchershop und Neuerscheinungen, weiterführende Links zu über 100 Ländern – nur ein Klick zu **www.reise-know-how.de**

Südafrika Know-How –
das Südafrika-Forum

des REISE KNOW-HOW Verlags Helmut Hermann

www.suedafrika-know-how.de

- eMail-Adresse des Verlags:

verlag@rkh-reisefuehrer.de

Elke Losskarn

Kapstadt, Garden Route & Kap-Provinz

Impressum

Text 2003–2007: Dieter Losskarn
Updates seither: Elke Losskarn
Kapstadt, Garden Route & Kap-Provinz

erschienen im
REISE KNOW-HOW Verlag

ISBN 978-3-89662-571-4

© Helmut Hermann
Untere Mühle
D - 71706 Markgröningen

2003 • 2005 • 2007 • 2009 • 2011 • 2013
7. aktualisierte Auflage 2014

Alle Rechte vorbehalten

– Printed in Germany –

eMail-Adresse des Verlags: verlag@rkh-reisefuehrer.de
Websites von Reise Know-How:
www.reise-know-how.de • www.suedafrikaperfekt.de

Gestaltung u. Herstellung
Umschlagkonzept: Carsten Blind
Karten: Helmut Hermann
Inhalt: Bettina Romanjuk, Carsten Blind
©Karten in den Umschlagklappen:
Reise Know-How Verlag Peter Rump, Bielefeld
Druck: Wilhelm & Adam, Heusenstamm
Fotos: s. Bildnachweis im Anhang

Dieses Buch ist erhältlich in jeder Buchhandlung in Deutschland,
Österreich, Schweiz, Niederlande und Belgien
Bitte informieren Sie Ihren Buchhändler über folgende Bezugsadressen:
D: PROLIT GmbH, Postfach 9, 35461 Fernwald
     www.prolit.de (sowie alle Barsortimente),
CH: AVA-buch 2000, Postfach 27, 8910 Affoltern, www.ava.ch
A: Mohr Morawa Buchvertrieb GmbH, Postfach 260, 1011 Wien
NL, B: Willems Adventure, www.willemsadventure.nl
Wer im Buchhandel trotzdem kein Glück hat, bekommt
unsere Bücher auch über unsere Büchershops im Internet (s.o.)

Wir freuen uns über Kritik, Kommentare und Verbesserungsvorschläge.
Alle Informationen und Daten in diesem Buch sind mit größter Sorgfalt
gesammelt und vom Lektorat des Verlags gewissenhaft bearbeitet und
überprüft worden. Da inhaltliche und sachliche Fehler nicht ausgeschlossen
werden können, erklärt der Verlag, dass alle Angaben im Sinne der Produkt-
haftung ohne Garantie erfolgen und dass Verlag wie Autor keinerlei Verantwortung
und Haftung für inhaltliche und sachliche Fehler übernehmen. Die Nennung
von Firmen und ihren Produkten und ihre Reihenfolge sind als Beispiel ohne
Wertung gegenüber anderen anzusehen. Qualitätsangaben sind subjektive
Einschätzungen der Autoren.

Vorwort

„Ich glaube fest daran, dass Südafrika der schönste Ort auf Erden ist." Ein Zitat von Nelson Mandela. Mit der Freilassung Nelson Mandelas im Jahre 1990 und dem demokratischen Wandel im Land wurde das bis dahin geächtete und boykottierte Südafrika plötzlich ein beliebtes Reiseziel. Die friedlich verlaufende Fußballweltmeisterschaft im Jahr 2010 hat trotz anfänglicher Skepsis ein weiteres positives Licht auf Südafrika geworfen. Als am 5. Dezember 2013 Südafrikas Nationalheld Nelson Mandela, von den Einheimischen liebevoll „Madiba" genannt, im Alter von 95 Jahren stirbt, sind wieder alle Augen auf Südafrika gerichtet. Im Januar 2014 wählen die *New York Times* und *The Guardian* Kapstadt zum Reiseziel Nummer Eins weltweit. Zusätzlich bekommt die „Mother City" Kapstadt 2014 den Zuschlag zum *World Design Capital*.

Während am Anfang des Booms noch „Südafrika in drei Wochen" angesagt war, fokussieren Besucher mittlerweile viel mehr. Favorit ist ganz eindeutig „das Kap", also **Kapstadt** und Umgebung. Die *Victoria & Alfred Waterfront* hat mehr Besucherzahlen als der *Krüger-Nationalpark!* Kein Wunder, die Stadt gehört, umrahmt von Tafelberg und Atlantik, zu den schönsten der Welt. Hier gibt es die attraktivsten Strände, die besten Restaurants und elegantesten Übernachtungsmöglichkeiten. Im **Weinland,** in Orten wie *Stellenbosch, Franschhoek, Paarl, Wellington* und *Tulbagh,* werden exzellente Rebsorten in grandioser Landschaft angebaut und zu vorzüglichen Weinen gekeltert. In den **Cederbergen** mit ihren bizarr verwitterten, roten Sandsteinfelsen gibt es spektakuläre Wander- und Klettermöglichkeiten. Die **Westküste** ist berühmt für ihre Fülle an frischem Fisch und urigen Open-air-Seafood-Restaurants. Die Halbwüste der **Karoo** mit ihrer mittlerweile berühmten **Route 62** ist dann wieder etwas für Ruhesuchende: Nirgendwo sonst im Land lässt sich der Sternenhimmel samt dem „Kreuz des Südens" besser beobachten. Zwischen Kapstadt und **Afrikas südlichstem Punkt,** *Cape Agulhas,* bietet die Küste ausgezeichnete Wal-Beobachtungsmöglichkeiten, sowohl vom Land als auch vom Boot aus (und wer es abenteuerlicher mag, kann von einem versenkten Käfig unter Wasser Weiße Haie beobachten). Die **Garden Route** bietet neben pittoresken Küstenorten, wie *Mossel Bay, Wilderness, Knysna* und *Plettenberg Bay,* viele Wander- und Wassersportmöglichkeiten. Am berühmtesten ist der fünftägige *Otter Trail* im *Tsitsikamma National Park*. Adrenalin-Junkies können sich von der 216 m hohen Bloukrans-Brücke stürzen, dem höchsten Bungee-Sprung der Welt.

Ein weiteres Highlight an der Garden Route bieten die **„Big Five"** – *Löwe, Leopard, Elefant, Nashorn* und *Büffel*. Je nach Reisetempo nur ein bis drei Tagesetappen von Kapstadt entfernt und, im Gegensatz zum Krüger Park und den Schutzgebieten in KwaZulu-Natal, absolut *malariafrei*. In der **Eastern Cape Province,** der einst wildreichsten Region Südafrikas, wurden Dutzende von ehemaligen Farmen in ihren natürlichen Zustand zurückgeführt. Zäune, Dämme und alte Gebäude verschwinden. Tiere, die über hundert Jahre lang in der Gegend ausgerottet waren, werden wieder ausgesetzt, einheimische Flora angepflanzt. Kernpunkt dieser erfreulichen Entwicklungen ist der ständig wachsende **Addo Elephant National Park,** der sich mittlerweile bis zum Meer erstreckt. Hier spricht man von den „Big Seven", der Glattwal und der Weiße Hai ergänzen die Liste der ursprünglichen „Big Five".

Und bei dem relativ günstigen Rand-Umtauschkurs – ein Euro ist bezüglich der Kaufkraft etwa 30% mehr wert als in Deutschland –, ist ein Urlaub in Südafrika im internationalen Vergleich recht preiswert. Also, worauf warten Sie noch? Ab ans Kap!

Ich wünsche Ihnen tolle Reiseerlebnisse, herzlichst Ihre

Elke Losskarn

Inhaltsverzeichnis

Reisetipps von A bis Z

Anreise, Verkehrsverbindungen und Transportmittel, Verkehr	14
Exkurs Faszination Weißer Hai	22
Diplomatische Vertretungen	24
Einkaufen/VAT Return	24
Einreise-Formalitäten	25
Feste und Feiertage	26
Fotografieren	26
Geld und Banken	27
Gesundheit	27
Infostellen	28
Internet	28
Nationalparks und Natur-Reservate	30
Notruf-Nummern	34
Öffnungszeiten	34
Parken	34
Post	35
Reisezeit	35
Sicherheit	36
Sprache	36
Strom	36
Tankstellen	36
Telefonieren	37
Trinkgeld	37
Übernachten	38
Wellness	38
Zeitunterschied	38
Zollbestimmungen	38
Exkurs OP am Kap	39

Essen und Trinken

Restaurants	40
Nachlesen: Restaurants und Weine	42
Exkurs Vin de Constance	43
Bier & Co	44
Glossar Essen und Trinken in Südafrika	44

Aktiv und kreativ

„Adrenalin-Aktivitäten" und Sportliches	46
Abseilen (Abseiling)	46
Brücken- und Bungee-Springen	46
Fahrrad- und Mountainbike-Touren	47
Fliegen *(Flying)*	47
Golf	47

	Kloofing	47
	Reiten	48
	Sandboarding	48
	Sea Kayaking	48
	Seilrutschen (Zip Slide Tours)	48
	Surfen	49
	Wassersport	49
	Tauchen	49
Exkurs	Geländewagenfahren	50

Tiere und Pflanzen

| Artenreiche Fauna | 52 |
| Einzigartige Flora | 66 |

Geschichte

| Von der Urzeit in die Gegenwart | 68 |

Reise-Highlights in Kapstadt und in der Kap-Provinz

	Cape Town Carnival	73
	Kap der Guten Hoffnung	73
	Sightseeing mit dem Doppeldecker-Bus	74
	Neighbourgoods Market	75
	Robben Island	75
	Safari in einem privaten Wildnis-Camp	76
	Sundowner	77
	Swartberg Pass	78
	Tafelberg per Seilbahn oder hoch zu Fuß	79
	Trommel-Workshops	80
	Wal-Bekanntschaften in der Walker Bay	80
	Reise Know-Hows Top-Restaurants	81
	Reise Know-Hows Top-Übernachtungen	81
	Weinprobe	82
Exkurs	Wandern am schönsten Ende der Welt	82

Kapstadt

	City, Bo-Kaap, Tafelberg, Lion's Head, Signall Hill, Robben Island, Victoria & Alfred Waterfront, Canal Walk, Ratanga Junction, Grand West Casino	86
Exkurs	Feste	90
Exkurs	Kapstadts Märkte	103
	Informationen Kapstadt: Unterkunft, Restaurants, Nightlife, Adressen & Service, Shopping	105
Exkurs	Jazz und Musik in Kapstadt	115
Exkurs	Kapstadt – Afrikas Hollywood	121

Inhaltsverzeichnis   **11**

Die Reiserouten

1. Kaphalbinsel 124

Woodstock – Observatory – Rhodes Memorial – Kirstenbosch Botanical Gardens – Constantia – Rondevlei – Muizenberg – St. James – Kalk Bay – Fish Hoek – Glencairn – Simon's Town – Boulders Beach/Pinguin-Kolonie – Miller's Point – Smitswinkel Bay – Cape of Good Hope Nature Reserve – Cape Point und Cape of Good Hope – Scarborough – Kommetjie – Noordhoek – Chapman's Peak Drive – Hout Bay – Llandudno – Camps Bay – Clifton – Sea Point – Mouille Point – Waterfront Kapstadt

Exkurs	Strände am Kap	132
	Chapman's Peak Drive	142
Exkurs	Townships	154

2. Weinland 157

Somerset-West – N 2 Sir Lowry's Pass – R 321 Grabouw – Theewaterskloof Dam – R 45 Franschhoek – R 310 Boschendal – Helshoogte Pass – Stellenbosch – R 44 Paarl – R 303 Wellington – R 303 Bain's Kloof Pass – Wolseley – Tulbagh – Nuwekloof Pass – Hermon – Bartholomeus Klip – Riebeek-Kasteel – Riebeek-West – Malmesbury – Durbanville – Weingüter Hazendal und Zevenwacht

Exkurs   Wellness-Urlaub in Südafrika 180

3. Walküste 194

Muizenberg – R 310 – Gordon's Bay – R 44 – Rooi Els – Pringle Bay – Hangklip – Betty's Bay – Kleinmond – R 43 Hermanus – Stanford – Die Kelders – Gansbaai – Pearly Beach – Elim – Bredasdorp – R 319 Cape Agulhas – Bredasdorp – R 316 Arniston – Bredasdorp – De Hoop Nature Reserve – Malgas – Witsand

Exkurs	Wal-Bekanntschaft	199
Exkurs	Immobilienkauf in Südafrika	210

4. Karoo 212

Kapstadt – N 1 Paarl – Du Toitskloof Pass – Worcester – R 60 Robertson – Ashton – Route 62 Montagu – Barrydale – (Abstecher über den Tradouws Pass nach Swellendam) – Ronnie's Sex Shop – Ladismith – Amalienstein (Abstecher: Seweweekspoort) – Huisrivier Pass – Calitzdorp – Oudtshoorn – N 12 Meiringspoort –

	(Alternative: Swartberg Pass) – Prince Albert – R 407 Prince Albert Road – N 1 Matjiesfontein – Touws River – Hex River Pass – Worcester – Kapstadt
Exkurs	Die Highway-Stars 232

5. Garden Route 235

Mossel Bay – George (Abstecher Montagu Pass) – Victoria Bay – N 2 Wilderness – Knysna – Plettenberg Bay – Keurboomstrand – Tsitsikamma N.P. – Jeffrey's Bay – Port Elizabeth (Alternativstrecke für die Rückfahrt nach Knysna: Von Port Elizabeth R 331 Hankey – Patensie – Baviaanskloof-Schlucht – Willowmore – Prince Alfred's Pass – Knysna; siehe Exkurs: „Tal der Affen – Baviaanskloof").

Exkurs	Von George nach Knysna auf der Old George Road 244
Exkurs	Tal der Affen – Baviaanskloof 256

6. Die „Big Five" – malariafrei 259

Die privaten und staatlichen Wildnisreservate in der Eastern Cape Province.
Port Elizabeth – N 2 – R 72 Alexandria – Kenton-on-Sea – R 343 Kariega Game Reserve – N 2 Grahamstown – R 67 Kwandwe Private Game Reserve – Shamwari Private Game Reserve – Addo – Addo Elephant National Park

7. Westküste und Cederberge 271

Kapstadt – Bloubergstrand – R 307 Mamre – Darling – Yzerfontein – West Coast National Park – Langebaan – Paternoster – Velddrif – Lambert's Bay – R 364 Clanwilliam – Cederberge – Wuppertal – Ceres

Exkurs	Rooibos Tea 284

Anhang

Die Autoren · Bildnachweis 292
Register 293

Open air-Konzert
im Kirstenbosch Botanical Gardens ▶

Allgemeiner Teil

Reisetipps von A bis Z

Anreise, Verkehrsverbindungen, Verkehr

Über 60 internationale Fluggesellschaften fliegen Johannesburg und Kapstadt mehrmals die Woche an. Die Flugzeit von Frankfurt nach Johannesburg beträgt 10 Stunden, nach Kapstadt etwa 2 Stunden länger.

- **South African Airways,** SAA, www.flysaa.com, Tel. 29980320, fliegt täglich von Frankfurt nach Kapstadt, entweder direkt oder mit Zwischenstopp in Johannesburg.
- **Air Berlin**, www.airberlin.com, Tel. 0180-5737800, bietet von Ende Oktober bis Ende April Direktflüge von Deutschland nach Kapstadt an.
- **Air Namibia,** www.airnamibia.de, Tel. 069-77063028, fliegt viermal pro Woche mit der Möglichkeit, Südafrika und Namibia in einem Urlaub zu kombinieren. Gabelflug Frankfurt – Windhoek (9 h, Anschlussflug nach Kapstadt 1 h 50 Min.); retour Kapstadt – Frankfurt, oder mit Zwischenstopp in Windhoek. Fragen sie Ihr Reisebüro nach den günstigsten Air-Namibia-Tarifen.
- **Lufthansa,** www.lufthansa.de, Tel. 01805-805 805, bietet mehrmals wöchentlich Direktflüge von Frankfurt nach Kapstadt an (nicht im Südwinter).
- **British Airways** , www.british-airways.com, Tel. 01805-266522, bietet täglich Flüge über London nach Johannesburg und Kapstadt an.
- **Emirates**, www.emirates.com, Tel. 0699-45192000, fliegt ab Frankfurt via Dubai nach Kapstadt
- **Etihad Airways,** www.etihadairways.com, Tel. 089-44238888 u. Tel. 0180-5005400, fliegt über Abu Dhabi nach Kapstadt. Einer der günstigsten Anbieter, dafür lange Flugzeit.
- **Turkish Airlines,** Tel. 021-9363440, www.turkishairlines.com, fliegt über Istanbul nach Kapstadt.

Je nach Saison kosten Flüge von Europa nach Südafrika zwischen 600 und 950 Euro. Die günstigen Verbindungen sind, vor allem in der **Hochsaison zwischen Oktober und März,** schnell weg. Also möglichst lange vorher buchen. Last-Minute-Angebote gibt es nicht oft. Wer nach **Kapstadt** will, sollte gleich **einen Direktflug buchen,** dann fällt das lästige und zeitraubende Umsteigen in Johannesburg weg!

Airport-Transfer

Vom Kapstädter Flughafen fahren einige Zubringer-Busse in die City. Transfer ab R150, je nach Unternehmen, www.capetownshuttles.co.za, www.airporthopper.co.za, www.myciti.org.za. Manche der größeren Hotels bieten ihren Gästen einen kostenlosen Abholservice. Die größeren Autovermieter sind alle am Flughafen vertreten, die kleineren liefern ihre Autos dorthin.

Mit dem Flugzeug

Südafrika verfügt über ein dichtes Inlandsflugnetz. **SA Airlink** gehört zur SAA und verbindet Johannesburg und Kapstadt direkt mit Hoedspruit am Krüger Park und mit Port Elizabeth in der Eastern Cape Province. Es gibt tägliche Verbindungen zwischen Johannesburg, Cape Town, Pretoria, Durban und kleineren Orten, wie Bloemfontein, East London (Buffalo City), George, Kimberley, Nelspruit und Upington. **Kulula.com** (www.kulula.com), **1time** (www.1time.aero) und **Mango** (www.flymango.com) sind die Billiganbieter auf den populären Routen zwischen Kapstadt und Johannesburg, Durban, Port Elizabeth, Nelspruit und George. **British Airways** in Kooperation mit **Comair** (www.britishairways.com) verbindet die Hauptzentren.

Mit der Bahn

Eine Fahrt mit dem Zug ist eine gemütliche und günstige Alternative zum Flugzeug oder Mietwagen. Passagierzüge werden von „Shosholoza Meyl", South African Railways (Spoornet) angeboten. Wer auf Luxus nicht verzichten möchte, gönnt sich eine Fahrt mit dem exlusiven „Blue Train" oder „Rovos Rail".

Zugverbindungen mit dem **Shosholoza Meyl**, Tourist Class:
Kapstadt – Johannesburg. Fahrzeit 27 h. Preis je nach Saison R480–R670

Rovos Rail

Kapstadt – Durban. Der Zug ist drei Tage unterwegs. Preis je nach Saison R620–R790

Zugverbindungen mit dem **Shosholoza**, Premier Class: Dieser Erste-Klasse-Zug ist eine günstige Alternative zu den teuren Blue Train- und Rovos Rail-Bahnfahrten. Er ist ausgestattet mit Klimaanlage, Einer-, Zweier- und Vierer-Schlafabteilen, elegantem Restaurant und einem „Wellness-Zugabteil", in dem man sich während der Fahrt eine Massage gönnen kann.

Kapstadt – Johannesburg. Fahrzeit 27 h. Preis je nach Saison R1770–R2210 inklusive Mahlzeiten

Reservierung über www.shosholoza-meyl.co.za und www.shosholoza-meyl.co.za/premier_classe.html, innerhalb Südafrikas Tel. 027-117744555, Tel. 27-123348039 u. Tel. 086-0008888.

Blue Train Die berühmtesten Luxuszüge in Südafrika heißen **Blue Train** (Joubert Park, Tel. 021-4492672, www.bluetrain.co.za und **Rovos Rail** (Pretoria, Tel. 021-4214020, www.rovos.co.za.

Die Züge können über einige Reiseveranstalter in Deutschland gebucht werden und beide verkehren u.a. auf der Hauptstrecke Pretoria – Johannesburg – Kapstadt. Während der modern-elegante Blue Train diese Strecke in 25 Stunden bewältigt, lässt sich der historische Rovos dafür gut zwei Tage Zeit. Personal und die servierten Mahlzeiten lassen keine Wünsche offen.

Mit dem Bus

Die großen Überlandbusse haben ein viel dichteres Beförderungsnetz als die Bahn, sind schnell und komfortabel. Kapstadt – Pretoria dauert etwa 20 Stunden und kostet rund 600 Rand One-way. In den Websites der Busunternehmen kann online reserviert werden.

Reisetipps von A bis Z

- **Greyhound Coach Lines,** Tel. 021 5056363, 083-9159000 (24 Stunden Reservierung), www.greyhound.co.za; mit dem *Travel-Pass* lässt es sich unbegrenzt auf allen Greyhound-Linien im Land reisen.
- **Translux Express,** Tel. 021-449 6209, 0861 589 282, www.translux.co.za; bietet ebenfalls Travel-Pässe an.
- **Intercape,** Tel. 021-3804400 u. 086-1287287, www.intercape.co.za; bietet den „sleepliner" an, Sitze können in bequeme Schlafpositionen gestellt werden.

Enger sitzt man im meist in den von Backpackern frequentierten Minibussen von **Baz Bus,** Tel. 021-4225202 u. 086-1229287, www.bazbus.com. Der preiswerte Minibus verbindet Johannesburg mit Kapstadt über KwaZulu-Natal und die Drakensberge. Unterwegs kann nach Belieben ein- und ausgestiegen werden.

Mit Mietwagen und Wohnmobil

Fahrzeuge internationaler oder südafrikanischer Firmen wie *Avis* (www.avis.co.za), *Budget* (www.budget.co.za), *Europcar Interrent* (www.europcar.co.za), *Imperial Car Rental* (www.imperial.co.za) oder *Thrifty* (www.thrifty.co.za) können oft bereits im heimischen Reisebüro gebucht und dann direkt am südafrikanischen Flughafen übernommen werden.

Diverse Fluggesellschaften bieten Kombinationstarife in sogenannten *Fly-and-Drive-Programmen* (Flug und Mietwagen) an. Falls es Probleme mit dem Mietwagen oder Wohnmobil vor Ort geben sollte, gilt so deutsches Reiserecht, was eventuelle Regressansprüche möglich macht. Bei Direktbuchung in Südafrika ist das erheblich schwieriger. Außerdem ist die Kommunikation in Deutschland natürlich einfacher als auf Englisch in Südafrika. Ein Vorteil größerer Vermieter ist die meist kostenfreie und sofortige Lieferung eines Ersatzfahrzeuges im Pannenfall. Cabrios oder Motorräder finden sich allerdings meist nur vor Ort bei kleineren

Mit dem Mietwagen unterwegs. Stopp bei einem Straßenhändler, der aus Draht und Blechabfällen gefertigte Automodelle anbietet (Township-Art).

Gelände-wagen

Vermietern. Bei www.opodo.de können Flüge und Mietwagen online gebucht werden.

Das Mindestalter für die Anmietung in Südafrika ist 23 Jahre, eine Kreditkarte und die Vorlage eines Internationalen Führerscheins.

Wer vorhat, ein bisschen abseits der Straßen unterwegs zu sein, kommt um einen **Geländewagen** nicht herum, der meist doppelt so viel wie ein Pkw kostet. Ein dazu gemietetes Dachzelt spart dann wieder Übernachtungskosten. Um eine aktuelle Preisidee zu bekommen, besucht man am besten die Website des Anbieters

Britz 4x4 Rentals (www.britz.co.za).

Ein deutsch-südafrikanischer Anbieter für Buschcamper, Motorhomes und Hi-Tops ist

Africamper (www.africamper.com).

Egal ob in Deutschland oder in Südafrika angemietet, empfiehlt sich neben einer Vollkasko-Versicherung eine eingehende Übernahme-Inspektion des Fahrzeugs, besonders dann, wenn es sich um ein Wohnmobil oder einen Geländewagen handelt. Untersuchen sollte man die Windschutzscheiben auf Risse, die Reifen einschließlich Reserverad auf Beschädigungen und rundum die Karosserie auf Lackschäden und Kratzer. Nachsehen, ob sich ein funktionierender Wagenheber im Auto befindet. Reifen und Windschutzscheiben sind bei den meisten Vermietern nicht im normalen Verschleiß enthalten, müssen also bei Beschädigung extra bezahlt werden!

Käfer-Miete

in Kapstadt gibt es alte, komplett überholte VW-Käfer zu mieten, günstiger kommt man in Südafrika nicht an vier Räder. Infos unter:

Reisetipps von A bis Z

- Best Beetle, www.bestbeetle.co.za, verfügt über eine Flotte von 150 VW-Käfer, einer kostet 350 Rand pro Tag und 850 Rand für eine Woche.
- Just For Fun Car Hire, www.funcar.co.za; hier gibt es einen Käfer ab 200 Rand pro Tag zu mieten. Monatsmiete ab 3500 Rand inclusive CD-Player!

Campingplätze

Auf der Website www.westerncape.php sind die schönsten Plätze im Western Cape gelistet und können online gebucht werden.

Motorrad und Roller mieten

- Cape Bike Travel, www.capebiketravel.de, 14 Antrim Road, Green Point, Cape Town, Tel. 084-6064449, deutscher Ansprechpartner Jörg Vogel. Cape Bike Travel ist der offizielle Reiseveranstalter für Harley-Davidson Kapstadt. Selbstfahrer erhalten detaillierte Karten und Roadbooks, Navi sowie Flughafen-Transfer. Außerdem im Angebot: maßgeschneiderte Reisen zu verschiedenen Harleytreffen und Rundreisen. Und wer keinen Motorradführerschein besitzt, kann sich eine Harley mit Chauffeur mieten!

Tipp: Kapstadt-Harley-T-Shirt kaufen.

Mit einer gemieteten Harley Davidson unterwegs

- Le Cap Motorcycle Hire, www.lecap.co.za, Tel. 072-2590009. Der deutsche Besitzer ist Mechaniker, vermietet vor allem Enduros und veranstaltet organisierte Motorradtouren.

Auf dem Franschhoek Pass

- Karoo-Biking, Observatory, Cape Town, Tel. 021-4474759, Mobil 082-5336655, www.karoo-biking.de; Infos und Reservierung in Deutschland unter Tel. 0221-355332002.
- Edelweiss Bike Travel, der österreichische Motorradtourenveranstalter, hat eine zweiwöchige Südafrika-Tour im Programm, die in Johannesburg startet und am Kap ended. Tel. +43-52645690, www.edelweiss-bike.com.
- Die City und die Kaphalbinsel mit einem Roller erkunden, günstig und keine nervige Parkplatzsucherei: Scoot Dr. Scooter Rentals, 201 Bree St, Cape Town, Tel. 021-4245302, www.scootdr.com.

Straßenverkehr

In Südafrika wird auf der linken Straßenseite gefahren. Sowohl mit der Verkehrsinfrastruktur als auch in der Qualität seiner Straßen nimmt Südafrika auf dem Kontinent eine Spitzenposition ein. Südafrikaner aller Hautfarben sind begeisterte Autofans, Touristen sind bei der Ankunft oft überrascht über die erstaunlich hohe Anzahl brandneuer Autos und teilweise wunderbar restaurierter Klassiker im Straßenverkehr (siehe Exkurs „Oldtimer in Südafrika").

Es gibt Geschwindigkeitsbeschränkungen (generell 120 km/h auf Fernstraßen, 100 km/h auf Landstraßen und 60 km/h in der Stadt), obwohl der unbedarfte Besucher oft nicht diesen Eindruck hat. Aus diesem Grunde geht die Polizei in letzter Zeit drastisch gegen Temposünder vor. Es herrscht außerdem Gurtanlegepflicht, und das Telefonieren ohne Freisprechanlage im Auto wird ebenfalls geahndet.

Aufgrund der relativ geringen Verkehrsdichte sind Überlandfahrten meist recht geruhsam. In den Städten, vor allem Kapstadt, geht es allerdings hektisch zu. Verantwortlich dafür sind zum großen Teil die kamikazeartig agierenden Minibus-Taxifahrer, die ihren eigenen Regeln folgen. Aber auch für den durchschnittlichen südafrikanischen Autofahrer sind Begriffe wie Reißverschlussverkehr, Zebrastreifen und Sicherheitsabstand eher Fremdwörter.

Besondere Verkehrsregeln

Besondere Verkehrsregel:

Bei Kreuzungen mit vier Stoppschildern *(four way stop)* hat derjenige Vorfahrt, der als erstes an die Kreuzung gefahren ist, dann kommt der zweite usw. Südafrikaner halten sich erstaunlich korrekt an diese Regel.

Besondere Verkehrsschilder:

- Ein weißes „T" auf blauem Grund bedeutet *Toll Road*, also eine gebührenpflichtige bzw. Mautstraße.
- Ein rot eingekreistes und rot durchgestrichenes „S" auf weißem Grund bedeutet Halteverbot, ebenso wie ein durchgestrichenes „S", das irgendwo auf die Straße gemalt ist.
- Alle tourismusrelevanten Schilder sind braun mit weißer Schrift oder weißen Symbolen, z.B. sind alle B&Bs, Gästehäuser und Lodges offiziell so gekennzeichnet.

Besondere Strecken:

Auf dem Chapman's Peak Drive sind keine Fußgänger erlaubt

Der Chapman's Peak Drive auf der Kaphalbinsel, der die Orte Hout Bay und Nordhoek verbindet, ist Südafrikas berühmteste Küstenstraße. Die Mautgebühr kostet derzeit 33 Rand pro Auto, Infos auf www.chapmanspeakdrive.co.za

Faszination Weißer Hai

Am Wochenende tummeln sich Hunderte Surfer, Badegäste und Sonnenanbeter am Strand von Muizenberg an der False Bay. Wenn die „Hai-Sirene" ertönt, schwimmen und paddeln alle schnellstens aus den Wellen zurück an den sicheren Strand. Innerhalb von fünf Minuten ist das Meer menschenleer und alle starren gespannt in die Fluten. Kinder deuten mit ausgestreckten Fingern in die Ferne: „Ist das dort eine Haiflosse?"

Oberhalb der Bucht auf dem Boyes Drive sind die *Shark Spotters* (www.sharkspotters.org.za), sogenannte Haibeobachter stationiert, ausgestattet mit Fernglas und Funkgerät. Von hier aus überblickt man die ganze False Bay, aber Haie können nur bei ruhigen und klaren Wasserverhältnissen gesichtet werden. Zwischen Cape Point und Seal Island, der einzigen Insel in der False Bay, herrscht dichter Haiverkehr, denn die Weißen Haie jagen dort Pelzrobben, ihr bevorzugtes Futter.

An den Stränden von Muizenberg, St James, Kalk Bay und Fish Hoek flattert zwischen 8 und 18 Uhr eine der vier Haiflaggen im Wind:
Grüne Flagge: Klare Aussicht, kein Hai wurde gesichtet.
Schwarze Flagge: Schlechte Sichtverhältnisse, die Shark Spotters haben Schwierigkeiten, Haie ausfindig zu machen.
Weiße Flagge: Vorsicht! Zur Zeit schwimmt ein Hai in der Bucht.
Rote Flagge: Innerhalb der letzten Stunde wurde ein Hai gesichtet und ist nun außer Sichtweite. Schwimmen auf eigene Gefahr.

Auf keinen Fall sollte man im Meer schwimmen, wenn Pinguine, Delfine oder Robben in der Nähe sind, man eine Verletzung hat oder blutet. Außerdem nicht in der Nähe einer Flussmündung baden und es ist auch nicht ratsam, nachts schwimmen zu gehen.

170 km weiter östlich, im Küstenort Gansbaai bei Hermanus an der Walker Bay, gibt es das weltweit größte Aufkommen von Weißen Haien. Hier bieten verschiedene Tourveranstalter Bootsfahrten zur vorgelagerten Insel Dyer Island an. Auch hier lebt eine Pelzrobbenkolonie und deshalb ist diese Stelle bei den Haien besonders beliebt.

Das Tauchabenteuer mit dem Weißen Hai dauert drei bis fünf Stunden. Es gibt Infos zum Haiverhalten und seiner Rolle im marinen Ökosystem. Die Veranstalter schütten eine Mixtur aus Fischabfällen und Blut ins Wasser, um die Haie anzulocken. Der Weiße Hai hat einen hervorragenden Geruchssinn und kann einen im Wasser verdünnten Tropfen Blut aus über 100 Meter Entfernung wahrnehmen. Kunden werden mit Neoprenanzug, Tauchermaske und Schnorchel ausgestattet und können dann in einen Metallkäfig klettern, der an der Seite eines Bootes befestigt ist. So können die Haie aus nächster Nähe beobachtet und fotografiert werden. Wem das zu „haarig" ist, kann den Tieren in sicherem Abstand vom Boot aus zusehen.

Peter Benchleys Roman „Jaws" (Der Weiße Hai) wurde zum Bestseller und 1975 unter der Regie von Steven Spielberg verfilmt, auf diese Weise bekam dieser Hai das Image eines Menschenfressers aufgestempelt. Menschen sind natürlich nicht die bevorzugte Beute dieses Raubfisches, es kommt jedoch ab und zu vor, dass ein besonders hungriger Hai einen Surfer mit einer Robbe verwechselt. Er greift ohne Vorwarnung mit einem einzigen Biss an, der zu schweren Verletzungen führen kann. Das liegt an den scharfen, dreieckig gezackten Zähnen, dem sogenannten „Revolvergebiss", bei dem die Zähne zeitlebens nachwachsen. Kleinere Beutetiere, wie zum Beispiel Vögel oder Fische, werden ganz geschluckt. Robben hingegen meistens von unten attackiert, wobei der Schwung beim Angriff den torpedoförmigen Hai manchmal komplett aus dem Wasser katapultiert. Verfehlt der Hai seine Beute, verfolgt er sie weiter an der Wasseroberfläche und sie wird dort auch sofort verschlungen. Sind andere Haie in der Nähe, wird die Beute in die Tiefe gezogen und dort gefressen.

Der Weiße Hai, auch als Weißhai oder Menschenhai bezeichnet, ist der größte Raubfisch der Meere und gehört mit einer maximalen Länge von sieben Metern zu den größten Haiarten. Die Weibchen werden deutlich größer als die Männchen. Das Gewicht kann bis zu drei Tonnen betragen. Die Lebenserwartung liegt bei etwa 30 Jahren. Der Weiße Hai ist einer der ältesten überlebenden Fischarten im Ozean, Haie existierten bereits vor 400 Millionen Jahren. Er hat, wie alle anderen Haie auch, ein zusätzliches Sinnesorgan, die Lorenzinischen Ampullen. Sie helfen ihm beim Aufspüren der Beute. Jedes Lebewesen sendet ein elektrisches Signal aus. Der Hai registriert jede Feldstörung, die durch ein Lebewesen verursacht wird. Sogar einen im Sand vergrabenen Rochen kann der Hai mit Hilfe dieses Sinnesorganes ausfindig machen. Kein anderes Tier in der gesamten Tierwelt hat diese einzigartige Ortungsinstrument. Die beste Jahreszeit Weiße Haie zu beobachten ist zwischen Juni und September.

Veranstalter:

Great White Shark Tours, Tel. 028-3841418, www.sharkcagediving.net

African Shark Eco-Charters, Tel. 021-7851947, www.ultimate-animals.com

Shark Diving Unlimited, Tel. 028-3842787, www.sharkdivingunlimited.com

Shark Lady, Tel. 028-3123287, www.sharklady.co.za

White Shark Adventures, Tel. 028-3841380, www.whitesharkdiving.com

White Shark Diving Co., Tel. 021-6714777, www.sharkcagediving.co.za

Shark Zone, Tel. 082 894 4979, www.sharkzone.co.za

White Shark Projects, Tel. 021-4054537 oder 028-3841774, www.whitesharkprojects.co.za

Diplomatische Vertretungen

In Deutschland Embassy of the Republic of South Africa, Tiergartenstr. 18, 10785 Berlin, Tel. 030-22073-0, Fax 030-22073-190, botschaft@suedafrika.org, www.suedafrika.org

Die gut gemachte Website der Südafrikanischen Botschaft in Berlin enthält ausführliche Tipps zur Einwanderung nach und zum Arbeiten in Südafrika. Der konsularische Amtsbezirk schließt alle Bundesländer außer Bayern und Baden-Württemberg ein. Bewohner dieser Bundesländer wenden sich an das

Generalkonsulat der Republik Südafrika, Sendlinger-Tor-Platz 5, 80336 München, Tel. 089-2311630, Fax 23116347 o. 53, munich.consular@foreign.gov.za.

In Österreich Botschaft der Republik Südafrika, Sandgasse 33, 1190 Wien, Tel. 01-3206493, Fax 1-320649351, www.saembvie.at.

In der Schweiz Botschaft der Republik Südafrika, Alpenstr. 29, 3000 Bern 6, Tel. 031-3501313, Fax 031-3501310, www.southafrica.ch

Einkaufen/VAT Return

Aufgrund des relativ günstigen Umtauschkurses ist Südafrika ein Einkaufsparadies. Kunsthandwerk aus ganz Afrika kann oft direkt von den Künstlern erworben werden. Es gibt viele Läden, die garantiert keine billige Airport-Art „Made in China" verkaufen. Typisch für Südafrika sind die filigranen Perlenarbeiten, bedruckte Stoffe mit kräftigen Farben, aus Draht und Blechabfällen gefertigte Township-Art vom Radio bis zum Spielzeugauto.

Klamotten für Kinder und Erwachsene gibt es bei *Woolworths*, www.woolworths.co.za, *Naartjie* (sprich Naartschie, www.naartjie.co.za), Freizeitkleidung und Schuhe bei *Cape Union Mart*, www.capeunionmart.co.za. Prima Plätze, um tolle und echte Souvenirs zu kaufen, sind die Shops der verschiedenen Museen, deren Angebot meist ebenso interessant ist wie die ausgestellten Exponate. Websites zur Einstimmung: www.streetwires.co.za, www.monkeybiz.co.za.

Geschäfte sind normalerweise werktags von 8–17 Uhr und samstags von 8.30–13 Uhr geöffnet. Viele Shopping Malls in den größeren Städten haben abends länger (manchmal bis 21 Uhr) und sonntags geöffnet.

Mehrwertsteuerrückerstattung

Ein großer Bonus für Shopping-Fans ist die **Mehrwertsteuer-Rückerstattung** *(VAT return)* bei der Ausreise: Touristen bekommen die in Südafrika bezahlten 14% VAT in ihrer Landeswährung oder in Rand zurückerstattet. Dabei gibt es einiges zu beachten: Mehrwertsteuer gibt es nur für Güter zurück, die tatsächlich ausgeführt werden, also Bücher, Kleidungsstücke, Schmuck, Diamanten, Kunsthandwerk usw., nicht jedoch für Restaurant-, Hotel- oder Mietwagen-Rechnungen. Die erworbenen Waren müssen bei der Ausreise am Flughafen für Stichprobenkontrollen vorzeigbar, also nicht irgendwo im Hauptgepäck versteckt sein. Erstattet wird ab einem Gesamt-Einkaufspreis von 250 R.

Zu jeder Ware muss eine Steuerrechnung *(tax invoice)* vorliegen, die der Verkäufer ausstellt. In der Rechnung müssen aufgeführt sein: das Wort „*Tax Invoice*" (Steuerrechnung), der berechnete Mehrwertsteuerbetrag oder eine Bestätigung, dass der Gesamtpreis die MwSt. beinhaltet, die VAT-Nummer, den Namen und die Adresse des Verkäufers, genaue Beschreibung der gekauften Gegenstände, eine Steuerrechnungsnummer, das Ausstellungsdatum und der Preis der Güter in Rand. Bei einem Warenwert von über 500 R müssen Name und Adresse des Käufers auf der Rechnung erscheinen. Was im ersten Moment kompliziert klingt, ist bei den meisten Verkäufern mittlerweile Routine und der Aufwand lohnt sich. VAT-Büros gibt es an den Flughäfen von Kapstadt, Johannesburg und Durban. Vor dem Einchecken am Flughafen geht man mit den Rechnungen und den erworbenen Gütern zu dem ausgeschilderten *VAT Refund Office*, wo nach einer Stichproben-Kontrolle der Betrag in Landeswährung zurückerstattet wird. Manchmal wird der Scheck auch an die Heimatadresse nachgeschickt. Details auf www.taxrefunds.co.za.

Einreise-Formalitäten

Deutsche, Schweizer und Österreicher müssen bei der Ankunft in Südafrika einen Reisepass vorweisen, der noch mindestens sechs Monate nach der geplanten Ausreise gültig ist. Kein Visum erforderlich. Rückflugticket muss allerdings vorgezeigt werden.

Deutsche Südafrikabesucher die planen, ihren „Lebensmittelpunkt" nach Südafrika zu verlegen, können sich für weitere Auskünfte an die deutsche Informationsstelle für Auswanderer und Auslandstätige des Bundesverwaltungsamtes, Ref. II B 6, 50728 Köln, www.bundesverwaltungsamt.de, wenden.

Feste und Feiertage

Hinweis: Sollte ein Feiertag auf einen Sonntag fallen, ist – sehr arbeitnehmerfreundlich –, der folgende Montag frei.

1. Januar: **New Year's Day**

21. März: **Human Rights Day**
(am 21. März 1960 starben beim Sharpeville-Massaker 69 Schwarze, die gegen die Apartheidpolitik protestiert hatten, im Kugelhagel der Polizei).

Karfreitag: **Good Friday**

Ostermontag: **Family Day**

27. April: **Freedom Day**
(am 27. April 1994 fanden Südafrikas erste demokratische Wahlen statt).

1. Mai: **Worker's Day**

16. Juni: **Youth Day**
(am 16. Juni 1976 gingen Sowetos Schulkinder auf die Straße, um gegen Afrikaans als einzige Unterrichtssprache zu demonstrieren, die Polizei eröffnete das Feuer auf die unbewaffneten Jugendlichen und tötete viele von ihnen).

9. August: **National Women's Day**

24. September: **Heritage Day**
(Tag des früheren Zulu-Königs Shaka)

16. Dezember: **Day of Reconciliation**
(Tag der Versöhnung. Vor den ersten demokratischen Wahlen Südafrikas erinnerte der 16. Dezember an die Schlacht am Blood River, wo ein mit Kanonen und Gewehren bewaffnetes Burenkommando Tausende von speertragenden Zulukriegern tötete. Der „Tag des Gelöbnisses", *Day of the Vow*, war der höchste Feiertag der Buren.

25. Dezember: **Weihnachten**

26. Dezember: **Day of Goodwill** (Tag des guten Willens)

Fotografieren

Da Kapstadt als das „afrikanische Miami Beach" der Modefotografen gilt, gibt es entsprechend viele Fotoläden, auch für Profis. Alle gängigen Profi- und Amateur-Kameras sind im Angebot. Das beste Fotofachgeschäft: Orms, direkt am Roeland Square, www.ormsdirect.co.za.

Was die Modefotografen lieben, wissen auch engagierte Amateure zu schätzen: wunderbare, transparente Lichtstimmungen, fast keine Abgasbelastung und im Sommer nahezu immer fantastisches Wetter. Nicht zu vergessen eine Fülle von Motiven, ob Landschaften aller Art oder Menschen vielerlei Herkunft. Bei allen Personen-Aufnahmen vorher um

Erlaubnis fragen. Die meisten „Modelle" werden begeistert sein, dass sie fotografiert werden.

TIPP Elke's Foto Workshop. Elke Losskarn, die Fotografin dieses Reiseführers, bietet im pittoresken Hout Bay Fotografie-Kurse auf Deutsch an. Am besten gleich zu Beginn der Reise einen Workshop buchen, um dann während des Urlaubes zu fotografieren wie ein Profi! Halbtägiger Crashkurs ab 75 Euro, www.elke-losskarn.com.

Falls die Kamera oder Zubehör kaputt gehen sollten, gibt es eine prima Anlaufstelle in der City. Die sehr freundlichen und hilfreichen Angestellten von **Photographic Repairs** (1 Park Rd, geht von der Kloof St ab, Gardens, Tel. 021/424-7880/1/2, www.photographicrepairs.co.za; Mo–Fr 8–18, Sa 9–13 Uhr) reparieren Kamera und Zubehör aller Marken. Wenn Touristen Foto-Probleme haben, wird versucht, ihnen sofort zu helfen.

Geld und Banken

Die Landeswährung ist der **Rand** (R), von dem nicht mehr als 5000 ins Land gebracht werden dürfen. Ein Rand hat 100 Cent. Es gibt Noten zu 10, 20, 50, 100 und 200 Rand, Münzen zu 5, 10, 20 und 50 Cent sowie zu 1, 2 und 5 Rand. Travellerschecks und Kreditkarten werden fast überall akzeptiert, vor allem MasterCard und Visa. Wer mit einer EC-Karte Rand aus dem Geldautomat (ATM – *Automatic Teller Machine*) ziehen möchte, muss allerdings vor der Abreise diese bei der heimischen Bank für den Zeitraum in Südafrika freischalten lassen. Empfehlenswert sind die Automaten der ABSA-Bank, da bei ihnen die Menüführung auch auf Deutsch angeboten wird. Banken sind werktags von 9–15.30 und samstags von 8.30–11 Uhr geöffnet. Sperrdienst für Kreditkarten: Visa 0800 990 475, MasterCard 0800 990 418.

Gesundheit

Malaria kommt in Südafrikas Western- und Eastern Cape Province nicht vor. Wenn sich der Südafrika-Besuch auf die im Buch beschriebenen Gebiete beschränkt ist also keine Prophylaxe notwendig. Die medizinische Versorgung in den privaten Krankenhäusern ist erstklassig und auf europäischem Niveau, mit dem Vorteil, erheblich günstiger zu sein. Es muss allerdings sofort in bar oder per Kreditkarte bezahlt werden. Später kann dann zu Hause mit der (unbedingt empfehlenswerten) Reisekrankenversicherung abgerechnet werden.

Südafrika weist eine der höchsten *AIDS*-Raten der Welt auf und steht mit 18% an 4. Stelle weltweit. Die Blutkonserven in den Krankenhäusern unterliegen deshalb strengsten Kontrollen.

Leitungswasser kann überall in den Hotels bedenkenlos getrunken werden.

Apotheken *(pharmacies)* mit sachkundigem Personal gibt es in fast allen Orten.

Infostellen

In **Deutschland:** *South African Tourism,* Friedensstr. 6–10, 60311 Frankfurt/M. Tel. 01805-722255 (€ 0,12/Min., Infos und Prospekte), www.southafricantourism.de.
Österreich: Tel. 0820-500739 (€ 0,14/Min.)
Schweiz: Tel. 0848-663522 (€ 0,14/Min.)

In Österreich und in der Schweiz Prospektversand über Deutschland. Die südafrikanischen Touristenbüros versenden kostenlos Landkarten, Reiseführer und Übernachtungslisten.

Internet

In Südafrika gibt es über drei Millionen Internet-Nutzer. Besucher finden eine Fülle von Internet- bzw. Cyber-Cafés zum Surfen und zum Lesen/Verschicken von eMails. Fast alle Unterkünfte und viele Restaurants haben mittlerweile eMail-Adressen und eigene Websites, so dass Vorab-Reservierung bzw. ein Blick auf das Etablissement möglich ist. Dabei lässt die Machart einer Website oft Rückschlüsse auf die Art der Unterkunft oder die Qualität des Restaurants zu. Da Preisangaben in Reiseführern häufig und schnell Änderungen unterliegen, macht es Sinn, vor der Buchung in den Websites die aktuellen (Saison-)Preise in Erfahrung zu bringen. Einige Restaurants veröffentlichen sogar ihre Speisekarten oder Teile davon mit Preisangaben.

Such-maschinen

Folgende **Suchmaschinen** bieten viele Infos und weiterführende Links:

www.iafrica.com
www.ananzi.co.za und
www.woyaa.com.

Die Website des Südafrikanischen Fremdenverkehrsamtes in Frankfurt ist **www.southafrica.net**. Dort gibt es viele Tipps, Infos, Touren, Links und Broschüren als PDF-Dokumente zum Downloaden (z.B. über Golf, Wildnisreservate, Tauchen, Surfen, Angeln usw.).

Kapstadt ist im Netz besonders stark vertreten. Hier empfehlen sich zunächst die deutschen Seiten
- www.kapstadt-net.de
- www.kapstadtmagazin.de
- www.kapstadt.de
- www.kapstadt-forum.de
- www.kapstadt.com / .net / .org

Auf Englisch informiert die hervorragende Seite des Kapstädter Tourismusbüros, **www.cape-town.org**. Infos über Kapstadt und das Western Cape bietet die Seite **www.thewesterncape.co.za.**

Wer sich ein Gästehäuser, Bed & Breakfasts oder Hotels vorher im Netz ansehen möchte, besucht **www.suedafrikaperfekt.de, www.places.co.za** oder **www.wheretostay.co.za**.

Kapstadts Wahrzeichen, der Tafelberg, hat seine eigene Website: www.tablemountain.net. Wie auch die Waterfront: www.waterfront.co.za, mit vielen Tipps zu Restaurants und Übernachtungsmöglichkeiten. Robben Island findet sich unter www.robben-island.org.za und die Kap-Spitze hier: www.capepoint.co.za.

Wer sich für die südafrikanischen Weine, Weingüter und Weinrouten interessiert, sollte die sehr ausführliche Website www.wine.co.za besuchen (mit Möglichkeit der Suche nach Weingütern, Tipps zu Weinsorten, -kauf und Versand, Wein-News). Mit dem Gebiet des Weinlandes beschäftigt sich außerdem www.capewinelands.org. Zum Wein darf das Essen natürlich nicht fehlen. In den beiden Websites www.eatout.co.za und www.dining-out.co.za sind viele Restaurants gelistet. Man kann nach der Art des Restaurants auswählen und auch einige der Speisekarten einsehen.

Südafrikas größte Homosexuellen-Website ist www.q.co.za mit Informationen zu Veranstaltungen, Reisen, Restaurants und Treffpunkten. Die zwei größten Schwulen-Partys in Kapstadt veranstaltet das Mother City Queer Project www.mcqp.co.za und das Cape Town Pride Festival, www.capetownpride.org, jährlich mit anderen Themen und Tausenden von Teilnehmern.

Veranstaltungsbuchungen jeglicher Art lassen sich problemlos per Kreditkarte über **www.computicket.com** abwickeln.

Wer die südafrikanische Fauna live erleben möchte, sollte sich bei einer der zahlreichen Webkameras einklicken, wo sogar Weiße Haie unter Wasser beobachtet werden können: www.africam.co.za. Faszinierende Bilder vom jagenden Weißen Hai in Kapstadts False Bay gibt es auf www.apexpredators.com. Mehr Meeresbewohner gibt es im *Two Oceans Aquarium* in der Kapstädter Waterfront: www.aquarium.co.za.

Wer sich in Südafrika auf seinem eigenen Handy, iPhone, iPad, Blackberry oder Notebook ins Netz einloggen möchte, wird selten Problem haben. Die meisten Restaurants, Bars und Cafés bieten kostenlosen Zugang zum Internet. Halten Sie Ausschau nach Schildern mit der Aufschrift „WiFi Hotspot". Eine Auflistung dieser Spots findet man auf www.freewi-fi.co.za/free-hotspots und www.capetownmagazine.com/best-of-Cape-Town/Cape-Towns-Top-10-WiFi-hotspots.

Nationalparks und Natur-Reservate

Der Naturschutz in Südafrika ist eine echte Erfolgsstory. In den letzten Jahren hat sich sehr viel getan. Bestehende Schutzgebiete wurden stark erweitert und zum Teil mit Wildnisregionen in den Nachbarländern verbunden. Diese Parks über Grenzen hinweg, wie z.B. der *Kgalagadi Transfrontier Park* mit Botswana, ermöglichen Tierherden, vor allem Elefanten, ihre alten Migrationsrouten wieder zu begehen. In jeder Provinz Südafrikas gibt es außerdem kleinere Schutzgebiete, sogenannte **Nature Reserves.**

Im Jahre 2001 wurden auch die ersten privaten Lizenzen in staatlichen Schutzgebieten vergeben. Vorreiter war hier der **Addo Elephant National Park** in der Eastern Cape Province, in dessen Mitte das exklusive *Gorah Elephant Camp* eröffnet wurde. Die Zäune der luxuriösen River Bend Lodge im englischen Landhaus-Stil zum Park hin sind seit September 2002 verschwunden. Die Addo-Elefanten können seither wieder frei und ungehindert auf ihrer alten Route in die nördliche Zuurberg-Region des Parks wandern. Und die Riverbend-Gäste haben den Vorteil, die grauen Riesen bei einem Tässchen Earl Grey auf der Veranda vorbeiziehen zu sehen … auch die zum Teil katastrophale Essensqualität in den Parks verbessert sich durch privates Engagement ständig.

Die Buchung von Nationalpark-Unterkünften läuft über **SA National Parks** (SANP) in Pretoria, Tel. 012-3431991, Fax 3430905, oder „ganz easy" übers Web online: www.sanparks.org, reservations@sanparks.org, Mo–Fr 9–16.45 Uhr, oder bei Cape Town Tourism (siehe Kapstadt-Info).

Rechtzeitig buchen! Zu Ferienzeiten sind die Parkunterkünfte auch bei Südafrikanern sehr beliebt! Die Website enthält eine genaue Beschreibung der jeweiligen Unterkünfte sowie eine detaillierte Anfahrtsskizze. Beim Parkbesuch unbedingt die Buchungsbestätigung mitbringen!

Infos zu den Natur-Reservaten, die von **Cape Nature Conservation** unterhalten werden, finden Sie unter www.capenature.co.za.

Das Agulhas Rest Camp liegt direkt am Meer

Im West Coast National Park

In Kürze: Nationalparks in den Kap-Provinzen

Addo Elephant Park Südafrikas abwechslungsreichster und kontinuierlich wachsender Park ist der beste Platz, um in Südafrika malariafrei die „Big Six" vom eigenen Auto aus zu sehen: Löwe, Leopard, Elefant, Nashorn, Büffel, Delfin und Wal. Der Addo-Park ist erste südafrikanische Nationalpark, der eine private Lodge-Lizenz, das *Gorah Elephant Camp*, innerhalb seiner Grenzen vergeben hat.

Agulhas National Park Am südlichsten Ende Afrikas eingerichteter National Park. Highlight: das Schiffswrack des 1982 gestrandeten und mittlerweile auseinandergebrochenen taiwanesischen Frachters „Meisho Maru", und natürlich das *Cape Agulhas Lighthouse Museum* mit Teestube. Übernachtungsmöglichkeiten im Park, und einige nette B&Bs in L'Agulhas und Struisbaai.

Bontebok National Park Der Park, in dem es neben Buntböcken noch viele andere Antilopen zu sehen gibt, liegt gerade noch im Kap-Florenreich, ist also etwas für Fynbos-Fans. Besucher können im Park campen, einen Caravan mieten oder die sechs Kilometer bis in Südafrikas drittälteste Stadt Swellendam fahren, wo es eine Fülle von netten B&Bs und guten Restaurants gibt.

Garden Route National Park 2009 wurde dieser Park gegründet und umfasst heute ein Naturschutzgebiet mit verschiedenen Ökosystemen entlang der südlichen Küste Afrikas mit einer Fläche von etwa 121.000 Hektar. Der Garden Route National Park inkorporiert folgende Sektionen:

Reisetipps von A bis Z

Tsitsikamma Section	Saftig-grüner Küstenpark mit Südafrikas berühmtestem Wanderweg, dem 42 Kilometer langen Otter Trail, der in fünf Tagen zu packen ist. Unterwegs warten einfache ÜN-Hütten auf die müden Wanderer. Alternative für weniger engagierte Fußgänger: Der Weg über diverse Holzstege zu den Hängebrücken an der Mündung des Storms River Mouth.
Knysna Lakes Section	In der Knysna-Lagune lebt das berühmte Knysna-Seepferdchen und eine enorme Vielfalt an anderen Meerestieren. Gourmets interessieren sich allerdings vor allem für die berühmten Knysna-Austern.
Wilderness Section	Im Herzen der Garden Route liegt dieses Schutzgebiet mit Flüssen, Seen, Deltas, Sümpfen und Sandstränden, gesäumt von Wäldern und Bergen. Es gibt viele Naturwanderwege und ausgezeichnete Vogelbeobachtungsmöglichkeiten.
West Coast National Park	Das türkisfarbene Wasser der Langebaan-Lagune gehört zu Afrikas wichtigsten Feucht-Biotopen. Tausende von Seevögeln leben und migrieren jährlich hierher. Im Frühling blühen unzählige Wildblumen in der Postberg-Sektion des Parks. Das Schutzgebiet liegt nur etwa 100 Kilometer nördlich von Kapstadt an der Westküste.

Die beiden Hängebrücken in der Tsitsikamma Section

Notruf-Nummern

Allgemeine Notrufnummer:	**107**
Ambulanz:	10177
Automobilclub (AA):	0800-010101
Bergrettung (Mountain Rescue):	021-9489900
Feuerwehr:	021-5901900
Flugrettung:	021-9371116
Giftzentrum	021-6895227 oder
(Poison Crisis Centre):	021-9316129
Notfälle (Handynutzer):	**112**
Polizei:	10111
Touristen-Hilfe (24 h):	0861-874911
Seerettung (Sea Rescue):	021-4493500

Kinder

Südafrika ist ein sehr kinderfreundliches Reiseland. In Hotels übernachten Babys kostenlos (Babybetten werden zur Verfügung gestellt) und Kinder bis zu 12 Jahren bezahlen in der Regel 50% des Übernachtungspreises. Viele Unterkünfte bieten einen Babysitter-Service an und in privaten Tierreservaten stehen speziell für die Kleinen abenteuerliche Programme zur Auswahl. Eltern können romantisch und ungestört das Abendessen genießen, während die Kinder mit Hamburgern und Zeichentrickfilmen auf ihre Kosten kommen.

In den meisten Restaurants gibt es ein „Kids Menu" (Speisekarte für Kinder), Kinderstühle und gelegentlich auch Klettergerüste und Spielecken.

Ausführliche Infos zu aktuellen Kinderveranstaltungen und Ausflugszielen gibt es bei www.capetownkids.co.za

Öffnungszeiten

Banken: Mo–Fr 8.30–15.30 Uhr, Sa 8.30–12 Uhr, in kleineren Orten Mittagspause von 12.45–14 Uhr. Geschäfte: Mo–Fr 8–17 Uhr, Sa 8–13 Uhr, Supermärkte in größeren Städten haben auch sonntags geöffnet. Behörden und Botschaften: Mo–Fr 8.30–15.30 Uhr. Post: Mo–Fr 8–16.30 Uhr, Sa 8–12 Uhr. Tankstellen: fast alle täglich und viele rund um die Uhr.

Parken

In der City von Kapstadt werden die Parkgebühren direkt an die uniformierten Parkwächter gezahlt. Man sagt ihnen, wie lange man parken möchte und die

Zeitdauer wird dann samt Kennzeichen in einen Handcomputer eingegeben. Wer länger stehen bleibt, zahlt nach. Eine Stunde Parken kostet etwa 8 Rand.

Am Wochenende trifft man in Camps Bay oder vor den City-Restaurants oft auf inoffizielle Parkwächter mit gelben Westen, die Autofahrer oft frenetisch winkend auf freie Plätze hinweisen. Diesen gibt man ein Trinkgeld von drei bis fünf Rand, je nach „Einsatz".

Post

Eine Postkarte nach Europa kostet 5,40 Rand, ein Brief bis 10 Gramm 6,30 Rand.

Reisezeit

Südafrika liegt auf der Südhalbkugel, d.h., wenn in Mitteleuropa Glühwein getrunken wird, ist es am Kap fast so heiß wie dieser sein sollte ... **Dezember und Januar ist Hauptferienzeit in Südafrika.** Vor allem in Kapstadt und den Orten entlang der Garden Route ist dann sehr viel los. Die **beste Reisezeit** liegt im Süd-Herbst, **zwischen April und Juni,** dann ist es tagsüber warm, nachts kühl. Wanderer ziehen diese Zeit und den Süd-Frühling (Ende August bis Ende September) vor. Anfang Juli bis Ende September kann es recht kalt werden, in der westlichen Kapregion ist dann *Green Season:* Es regnet häufig, dazwischen kommt allerdings immer wieder die Sonne durch. Im Süd-Winter kann es dann auch mal schneien. Als „schneesicher" gelten die Cederberge im Western Cape.

Die **Bekleidung** richtet sich nach den Jahreszeiten: Leichte und luftdurchlässige Textilien, dazu ein Pullover und festes Schuhwerk für Wanderungen, im Winter eine Goretex-Jacke. Südafrikaner sind meist sehr leger angezogen. In guten Restaurants sollen jedoch keine Shorts, T-Shirts und Turnschuhe getragen werden!

Die südafrikanischen staatlichen Schulen sind in vier Quartale eingeteilt und daraus ergeben sich folgende **Schulferientermine** im Western Cape und Eastern Cape:

Weihnachten: 2. Woche im Dezember bis 3. Woche im Januar

Ostern: Eine Woche vor und eine Woche nach den Osterfeiertagen

Winter: Ende Juni bis Mitte Juli

Herbst: Erste Oktoberwoche

Privatschulen haben individuelle Ferientermine.

Sicherheit

Ein oft angesprochenes Thema ist die Sicherheitslage im Land. Da hat sich vor allem seit der WM 2010 viel getan. Nach dem Vorbild New York und dem Motto „zero tolerance" wurde „aufgeräumt", speziell in der Innenstadt von Kapstadt. Dort hat man mit Initiativen wie *Business against Crime*, die zusätzliche Sicherheitskräfte zu Fuß und zu Pferde mobilisiert und Dutzende von Überwachungskameras installiert haben, den schönen Kernbereich für Touristen zurückgewonnen. Gelegenheit macht allerdings immer noch Diebe, also Fotoapparat und Schmuck nicht offen und achtlos präsentieren. Und zum ausführlichen Orientierungsblick in den Reiseführer oder Stadtplan besser in einen Shop oder in ein Restaurant/Café gehen. Außerdem sollte man sich nach Einbruch der Dunkelheit nicht außerhalb der belebten Straßen in der Innenstadt bewegen und Aussichtspunkte meiden.

Für Rundreisen im Land empfiehlt es sich für den Fall einer Panne ein Handy dabei zu haben (siehe „Telefonieren").

Sprache

Von den elf offiziellen Landessprachen Südafrikas werden in der Western- und Eastern Cape Province vornehmlich drei gesprochen: Englisch, Afrikaans und Xhosa. Die viertmeist gesprochene Sprache am Kap ist Deutsch.

Strom

Die Spannung beträgt wie in Mitteleuropa 220 Volt. Für deutsche Schukostecker benötigt man einen Adapter, damit diese in die dreipoligen südafrikanischen Steckdosen passen. Es gibt sie in den meisten großen Supermärkten und Elektrogeschäften, in vielen Hotels sind sie bereits im Zimmer. Am besten gleich von Europa mitbringen (auf dem Abflughafen in Shops erhältlich). Euro-Flachstecker (Rasierer, Lockenstab) passen in die Sicherheitssteckdosen in den Badezimmern der Unterkünfte.

Tankstellen

Viele größere Tankstellen haben täglich und rund um die Uhr geöffnet und verkaufen in ihren Shops auch Lebensmittel und Getränke (jedoch kein Bier!). Benzin kann an großen Tankstellen mit Kreditkarte bezahlt werden. Der Benzinpreis liegt derzeit bei etwa 13 Rand für einen Liter Super. An allen Tankstellen in Südafrika wird der Kunde bedient. Die freundlichen Tankwarte checken außerdem Öl, Wasser, Reifenluftdruck (oil, water, tyre pressure) und waschen die Windschutzscheibe. Ein paar Rand Trinkgeld sind angebracht.

Telefonieren

Die internationale Vorwahl für Südafrika ist 0027, die „0" der Ortsvorwahl fällt dann weg. Vorwahl für Anrufe nach Deutschland: **0049**, nach Österreich: **0043** und in die Schweiz: **0041**. Telefonieren, auch Ferngespräche, ist von den blauen Münz- und den grünen Kartentelefonen kein Problem und günstiger als in Deutschland. Telefonkarten gibt es für 10, 20, 50, 100 und 200 Rand bei allen Postämtern, Flughäfen und in den Filialen der Zeitschriften- und Schreibwarenkette CNA. Alle größeren Hotels haben Direktwahl-Telefone (vorher nach den Tarifen erkundigen).

Seit 2002 gibt es in Südafrika ein Zehn-Nummern-Wahlsystem, d.h., die dreistellige Ortsvorwahl wird immer zusammen mit der folgenden siebenstelligen Nummer gewählt, auch bei Ortsgesprächen (Beispiel Kapstadt und nähere Umgebung: bei allen Nummern wird die 021 vorgewählt). Die Telefonauskunft ist unter 1023 erreichbar.

Ein **Handy** heißt in Südafrika *Cellular-* oder *Mobil Phone,* oder kurz und cool *Cell Phone*. Sie können eine südafrikanische SIM-Karte für Ihr deutsches Handy mit südafrikanischer Handynummer kaufen und mit „airtime" (Guthaben) der vier landesweiten Netzanbieter Vodacom, MTN, Cell C oder Virgin Mobile aufladen. SIM-Karten sind bei Vorlage des Reisepasses in allen Handy-Shops, am Flughafen, in Supermärkten und Tankstellen erhältlich. Teure Alternative: Mit den deutschen D1, D2, E-Plus und O2-Karten roamen (Details bei Ihrem Provider erfragen).

Trinkgeld

Wie in den USA, leben auch südafrikanische Bedienungen vom Trinkgeld, da sie kein oder nur ein sehr geringes Grundgehalt bekommen. Der Service-Zuschlag ist auf den Rechnungen fast immer nicht enthalten. Angebracht ist ein *tip* (Trinkgeld) von 10 bis 15 Prozent. Bei ausgesprochen gutem Service auch mehr. Einige Restaurants, vor allem in touristischen Gebieten, sind dazu übergegangen, einen 10%igen Service-Zuschlag auf die Rechnung zu addieren. Dann sollte man, wie in Deutschland auch, den Betrag lediglich aufrunden. Gepäckträgern im Hotel und am Flughafen sollte man 5 Rand pro Gepäckstück geben.

Übernachten

Südafrika weist, vor allem in der Western- und Eastern Cape Province, sehr viele schöne und stilvolle Übernachtungsmöglichkeiten auf. Sowohl Rucksackreisende als auch luxusverwöhnte Individual-Reisende finden Entsprechendes. Selbst kleinere Orte haben oft eine Tourist-Info mit einer Liste von Übernachtungsmöglichkeiten, die dann gleich von dort aus gebucht werden können. Vor allem in der Saison sind die oft kleinen B&Bs bereits ausgebucht. Wo immer es möglich war, haben wir bei unseren Übernachtungstipps die Websites mitangegeben, damit man sich bereits vor der Reise ein Bild von der Unterkunft machen und eventuell online buchen kann.

Es gibt auch etliche Übernachtungsführer, der einzige in deutscher Sprache ist der **Übernachtungsführer Südafrika** von Reise Know-How, von Bettina Romanjuk, zusammen mit der Homepage www.suedafrikaperfekt.de eine verlässliche Kombination.

Übernachtungskategorien in diesem Buch

(DZ mit Frühstück):

	RRRRR:	über 2000 Rand
	RRRR:	1200–2000 Rand
	RRR:	800–1200 Rand
	RR:	500–800 Rand
	R:	unter 500 Rand

Wellness

siehe Exkurs S. 180: „Very well"

Zeitunterschied

Während der mitteleuropäischen Sommerzeit (also zwischen März und September) gibt es keine Zeitdifferenz. Ansonsten ist es in Südafrika eine Stunde später.

Zollbestimmungen

Südafrika bildet zusammen mit Botswana, Namibia, Swaziland und Lesotho eine Zollunion. Zwischen diesen Grenzen gibt es also keine Zollprobleme. Bei der Einreise in die Zollunion gelten die üblichen Duty-Free-Regeln. Es dürfen ein Liter Hochprozentiges, zwei Liter Wein und 400 Zigaretten p.P. zollfrei eingeführt werden. Wer mit dem eigenen Fahrzeug einreisen möchte, benötigt ein Carnet de Passage seines heimischen Automobilclubs.

Medizin-Tourismus – OPs am Kap

Dank des günstigen Umtauschkurses und des hervorragenden Rufes südafrikanischer Ärzte und privater Krankenhäuser boomt der Medizin-Tourismus ans Kap.

Stellen Sie sich vor, nicht nur gut erholt und braungebrannt, sondern auch fett- und faltenfrei aus dem Urlaub zurückzukehren ... Kein Problem, südafrikanische Schönheitschirurgen gehören mit acht Jahren Ausbildung zu den besten der Welt. Hier gibt es keine Hinterhof-Dr. Frankensteins, die mit dem Bordwerkzeug ihres Pickups zu Dumping-Preisen Menschen verunstalten.

Der Standard der privaten Krankenhäuser ist erstklassig, die Operationskosten betragen etwa ein Drittel von dem, was in Europa oder den USA üblich ist. Oder, wie die englische Presse es treffend bezeichnete: „First world standard, third world prices". Mit dem gespartem Geld lässt sich dann ein exzellenter Urlaub erleben. *Meditourism* nennen das die Südafrikaner. Über 30 Prozent der Patienten kommen mittlerweile aus dem Ausland. Schönheitsfehler, vor allem Falten, werden schnell ausgebügelt. Aber auch Fettabsaugen, Brustvergrößerungen oder -verkleinerungen, Haarverpflanzungen, dentale Renovierungen oder Laser-Operationen am kurzsichtigen Auge sind Routine.

Viele Interessenten orientieren sich zunächst im Internet auf den ausführlichen Webseiten der kosmetischen Chirurgen, später persönlich bei einem Besuch in den Praxen. Sie konsultieren einige Ärzte, diskutieren ihre Renovierungspläne, die Kosten und Risiken. Ein ausführliches und unverbindliches Info-Gespräch mit einem Spezialisten kostet etwa 60 Euro. Die Mehrheit der Schönheitsaspiranten sind Frauen, die sich meistens Augen und Busen operieren lassen wollen. Männer tendieren zum Fettabsaugen ihrer Bierbäuch und „Rettungsringe" (engl. *love handles*), aber auch zum Ent-Falten ihrer Augen, hauptsächlich, um gegen jugendlichere Konkurrenz im Beruf bestehen zu können.

Für die meisten *OPs* genügt ein Aufenthalt von zwei Wochen in Südafrika, 90% aller Eingriffe dauern nicht länger als 90 Minuten, bei lokaler Anästhesie. Lediglich die etwas komplizierteren und aufwendigeren Bauchstraffungen mit Fettabsaugen *(tummy tuck plus liposuction)* benötigen insgesamt drei Wochen Urlaubszeit. Meist ein Tag im privaten Krankenhaus, dann zur Erholung (die regelmäßiger, im Preis enthaltener Nachkontrolle) in einem Hotel, Gästehaus oder Wellness Centre.

Und um das Ergebnis der Oberweiten-Expansion ihrer Partnerin bzw. der Bauchstraffung ihres Partners auch richtig scharf sehen zu können, empfiehlt sich eine Laser-Augenoperation (Lasik – *Laser Assisted In-situ Kertomileusis*) am kurzsichtigen Auge. Mit etwa 1800 Euro pro Augenpaar ein weiterer Preishit. Angaben zu Prozeduren, Preisen und Adressenlisten von Schönheitschirurgen, die Mitglieder der renommierten *Association of Plastic and Reconstructive Surgeons of Southern Africa* (APRSSA) sind, kann man auf diversen Websites nachlesen:

Kosmetische Chirurgie:
www.plasticsurgery.co.za
www.cosmeticsurgeon.co.za
www.faceliftsa.com
www.plasticsurgeon.co.za
www.medhair.co.za
www.cosmeticweb.co.za

Laserbehandlung am Auge:
www.eyelaser.co.za · www.eyenet.co.za · www.healthyeye.co.za

Zahnbehandlung: www.hbds.co.za

Meditourism: www.surgeon-and-safari.co.za

Essen und Trinken

Aufgrund des günstigen Rand-Umtauschkurses führen selbst häufigere Besuche in südafrikanischen Gourmet-Restaurants nicht zum finanziellen Ruin. Und ausgezeichnete Esstempel gibt es viele am Kap. Beliebt ist **Seafood** in allen Variationen, von Austern *(oysters)* bis Felslangusten *(crayfish)* und natürlich **Fleisch,** mit Vorliebe von hier und in Botswana aufgewachsenen „wahnsinnsfreien" Rindern. Aber natürlich auch vom **Wild** *(venison),* wie Springbok, Kudu und Strauß *(ostrich).* Südafrikaner sind echte Grillfanatiker: Fast alles, was sich bewegt, kommt auf den Rost. Barbecue wird hier **Braai** genannt und ist für Schwarz und Weiß eine fast kultische Handlung – und Sache der Männer.

Restaurants

Mit **Fast-food-Restaurants** ist Südafrika glücklicherweise nicht so flächendeckend versorgt wie die USA. Neben den beiden bekannten „Amerikanern" *KFC* und *McDonald's* gibt es die einheimischen Schnell-Plätze **Wimpys** (mit Bedienung am Tisch, www.wimpy.co.za) und **Steers** (www.steers.co.za), deren Pommes und Hamburger allerdings nicht an die des gelbroten Amis herankommen. Ein anderes südafrikanisches Fastfood-Restaurant schlägt dafür alle: **Nandos.** Der portugiesisch angehauchte Hühnerplatz hat außerdem eine witzig gemachte Website (www.nandos.co.za) und expandiert gerade in die USA. Die besten Pizzen gibt es bei **St. Elmos's** (www.stelmos.co.za) und **Butler's,** auch „to go".

Ein beliebtes südafrikanisches Familienrestaurant ist **Spur** (www.spur.co.za), mit sehr kinderfreundlichen Filialen im ganzen Land. Das Plastik-Ambiente wirkt ebenso amerikanisch wie die Speisekarte mit Hühnchen, Burgern, Fajitas und Pommes in guter Qualität. Die recht gemütlich im New Orleans/Cajun-Stil dekorierten Filialen von **Mugg & Bean** (www.themugg.com) finden sich meist in den großen Einkaufszentren. Es gibt viele kleine Gerichte und guten Kaffee, von dem man sich an einer Art Koffein-Tankstelle zu einem Festpreis beliebig viele Tassen nachschenken darf. Im Trend ist die Kette **vida e caffé** (www.vidaecaffe.com). Hier gibt es den besten Kaffee, riesige Muffins und lecker belegte Paninis.

Sehr empfehlenswerte Ketten-Restaurants sind die Steakhäuser **Famous Butcher's Grill** (www.butchersgrill.com), **Cattle Baron** (www.cattlebaron.co.za), die

Reisetipps von A bis Z

Pizza-Filialen von **Primi Piatti** (www.primi-piatti.com) und die Seafood-Spezialisten von **Ocean Basket** (www.oceanbasket.co.za)

Preiskategorien

Restaurant-Preiskategorien im Buch (ein Menü, ohne Getränke und Trinkgeld):

RRRR: über 150 Rand
RRR: 100 bis 150 Rand
RR: 50 bis 100 Rand
R: unter 50 Rand

Eine andere, vor allem im Sommer am Kap sehr beliebte Art der Nahrungsaufnahme, ist das **Picknick.** Fertig zusammengestellte Gourmet-Picknickkörbe gibt es auf vielen Weingütern und in Hotels (siehe dort). Mit 80–120 Rand pro Korb sie sind allerdings meist recht teuer. Günstiger ist Selber-Aussuchen der Leckereien in Delikatessen-Läden *(delis),* Farmläden *(farm stalls)* und in den hervorragend sortierten Lebensmittelabteilungen von **Woolworths** (www.woolworths.co.za), **Pick 'n Pay** (www.picknpay.co.za), **Spar** und **Shoprite/Checkers,** dem **preisgünstigsten** der vier großen Supermarkt-Ketten des Landes. In den Läden gibt es viele delikate Fertiggerichte und gut sortierte Frisch-Theken. Einzelne Produkte nebst diversen Rezepten sind in den Websites aufgelistet. Zur Überraschung vieler Besucher bekommt man im Supermarkt den Einkauf von den Verkäuferinnen in (kostenpflichtige) Plastiktüten gepackt. Woolworths hat außerdem in ausgewählten Filialen stilvolle **Wool-**

Africa Café in Kapstadt: Super-Restaurant im Ethno-Look

worths Cafés (R-RR) eröffnet, wo leichte Gerichte, Kuchen und Kaffee aus dem Woolworths-Sortiment serviert werden. Eine besonders tolle Aussicht auf den Hafen bietet das Woolworths Café in der Waterfront.

Auch für **Braais** sind obengenannte Läden gut bestückt. Fleisch gibt es vom Rind, Kalb, Schwein und natürlich Strauß in allen Formen, wie Schnitzel, Steaks oder Hack, vakuumverpackt oder eingelegt in verschiedene Soßen. Besonders lecker sind die eingelegten Schweinerippchen *(pork spare ribs)*. Dazu gibt es natürlich überall wo Grillfleisch verkauft wird auch Holzkohle, Anzünder und Grillroste. Utensilien, die selbstversorgende Mietwagenfahrer neben einer Kühlbox im Kofferraum transportieren sollten, da es auf vielen Rastplätzen, in Naturschutzgebieten und vor allem auf *Self Catering*-Übernachtungsplätzen Holzkohlengrills gibt.

Nachlesen: Restaurants und Weine

Eine Super-Empfehlung für Gourmets ist das jährlich erscheinende Magazin *„Eat out – your guide to great eating out"* (R 49,95), erhältlich im Zeitschriftenhandel. Mit über 1000 der besten Restaurants im Land auf 250 Seiten lässt das Heft keine gastronomischen Wünsche offen. Die Website zum Heft ist www.eatout.co.za, dort können die Besucher u.a. die beschriebenen Restaurants selbst bewerten und die Speisekarten einsehen.

In der Kapstädter Tageszeitung Cape Times erscheint am Freitag die Beilage „Top of the Times" mit Restaurantkritiken und Veranstaltungskalender.

Wer sich ernsthaft und etwas intensiver mit den **Weinen** Südafrikas beschäftigen möchte, kommt nicht um den „Platter" herum. Das dicke Buch gilt zu Recht als die „vinikulturelle Bibel" Südafrikas. Es erscheint jährlich neu, Aktualisierungen auf www.wineonaplatter.com. Informationen auch auf www.wine.co.za (deutsch www.sa-weine.de); neben Weinbeurteilungen von keinem bis fünf Sterne aller südafrikanischen Weinkeller gibt es u.a. genaue Beschreibungen aller Weingüter, der in SA angebauten Rebsorten, Tipps zu Gourmet-Restaurants und stilvollen Übernachtungen im Weinland. Empfehlenswert ist das Buch **„Die Weine Südafrikas"** (Heyne Verlag).

In diesem Reise Know-How-Führer finden sich unter den **Weingütern** aufgrund ihrer Qualität oder Originalität von den Autoren ausgesuchte Plätze mit einer Auflistung ihrer jeweiligen Spitzenprodukte. Wer einen der genannten Weine zu seinem Lunch oder Dinner bestellt, wird auf keinen Fall eine böse Überraschung erleben.

Vin de Constance

Zu süß, um wahr zu sein. Der natursüße Dessertwein *Vin de Constance* aus Constantia, dessen Wurzeln mehr als 300 Jahre zurückgehen, darf wieder in die EU importiert werden. Napoleon soll ihn noch auf seinem Totenbett getrunken haben. Auch Bismarck hat ihn nachweislich geliebt. Und Jane Austen und Charles Dickens haben ihn literarisch gelobt. Jahrelang stand der Muskateller Constantia gleichberechtigt neben Sauternes und Madeira, Tokajer und Beerenauslese. Europäische Adels- und Bürgerhäuser delektierten ihn. Dann kam das abrupte Ende: Ende des 19. Jahrhunderts zerstörte die Reblaus die südafrikanischen Weinreben. Viele Betriebe gaben auf. Das Weingut Constantia wurde aufgeteilt.

1980 kaufte der südafrikanische Weinhändler Duggie Jooste einen Teil davon, das verlassene *Klein Constantia*. Er hatte eine Idee, ging durch die alten Aufzeichnungen und engagierte einen Muskateller-Traubenspezialisten, den in Deutschland ausgebildeten Ross Gower. 1990 wurde sein Traum Wirklichkeit: Nach über 100 Jahren erfreuten sich Weinliebhaber erstmals wieder an einem *Vin de Constance*.

Allerdings nicht in der EU. Der „süße Südafrikaner" verstieß gegen deren Gesetze, nach denen ein Wein nicht mehr als 15 Volumenprozent Gesamtalkohol (vorhandenen plus Restzucker) haben darf. Der Vin de Constance, gewonnen aus eingetrockneten Trauben, erreicht einen Alkoholgehalt von 14% und einen Resttraubenzucker von 100 g je Liter. In Deutschland wurde bezweifelt, dass so etwas überhaupt auf natürlichem Wege möglich sei. Aber die EU ließ sich belehren. Mittlerweile darf Südafrika 42 Millionen Liter Wein zollfrei einführen, und der weiße Muskateller wurde ebenfalls „verkehrsfähig", darf also jetzt auch nach Deutschland importiert werden. Im Gegenzug verpflichtete sich Südafrika, die geschützten originaleuropäischen Namen *Port* und *Sherry* in den kommenden Jahren nicht mehr für seine Produkte zu verwenden.

Bier & Co

Auch für **Biertrinker** wird das Kap immer interessanter. Einige Mikro- und Pub-Brauereien, wie *Mitchell's* und *Foster's,* sind über die Kap-Provinz verteilt. Die Birkenhead Brewery in Stanford bei Hermanus war das erste Weingut Südafrikas, das neben Wein auch gleichzeitig Bier braute. Bekannt sind vor allem das „Honey Blonde Ale", „Premium Lager" und „Chocolate Malt Stout". Wer gutes Bier in Flaschen oder Dosen (dann ist der Geschmack allerdings meist schlechter) kaufen möchte, sollte zu den Hopfenprodukten des Nachbarlandes Namibia greifen: *Hansa Bier* und *Windhoek Lager, Light, Export* und *Spezial* sind nach dem deutschen Reinheitsgebot gebraut. Andere empfehlenswerte Marken, die in und um Kapstadt verkauft werden: *Bavaria*, DAS und die importierten Biere von *Becks, Carlsberg, Erdinger* und *Pilsner Urquell*.

Wein gibt es in allen Supermärkten und lizensierten Bottle- oder Liquor Stores zu kaufen. Bier und Spirituosen allerdings ausschließlich im Liquor Store. Bis auf wenige Ausnahmen gilt das Verkaufsverbot von Alkohol an Sonntagen. Wer trotzdem am Sonntag unbedingt eine Flasche Wein für den Sundowner kaufen möchte, geht zu *Midmar Liquors,* 103 Strand St/Ecke Rose St in Bo-Kaap, oder zu *The Liquor Cove* unterhalb vom Mariner's Wharf Restaurant im Hafen von Hout Bay.

Glossar Essen und Trinken in Südafrika

Biltong	durch Trocknen und Würzen haltbar gemachtes Fleisch, ähnlich wie *Beef Jerky* in den USA, aber von erheblich besserem Geschmack
Bobotie	traditionelles Kapgericht: Hackfleisch-Curry, getoppt mit herzhaftem Ei-Pudding und auf mit Gelbwurz gewürztem Reis serviert
Boerewors	wörtlich: Bauernwurst, würzige Bratwürste, die zu praktisch jedem Braai gehören und oft an Straßenständen wie Hot Dogs verkauft werden
Bottle Store	Laden mit Lizenz zum Verkauf alkoholischer Getränke
Braai/Braaivleis	Barbecue, grillen
Bredie	traditionelles Kapgericht: Eintopf mit Gemüse und Lamm, Hühnchen oder Fisch
Diner	klassisches amerikanisches Hamburger-„Restaurant" aus den 50er Jahren mit massig Chrom und Neon
Dumpie	kleine Bierflasche
Farm Stall	Laden, meist an der Straße (Road Stall), der hauptsächlich farmfrische Produkte verkauft
Frikkadel	Fleischküchle, Frikadelle

Reisetipps von A bis Z 45

Kingklip	Südafrikas bester Fisch mit festem, weißem Fleisch, wird meist gegrillt serviert
Koeksisters	extrem süßes und klebriges Gebäck
Linefish	allgemein für fangfrischen Fisch des Tages, auch wenn dieser, was meist der Fall ist, nicht geangelt, sondern im Netz gefangen worden ist
Malva Pudding	Kuchen nach holländischer Art mit Aprikosenkonfitüre, wird mit warmer Vanillesauce oder Vanilleeis serviert
Mealie	Maiskolben
Mealie Pap	Maisbrei, Hauptnahrungsmittel der schwarzen Bevölkerung Südafrikas
Melktart	Mischung aus Vanillepudding und Käsekuchen, mit Zimt bestreut, lecker!
Padkos	Picknick
Pap and Sous	Maisbrei mit Soße
Rooibos	wohlschmeckender und gesunder Tee aus den Blattspitzen des Rotbusches
Rusk	steinhartes Gebäck, in das nur nach dem Einweichen in Kaffee oder Tee gebissen werden sollte
Russian	große, rote Wurst *(sausage)*, die gebraten, aber meist kalt serviert wird
Soft Drink	nichtalkoholisches Getränke (wie Coke oder Fanta).
Snoek	berühmter südafrikanischer Fisch mit festem Fleisch, der meist geräuchert verkauft wird
Samoosas	mit Fleisch- oder Gemüse-Curry gefüllte dreieckige Teigtaschen nach indischer Art
Sosatie	marinierte Hackfleischspieße.
Vienna	kleinere Version der Russian sausage
Waterblommetjie Bredie	traditionelles Kapgericht: ein Eintopf aus Hammel, hyazinthen-ähnlichen Wasserblumen und Weißwein

Schwein gehabt: zur Abwechslung mal kein Steak

Aktiv und kreativ

„Adrenalin-Aktivitäten" und Sportliches

Abseilen (Abseiling)

Direkt unterhalb der Seilbahnstation auf dem Tafelberg befindet sich der mit 112 m höchste kommerzielle *abseil* der Welt. 695 Rand p.P. tägl. 10–15 Uhr, wetterabhängig. Nicht vergessen: Nach dem Adrenalinstoß heißt es wieder zu Fuß auf'n Berg, und zwar 20 Min. steil nach oben. Vorher nach den Windverhältnissen erkundigen: oft ist es in der City windstill und oben bläst es wie verrückt. – Anbieter: *Abseil Africa,* Long St, Tel. 021-4244760, info@abseilafrica.co.za, www.abseilafrica.co.za.

Brücken- und Bungee-Springen

Den mit 216 m welthöchsten kommerziellen Bungee-Jump kann man von der Bloukrans-Brücke an der Garden Route zwischen Plettenberg Bay und der Tsitsikamma Section des Garden Route National Park absolvieren. Für weniger Mutige gibt es den „Bridge Walk". Hier läuft man direkt unterhalb der Brücke auf einem abgesicherten Steg zur Absprungsplattform und kann den Nervenkitzel hautnah miterleben. Anbieter: *Face Adrenalin,* Tel. 042-2811458, 071-2485959, 073-1241373, www.faceadrenalin.com.

Bungee-Sprung von der Bloukrans Bridge

Reisetipps von A bis Z

Fahrrad- und Mountainbike-Touren

Rund um Kapstadt und natürlich an der Garden Route gibt es diverse Fahrrad- und Mountainbike-Trails. An vielen Orten lassen sich Fahrräder mieten. Von Kapstadt aus gibt es organisierte Biketouren ans Kap oder ins Weinland. Fahrräder und Fahrer werden per Bus und Anhänger in die jeweiligen Zielgebiete transportiert. – Anbieter: *Downhill Adventures,* Tel. 021-4220388, Shop 10, Overbeek Building, Ecke Orange-, Kloof- u. Long Street, downhill@mweb.co.za, www.downhilladventures.com; Mo, Mi und Fr je nach Buchung; Tagestouren ins Weinland und ans Kap; halbtägige Downhill-Fahrt den Tafelberg hinab. Die gesamte Ausrüstung wird gestellt. Ein weiterer Veranstalter von organisierten Radtouren ist *African Bikers,* Tel. 021-4652018, www.africanbikers.de.

Fliegen (Flying)

Mit einem ehemaligen Vietnam-Hubschrauber im Tiefflug über Kapstadt und die Kaphalbinsel donnern – ohne Türen, deshalb unbedingte Anschnallpflicht. The Huey Helicopter Co, Tel. 021-4194839, www.thehueyhelicopterco.com

Wer es etwas leiser, aber trotzdem aufregend mag, bucht einen Tandem-Gleitschirmflug bei Cape Town Tandem Paragliding, Tel. 076-8922283, www.paraglide.co.za. Wer es etwas schneller mag, kann mit Fallschirm aus einem Flugzeug springen: Skydive Cape Town, Tel. 082-8006290, www.skydivecapetown.za.net.

Golf

Südafrika ist bekanntlich ein Paradies für Golfer und es gibt viele Plätze, vor allem in der Western Cape Province. Golfspielen ist erheblich günstiger und natürlich wettersicherer als in Mitteleuropa. Am besten erstmal im Internet durchchecken. Eine deutschsprachige Seite mit ausführlicher Beschreibung der 50 schönsten Plätze sowie weitere 300 Adressen ist www.suedafrika-golf.de. Die südafrikanische Seite zum Thema ist www.g-i.co.za mit Infos zu über 500 Golfclubs im Land.

Kloofing

Klettern und dann von ganz oben in mit Wasser gefüllte Felsenpools springen. *Suicide Gorge* (= Selbstmörderschlucht), Sprünge zwischen 3 und 18 Meter. Veranstalter: **Cape Xtreme**, www.cape-xtreme.com.

Ceres Zipslide

Reiten

Am Kap gilt Noordhoek als das Mekka für Pferdefreunde. Es gibt aber auch organisierte Ausritte im Weinland und an der Garden Route. Veranstalter sind z. B. www.kapritt.co.za, www.horseriding, www.horsetrails.co.za

Sandboarding

Mit einem Snowboard mangels Schnee die Sanddünen runterrauschen. – Anbieter: *Downhill Adventures,* Tel. 021-4220388, www.downhilladventures.com oder Sunscene Outdoor Adventures, www.sunscene.co.za, Tel. 021-780203.

Sea Kayaking

Entweder die Pelzrobben vor Hout Bay oder die Wale in der Walker Bay mit See-Kajaks aus nächster Nähe beobachten. – Anbieter: *Coastal Kayak,* Tel. 021-4391134, www.kayak.co.za. *Felix Unite,* Tel. 021-6701300, www.felixunite.co.za.

Seilrutschen (Zip Slide Tours) Zip lining

Der neueste Hit in Südafrika: an lange Stahlseilen, die über Schluchten, Flüsse, Wasserfälle oder von Baum zu Baum gespannt werden, saust man mit Karabinerhaken und Helm durch die Luft und Natur. An der Gardenroute werden Touren von Tsitsikamma Waterfall Zipline Tours, Tel. 042-2803770, www.tsitsikammaadventure.co.za, und in den Cederbergen von Ceres Zipslide Tours, Tel. 079-2450354, www.ceresadventures.co.za angeboten.

Reisetipps von A bis Z 49

Surfen

Die Kapwellen locken Surfer mit und ohne Segel oder Kite aus aller Welt an. Die besten Windbedingungen für den Atlantik herrschen zwischen September und Mai. An der Garden Route brechen sie besonders schön in Mossel Bay und Jeffrey's Bay. Surfkurse bieten an: www.surfemporium.co.za, www.garysurf.com und www.learn2surf.co.za.

Wassersport

Wasserski fahren wird außerhalb von Kapstadt in Somerset West in einem großen Baggersee angeboten. Blue Rock Waterski, Tel. 021-8581330, www.bluerock.co.za. Mit einem Jetboot im Affenzacken die Küste entlang brettern, Adrenalin pur. High speed Jet boat rides in der V&A Waterfront, Tel. 021-4185806, www.waterfrontboats.co.za.

Tauchen

Kalt, aber eindrucksvoll. Es gibt einige interessante Wracks und natürlich das berühmt-berüchtigte Käfigtauchen mit den Weißen Haien in Gansbaai und Mossel Bay.

Tauch-Websites: Tauchzentren und -plätze unter www.divesouthafrica.com und www.piscesdivers.co.za. Tauchplätze und -lodges: www.africandiving.com. Tauchschule: www.diveschoolcapetown.co.za.

Organisierte Ausritte an der Garden Route

Anbieter

- *Two Oceans Aquarium Shark Dives,* Dock Rd, Waterfront, Tel. 021-4183822, dive@aquarium.co.za, www.aquarium.co.za; tägl. 10, 12 u. 14 Uhr mit Miet-Ausrüstung oder mit eigener Ausrüstung. Halbstündige Tauchkurse im gigantischen Haitank des Aquariums und vielen Zuschauern auf der anderen Seite der dicken Glasscheibe, nur für qualifizierte Taucher und nach Voranmeldung.
- *Great White Shark Tours,* Tel. 028-3841418, www.sharkcagediving.net.
- *African Shark Eco-Charters,* Tel. 021-7851947 www.ultimate-animals.com
- *Shark Diving Unlimited*, Tel. 028-3842787, www.sharkdiving¬unlimited.com.
- *Shark Lady*, Tel. 028-3123287, www.sharklady.co.za.
- *White Shark Adventures*, Tel. 028-3841380, www.whitesharkdiving.com.
- *White Shark Diving Co.*, Tel. 021-6714777, www.sharkcagediving.co.za.
- *Shark Zone,* Tel. 082 894 4979, www.sharkzone.co.za
- *White Shark Projects,* Tel. 021-4054537 oder 028-3841774, www.whitesharkprojects.co.za.

Das Tauchabenteuer mit dem Weißen Hai beginnt im Hafen von Kleinbaai (nur White Shark Adventures legt in Gansbaai selber ab). Jeder Trip dauert drei bis fünf Stunden. Es gibt Infos zur Gegend und natürlich zum Haiverhalten und ihrer Rolle im marinen Ökosystem. Kunden bekommen Neoprenanzüge, Masken und Schnorchel und können dann in einen Metallkäfig klettern, der an der Seite des Bootes befestigt ist.

Geländewagenfahren

Auf allen Vieren. In Südafrika wird Geländewagenfahren unter 4x4 (*four by four*) abgehandelt, was sich auf die vier angetriebenen Räder bezieht. Eine äußerst populäre Freizeitbeschäftigung.

Am beliebtesten sind doppelkabinige 4x4 Pickups japanischer Herkunft, die auch oft mit Dachzelt und Safariausrüstung gemietet werden können. In der Kap-Provinz gibt es einige exzellente 4x4-Trails, meist auf privaten Farmen mit Übernachtungsmöglichkeiten – und immer durch grandiose, einsame Landschaften führend.

Eine jährlich aktualisierte Auflistung aller 4x4-Trails im Land bietet das Magazin **Drive Out**, das überall im Zeitschriftenhandel und in Buchläden für erhältlich ist. Das Heft hat auch eine eigene Website, www.drive-out.co.za.

Die RKH-Top Five 4x4-Trails
für die in diesem Buch beschriebenen Regionen:

Klipbokkop Mountain Resort Trail

Einer der schönsten Geländewagen-Trails im südlichen Afrika in grandioser Berglandschaft, 30 km von Worcester in der Western Cape Province. Insgesamt drei verschiedene Routen von 60 km Gesamtlänge. Camping und Hütten für Selbstversorger. Infos: *Elmarie Groenewald*, Tel. 082-5794515, www.klipbokkop.co.za.

Wuppertal 4x4 Route

Die lokale *Coloured*-Gemeinde hat diesen spektakulären Trail gebaut, der vom Western Cape Tourism Board unterstützt wird; zwei Runden mit 14 km (3 h) und 49 km (9 h) Länge; einige haarig-steile Adrenalin-Sektionen, oder „Weißfingerknöchel"-Angelegenheit *(white knuckle stuff)*, wie die Südafrikaner sagen. Infos und Buchung: *Nollace Salamo*, Die Werf, Wuppertal 8138, Tel. 027-4823410 o. 4823033.

The Dunes 4x4 Trail

Sandfahren in einem riesigen, privaten Dünengebiet, Farm Suurfontein, 10 km außerhalb von Lambert's Bay, auf der Straße nach Clanwilliam, Tel. 027-4321244; fantastischer Geländewagen-Spielplatz in kalahari-ähnlichen Inlands-Sanddünen auf einer privaten Farm. Auf Wunsch mit motorisierten Guides, die Besucher in wild modifizierten Ex-VW-Käfern begleiten, atemberaubende Dünen-auf- und -abfahrten. Infos: www.dunes.co.za

Hex River 4x4 Trail

Die wohl dramatischste Geländewagenstrecke im Western Cape, etwa 90 Min. von Kapstadt entfernt, Streckenlänge 75 km (8–10 h), einfache, aber schöne Übernachtungshütten, begleitete Touren möglich, die richtig schwierigen Strecken können umfahren werden. Kontakt: Niel de Kock, Tel. 023-3562041.

Baviaanskloof

Von der landschaftlichen Schönheit her fast nicht zu schlagen, 250 km Natur pur, zwischen Patensie und Willowmore in der Eastern Cape Province, parallel zur berühmten Garden Route im Landesinneren, schöne Camp-Plätze mit Bademöglichkeit in glasklaren Flüssen.

Infos: Baviaans Tourism Office Willowmore, Tel. 044-9231702, www.baviaans.co.za.
Siehe Exkurs „Tal der Affen", S. 256.

Tiere und Pflanzen

Artenreiche Fauna

Wie im Vorwort erwähnt, können Besucher seit einiger Zeit in der malariafreien Region der Eastern Cape Province auf „Big Five"-Safari gehen. Viele nicht mehr ertragreiche Viehfarmen wurden zusammengelegt, Häuser samt Fundamenten und Dämmen entfernt, die ursprüngliche Vegetation wieder angepflanzt und Tiere, die z.T. seit über 100 Jahren ausgerottet waren, wieder angesiedelt.

Historische Aufzeichnungen zeigen, dass Mitte des 19. Jahrhunderts große Elefantenherden am Great Fish River gelebt haben, neben Löwen, Geparden und Leoparden. Die dicht mit Aloen und Speckbäumen bewachsenen Hügel und Berge der Region beherbergten einst Zehntausende von Tieren, waren damit Südafrikas am dichtesten bevölkertes Wildgebiet. Jäger und Farmer erlegten die letzten Löwen und Nashörner vor über 150 Jahren. Während Leoparden es immer verstanden haben mit dem Menschen zu leben, ihn zu meiden und zu überleben, mussten Löwen, Büffel und Nashörner wieder angesiedelt werden. Innerhalb vom **Addo Elephant National Park** überlebten Gruppen von Elefanten, doch die „neuen" Dickhäuter der privaten Schutzgebiete stammen allerdings allesamt aus dem übervölkerten Krüger-Park. Nashörner und Löwen kamen zum Teil aus Namibia und Zimbabwe, andere ebenfalls aus dem Krüger-Park. Und in der Western Cape Province gibt es diverse Zuchtprojekte, wo maul- und klauenseuchefreie Büffel von Jersey-Kühen aufgezogen werden. Im November 2002 wurde nur 90 Minuten von Kapstadt entfernt, in der Karoo

Tiere und Pfanzen

zwischen Ceres und der N 1, im *Aquila Game Reserve,* das erste Breitmaulnashorn wieder angesiedelt. 200.000 Rand zahlte der neue Besitzer, Searl Derman, und mittlerweile gab es schon drei Mal Nachwuchs.

Der größte Vertreter der südafrikanischen Landsäugetiere ist der **Elefant** *(elephant),* wobei das private *Shamwari Game Reserve* und der Addo Elephant National Park die wohl am leichtesten aufzuspürenden Herden besitzen.

Breitmaul-nashorn

Das seltene **Spitzmaulnashorn** *(black rhino)* lebt als Einzelgänger. Im Gegensatz zum Breitmaulnashorn frisst es kein Gras, sondern zupft mit seinen spitzen Lippen Blätter und Triebe von Büschen und Ästen. Sie sind leichter und kleiner als ihre breitmäuligen Kollegen. Das **Breitmaulnashorn** (*white rhino* – doch nicht von „weiß" ableitend, sondern vom afrikaansen Wort für weit bzw. breit, „wyd") lebt in kleineren Gruppen. Charakteristisch sind die nicht zu übersehenden Reviermarkierungen dominanter Männchen, gewaltig große, breitgetretene Dunghaufen. Das Breitmaulnashorn ist ein Relikt aus prähistorischer Zeit, als riesige Mega-Grasfresser die Erde bevölkerten.

Das recht harmlos wirkende **Flusspferd** *(hippopotamus)* ist in Afrika bei Tierbegegnungen für die meisten Todesfälle verantwortlich. Die tonnenschweren Kolosse sind an Land erstaunlich schnell. Selbst ein schneller Sprinter wäre nicht in der Lage, einem attackierenden Hippo davonzulaufen. Da ihre rosa Haut sehr empfindlich ist, kommen sie erst nach Sonnenuntergang aus dem Wasser, um zu grasen. Dann sollte man möglichst nicht zwischen sie und ihr Gewässer kommen. In der Western Cape Province haben vier Exemplare im sumpfigen *Rondevlei Nature Reserve,* am südlichen Stadtrand von Cape Town in den Cape Flats, überlebt. Im Shamwari Game Reserve und im Addo

Elephant National Park leben größere Populationen. Ebenfalls gefährlich sind **Büffel** *(Cape buffalo)*, vor allem ältere Bullen, die von ihrer Herde nicht mehr akzeptiert werden. Das *Buffalo Hills Nature Reserve* bei Plettenberg Bay hat neben wilden einige recht zahme Exemplare, die oft versuchen, beim Frühstück auf die Veranda des ehemaligen Farmhauses zu kommen um dort den Gästen das Brot vom Teller zu fressen ... Die Nashörner von dort kommen zwar ebenfalls auf den Rasen, sind aber nicht zahm, lediglich an Menschen gewöhnt. Also nicht streicheln! Das Naturreservat *Bartholomeus Klip* zwischen Tulbagh und Kapstadt (s.S. 189 hat ein interessantes Büffelaufzuchtprogramm etabliert: Jerseykühe ziehen die jungen, maul- und klauenseuchenfreien Jungbüffel auf.

Lieblinge aller Touristen sind die großen afrikanischen **Raubkatzen.** Nummer eins ist natürlich der **Löwe** *(lion)*, der einzige, der in Gruppen bis zu 30 Tieren gemeinschaftlich lebt und jagt. Meist sind die Verbände jedoch kleiner. In privaten Naturparks, wie Kwandwe und Shamwari, wurden Löwen wieder erfolgreich eingeführt. Ihr kilometerweit zu hörendes Gebrüll während einer nächtlichen Pirschfahrt gehört zu den aufregendsten Geräuschen Afrikas.

Die schönste Katze ist der **Leopard** *(leopard)*. Er ist ein Einzelgänger und Nachtjäger. Nur Weibchen leben mit ihrem Nachwuchs, bis dieser erwachsen ist. Selbst in der Nähe von Kapstadt, in den Hottentots Holland Mountains und den Cedarbergen, haben einzelne Exemplare überlebt, von denen jedoch meist nur die Spuren gesichtet werden.

Der elegante **Gepard** *(cheetah)* ist kleiner, schlanker und erheblich langgestreckter als der Leopard. Sein Fell weist schwarze Punkte auf, das des Leoparden besitzt schwarze Rosetten. Die Krallen des schnellsten

Der Leopard ist Afrikas schönste Großkatze

Tiere und Pflanzen

Büffelherde

Landsäugetiers lassen sich, im Gegensatz zu allen anderen Raubkatzen, nicht ganz einziehen, da er seine Beute mit Geschwindigkeiten von bis zu 100 km/h hetzt und die Krallen als Spikes fungieren. Seinen langen Schwanz benutzt er dabei als Steuer. Er schafft jedoch nur recht kurze High-Speed-Sprints und ist danach meist so „fertig", dass ihm oft Hyänen, Leoparden, Wildhunde oder Löwen die Beute wegnehmen und ihn, falls es ihm nicht gelingt zu flüchten, sogar töten. Aus diesem Grund gehen Geparden – sehr touristenfreundlich –, meist tagsüber auf die Jagd, denn die anderen Raubkatzen sind alle Nachtjäger. In den beiden privaten Game Reserves Kwandwe und Shamwari wurden einige Exemplare wieder angesiedelt. In „Gefangenschaft" lassen sie sich im *Wiesenhof Game Park* und bei *Cheetah Outreach* im Spier Wine Estate, beide bei Stellenbosch, sowie in der *Cango Wildlife Ranch* bei Oudtshoorn aus der Nähe beobachten.

Die **Ginsterkatze** *(genet)* wiegt nur zwei bis drei Kilo, hat ein gepunktetes Fell und einen langen Schwanz mit neun oder zehn schwarzen Ringen und ähnelt einer Hauskatze. Sie ist ein Einzelgänger und Nachtjäger.

In Bodennähe leben **Zebra- und Fuchsmangusten** *(banded-* und *yellow mongoose)*. Während letztere meist Einzelgänger sind, kommen die Zebramangusten in Gruppen bis zu 40 Tieren vor.

Die **Afrikanische Wildkatze** *(african wild cat)* unterscheidet sich von der Hauskatze nur durch die längeren Beine und die rotbraunen Ohren. In Südafrika ist ihr Genbestand sehr gefährdet, da sie sich problemlos mit verwilderten Hauskatzen paart. Sie ist die am meisten verbreitete Katze im südlichen Afrika.

Tüpfelhyänen *(spotted hyaena)* mit ihrem charakteristischen, abfallenden Rücken wurden früher gerne als feige Aasfresser bezeichnet. Neuere Forschungen, die vor allem nachts stattfanden, enthüllten das genaue Gegenteil: Hyänen sind ausgezeichnete Jäger, die keine Angst haben, im Kampf um ihre Beute oder beim Schutz ihres Nachwuchses Löwen anzugreifen. Mit ihren mächtigen Kiefern knacken sie Knochen wie Nüsse. Ihr heiseres „Lachen" gehört zu den typischen Buschgeräuschen in Südafrika. Die **Schabrackenhyäne** *(brown hyaena)* ist etwas leichter und kleiner, außerdem kein so guter Jäger, verlässt sich daher mehr auf Aas und andere Futterquellen wie z.B. Straußeneier.

Der **Wild- oder Hyänenhund** *(cape hunting dog)* ist das gefährdetste Säugetier Südafrikas: Er ist schlank, langbeinig, besitzt große, runde Ohren und einen geraden Rücken. Das Fellmuster ist braun, schwarz und weiß gefleckt. Wildhunde leben in Rudeln von 6 bis 15 erwachsenen Tieren, plus Jungen. Sie sind tagsüber aktiv und hetzen ihre Beute im Pack zu Tode.

Der **Schabrackenschakal** *(black-backed jackal)* kommt fast überall in Südafrika vor. Sein Fell ist rotgelblich gefärbt, mit einem charakteristischen silberschwarzen Sattel. Er ernährt sich von Insekten, Beeren, Aas und von kleineren Säugern bis zur Größe einer kleinen Antilope. Hält sich am liebsten in trockener, offener Savannenlandschaft auf.

Schabrackenschakal

Kleiner sind die **Löffelhunde** *(bat-eared fox)* mit ihren riesigen Ohren, sie kommen wie die Schabrackenschakale in vielen Regionen Südafrikas vor. Sicher derjenige Fleischfresser, den Südafrika-Besucher am wahrscheinlichsten zu sehen bekommen.

Der dunkelbraune **Kap-Fingerotter** *(Cape clawless otter)* lebt in Flüssen und Flussdeltas, von wo aus er ab und zu bis ins Meer schwimmt. Er ist spätnachmittags und frühmorgens aktiv und auch recht flott auf dem Land unterwegs.

Warzenschwein

Das **Buschschwein** *(bushpig)* kommt in der Nähe von Wasserläufen vor. Da es mit Vorliebe Felder leerfrisst, mögen es Farmer nicht so gerne. Und weil ihr Hauptfeind, der Leopard, selten geworden ist, hat ihr Bestand dramatisch zugenommen.

Das **Stachelschwein** *(porcupine)* ist kein Fleischfresser. Es ernährt sich hauptsächlich von Knollen und Wurzeln. Seine langen schwarzweißen Stacheln, die man oft im Busch findet, werden gerne für Dekorationen verwendet. Das nachtaktive Tier ist relativ schwer zu beobachten. In den Randgebieten von Kapstadt gräbt es nachts bei der Futtersuche ganze Gärten um.

Das **Warzenschwein** *(warthog)* ist im Gegensatz dazu tagsüber auf Nahrungssuche, deshalb auch recht häufig zu beobachten. Der Name rührt von den beiden Warzen unterhalb der Augen. Respekteinflößend sind seine gewaltigen Hauer, wobei die kleineren der Unterseite die erheblich gefährlicheren sind, da sie beim Fressen ständig von den oberen scharfgeschliffen werden, was schon vielen Leoparden das Leben gekostet hat. Warzenschwein-Fleisch ist eine Delikatesse, die manchmal in den privaten Wildniscamps auf den Tisch kommt.

Das **Erdhörnchen** *(Cape ground squirrel)* ist die einzige Hörnchen-Art im südlichen Afrika, die in großen Gruppen mit bis zu 30 Tieren zusammenlebt. Während der Tageshitze benutzen sie ihre buschigen Schwänze als Sonnenschirme.

Durch seine Sprünge erinnert der in der Dämmerung aktive **Springhase** *(springhare)* an Kängurus.

Die murmeltiergroßen **Klippschliefer** *(rock dassie)* sind echte Kämpfer. Selbst wenn sie dabei mehrere Meter tiefe Felsen hinunterstürzen, bekriegen sie sich weiter. Ähnlich wie Erdmännchen stellen sie Wachposten auf, wenn der Rest der Gruppe auf Nahrungssuche geht. Vor allem in den Bergen in und um Kapstadt sind sie sehr häufig zu sehen. Die auf dem Tafelberg sind am zutraulichsten – trotzdem bitte nicht füttern.

In den im Buch beschriebenen Regionen gibt es zwei Affenarten: **Bärenpaviane** *(chacma baboon)* und **Grünmeerkatzen** *(vervet monkey)*. Während letztere nur an Flüssen und Wasserflächen leben, sind Paviane in nahezu allen Ökosystemen heimisch. Die Grünmeerkatzen verfügen über eine primitive Vorform einer Sprache. Die Affen kennen spezielle Warngeräusche für verschiedene Raubtiere.

Die bis anderthalb Meter großen **Paviane** sind nach dem Menschen die größten Primaten im südlichen Afrika. Wie Menschen auch fühlen sie sich in den verschiedensten Ökosystemen zuhause. Zwischen 30 und 40 Tiere leben unter Leitung eines dominanten Männchens in einem Clan zusammen. Ihre Nahrung besteht hauptsächlich aus Früchten, Insekten und Wurzelknollen. Wenn sich die Gelegenheit bietet, töten Paviane allerdings auch kleinere Säugetiere und Vögel. Berüchtigt sind die vier Pavian-Clans, die am Kap der Guten Hoffnung leben und durch Erfahrung Touristen und ihre Autos mit Nahrung assoziieren: Auf keinen Fall die Fenster offen stehen lassen oder die Paviane füttern!Ein „herausragender" Bewohner Südafrikas ist das höchste Landsäugetier, die **Giraffe.** Sie ernährt sich fast ausschließlich von den oberen Blättern der Dornakazie. Mit ihrer guten Nase erschnüffelt sie die jungen Triebe, die sie dank ihres langen Halses ganz alleine für sich hat. Außerdem können sie so das Savannengelände, in dem sie sich aufhalten, besser beobachten.

Bergzebras

Tiere und Pflanzen

Starrt eine Gruppe von Giraffen gebannt in eine bestimmte Richtung, sind garantiert Löwen in der Nähe, ihre Hauptfeinde. In Shamwari und Kwandwe lassen sich Giraffen gut beobachten.

Nicht wegzudenken aus der afrikanischen Savannen- und Berglandschaft sind die attraktiven **Zebras**, von denen in Südafrikas zwei Arten vorkommen, das **Steppenzebra** *(Burchell's)* und das deutlich seltenere **Bergzebra** *(Hartmann's zebra)*. Im Gegensatz zu den Steppenzebras sind die Beine der Bergzebras gestreift. Bei beiden Arten fungiert das Streifenmuster als eindeutiges Identifizierungsmerkmal, quasi als „Fingerabdruck". Jedes Muster ist anders, und neugeborene Fohlen werden von ihren Müttern einige Tage von der Herde abgeschirmt, um sich an deren individuelles Streifenmuster zu gewöhnen. An Wasserlöchern gesellen sich Steppenzebras gerne zu Antilopen, vor allem zu **Gnus**, um von deren ausgezeichneten Geruchs-, Gehör- und Seheigenschaften zu profitieren. Steppenzebras verteidigen sich gegen Geparden, Löffelhunde und Tüpfelhyänen durch Kicken und Beißen. Selbst Löwen haben oft Schwierigkeiten, ausgewachsene Zebras zu töten. Neben „normalen" Zebras lassen sich im Naturreservat Bartholomeus Klip auch rückgezüchtete *Quaggas* beobachten, eine nahezu streifenlose, ausgestorbene Zebraart.

Am häufigsten werden Südafrika-Besucher den Springbok und die **Schwarzfersenantilope** *(impala)* beobachten können. Sie haben sich bestens angepasst, überleben selbst auf stark in Mitleidenschaft gezogenem, ehemaligen Farmland, womit sie anderen, weniger anpassungsfähigen Antilopen den Lebensraum streitig machen. Charakteristisch ist das tiefe Röhren brünftiger Männchen, das man von solch eleganten Antilopen kaum erwartet. Impalas sind rotbraun mit weißem Bauch, ein schwarzes Band zieht sich vom Rumpf über den Oberschenkel. Nur die Männchen tragen Hörner.

Der **Springbock** *(springbok)*, der von Besuchern anfangs oft mit dem Impala verwechselt wird, weil er ebenfalls in größeren Herden vorkommt, hat zwar ungefähr die gleiche Größe, unterscheidet sich allerdings durch die charakteristische Dreifärbung seines Fells: zimtbraune Oberseite, dunkelbrauner, breiter Seitenstreifen und weißer Bauch. Sowohl weibliche als auch männliche Springböcke tragen ein herzförmiges Gehörn. „Springbok" ist das Wildgericht, das in den Restaurants am häufigsten auf den Tisch kommt.

Das **Streifengnu** *(blue wildebeest)* lebte einst in riesigen Herden im südlichen Afrika. Sein Bestand hat durch Wilderei, Konkurrenz von Rindern und durch Zäune, die Migration verhinderten, drastisch abgenommen. Oft sterben die Tiere bei Trockenheit zu Tausenden, weil Viehzäune ihre traditionellen Wanderungen zu den Wasserlöchern stoppen.

Streifengnu

Das **Weißschwanzgnu** *(black wildebeest)* kommt nur in Südafrika vor. Um 1900 stand die Antilope, die einst in Herden von Hunderttausenden durch die Ebenen zog, kurz vor dem Aussterben. Lediglich 550 Exemplare gab es noch. Heute sind es dank wirksamer Schutzmaßnahmen wieder gut 12.000 Tiere in vielen privaten und staatlichen Naturparks.

Der hübsche **Buntbock** *(bontebok)* gehört zu den seltensten Antilopen Südafrikas und kommt nur im südwestlichen Teil der Kap-Provinz vor. 1830 war er praktisch ausgerottet, doch 1992 war der Bestand durch strenge Schutzmaßnahmen wieder auf insgesamt 2000 Exemplare angewachsen. Speziell zu seinem Schutz wurde 1931 der *Bontebok National Park* in der Nähe von Swellendam gegründet. Die mit gut 400 Tieren größte Herde lebt heute im *De Hoop Nature Reserve* (südlich von Swellendam am Meer). Auch am Kap der Guten Hoffnung lassen sich gut beobachten.

Der **Blesbock** *(blesbok)* wird oft mit dem Buntbock verwechselt, hat allerdings viel weniger Weiß im Fellkleid und ist nicht so kräftig gefärbt. Um 1900 stark reduziert, haben sich die Bestände in Südafrika auf etwa 120.000 Exemplare erholt.

Die wunderschöne **Oryx-Antilope** *(gemsbok)* ist ein nicht zu unterschätzender Kämpfer. Ihre zwei langen, V-förmigen Hornspieße dienen bei der Verteidigung als tödliche Waffen, was schon des öfteren Löwen und

Tiere und Pflanzen

Wilderern zum Verhängnis geworden ist. Sie kommen in den im Buch beschriebenen Regionen nicht natürlich vor. Einige Reservate, wie Kwandwe, haben jedoch Exemplare ausgesetzt, weil sie so attraktiv aussehen.

Die **Elen-Antilope** *(eland)* ist die größte der afrikanischen Antilopen. Wie die Oryx-Antilope auch, ist das Eland hervorragend an ein trockenes Klima angepasst. Eine sehr gute Chance Elen-Antilopen zu sehen, besteht im De Hoop Nature Reserve und im Cape of Good Hope Nature Reserve, das zum Table Mountain National Park gehört.

Einen majestätischen Anblick bietet die schwarze **Rappenantilope** *(sable antelope)*, die aufgrund ihrer bis zu 120 cm langen und nach hinten geschwungenen Hörner eine beliebte Jagdtrophäe darstellt. Das Tier ist zunächst braun und wird mit zunehmenden Alter immer schwärzer. Wiederansiedlungen der Antilopen in privaten Wildniscamps funktionieren gut. In den im Buch beschriebenen Regionen kam die Antilope allerdings nie natürlich vor.

Zu den häufiger vorkommenden Antilopen gehören das **Große Kudu** *(greater kudu)*. Nur die Männchen tragen Hörner, die sich spiralförmig nach oben drehen und Längen von bis zu 1,8 Meter erreichen. Kudus sind berühmt für ihre Sprungkraft. Selbst zwei Meter hohe Zäune sind kein Problem, sie werden locker aus dem Stand bewältigt.

Der kräftig gebaute **Ellipsenwasserbock** *(waterbuck)* lebt in wasserreichen Gebieten. Charakteristisch ist der runde, weiße Kreis an seinem Hinterteil, der aussieht, als hätte das Tier eine Zielscheibe auf dem Hintern. Die Markierung dient bei der Flucht als Orientierung für nachfolgende Herdenmitglieder.

Ellipsenwasserbock

Der **Kronenducker** *(common duiker)* gehört zu den am weitesten im südlichen Afrika verbreiteten Antilopen und überlebt sogar sehr nahe an menschlichen Wohn- oder landwirtschaftlichen Nutzgebieten. Er kommt in allen Vegetationsgebieten vor, von Meereshöhe bis auf 1800 m. Sein Afrikaans-Name *duiker* kommt von seiner Eigenschaft, bei Gefahr ins Unterholz abzutauchen.

Der **Klippspringer** *(klipspringer)* ist ein unglaublich guter Kletterer, den selbst steile Felswände und Klippen nicht aufhalten können. Er ist in allen Berggebieten Südafrikas heimisch.

Die kleinen **Steinböckchen** *(steenbok)* mit ihren großen Ohren sind im gesamten südlichen Afrika weitverbreitet.

Der **Kap-Greisbock** *(Cape grysbok)* lebt in den Küstengebieten der südwestlichen, südlichen und östlichen Kap-Provinz, hauptsächlich in der Fynbos-Vegetation. Im Addo Elephant National Park wurden einige Exemplare ausgesetzt. Ihr Bestand hat sich gut entwickelt. Sein Hauptfeind heute sind verwilderte Haushunde in der Nähe menschlicher Siedlungen.

Neben den lokal vorkommenden Tieren haben sich im Laufe der Zeit auch „Ausländer" an das südafrikanische Klima gewöhnt. Cecil Rhodes brachte im 19. Jahrhundert ein Pärchen der putzigen, ursprünglich aus Nordamerika stammenden **Hörnchen** *(grey squirrel)* aus England mit und setzte sie in den Kapstädter *Gardens* aus, von wo sie sich weit in die Wälder der gesamten Western Cape Province ausgebreitet haben. Er war jedoch nicht der erste. Vor über 300 Jahren setzte Jan van Riebeeck **Kaninchen** *(rabbit)* auf Robben Island aus, deren Nachkommen noch heute dort herumhoppeln.

Wesentlich seltener zu sehen ist das **Himalaya-Tahr,** von dem mehrere hundert Stück gut versteckt auf dem Tafelberg leben. 1935 kam ein Paar dieser ziegenartigen Tiere aus China in den ehemaligen Zoo des Groote Schuur Estates, unterhalb vom Devil's Peak. Beide brachen aus und vermehrten sich flott. 1971 wurden bereits 270 Stück gezählt. Da sie, typisch Ziege, alles fressen was grün ist, stellen sie eine ernste Gefahr für die einheimische Fynbos-Vegetation dar. Die Tiere auszurotten ist nicht einfach, da sie sich oft in kleinen, geschützten und unzugänglichen Klüften des Tafelbergmassivs aufhalten. Die Männchen mit ihren beeindruckenden Mähnen werden bis zu 105 Kilogramm schwer.

Tiere und Pflanzen

Zu Anfang des 20. Jh. zur Jagd ausgesetzte **Wildschweine** *(wild boar)* leben auf den Farmen der Westküste in großer Zahl. Weitere Einwanderer sind europäische **Hausratten** *(house rat)* und **-mäuse** *(house mouse)*, die auf Schiffen in die südafrikanischen Hafenstädte gelangten und sich von dort aus im ganzen Land verbreitet haben.

Auf Inseln vor der Atlantikküste leben **Pelzrobben** *(Cape fur seals)* in größeren Gruppen. Bootstouren zur Robben-Beobachtung gibt es nach *Duiker Island* bei Hout Bay und *Dyer Island* vor Gansbaai.

Südafrikas größte Säugetiere sind die Wale, vor allem **Glattwale** *(southern right whale)* und **Buckelwale** *(humpback whale)*, die mittlerweile wieder in großer Zahl zwischen Juli und November die Küste östlich und westlich des Kaps besuchen und dort hervorragend vom Land (Hermanus und De Hoop Nature Reserve) oder vom Schiff aus beobachtet werden können. Adrenalinfördernd sind Tauchgänge im Käfig zu den Jagdgründen der **Weißen Haie**.

In Südafrika gibt es eine ganze Reihe von **Schlangen.** Die Bisse vieler von ihnen, wie **Kap-Kobra** *(cape cobra)*, **Puffotter** *(puff adder)* und **Baumschlange** *(boom slang)* sind meist tödlich. Die meisten Besucher bekommen sie allerdings nur in **Schlangenparks** *(snake parks)* zu sehen.

Vogelfreunde finden traumhafte Verhältnisse vor. In Südafrika leben gut zehn Prozent aller weltweit existierenden Vogelspezies – über 900 Arten sind klassifiziert. Mehr als 130 von ihnen sind endemisch, leben also nur hier. Berühmt ist Südafrika für seinen flugunfähigen Laufvogel, den **Strauß** *(ostrich)*, der früher wegen seiner Federn gezüchtet wurde. Heute

Ein Wal auf seinem Weg

Straußenherde

verdienen die Farmer hauptsächlich an seinem Leder. In einigen Schutzgebieten kommt er noch wild vor.

Mit bis zu 1,25 m Größe sind die **Sekretäre** *(secretary bird)*, die auf der Suche nach Schlangen und anderen Kriechtieren immer paarweise durch Wiesen und Felder stolzieren, auffallend groß. Erwachsene haben leuchtend orange-farbene Gesichter, Jungvögel gelbe.

Vor allem auf den der Küste vorgelagerten Inseln, aber in der westlichen Kap-Provinz auch auf dem Festland, gibt es die bis zu 60 Zentimeter großen **Brillenpinguine** *(African penguins)*.

Andere Seevögel, die im Meer jagen, sind die verschiedenen **Sturmvögel** *(petrels)*, **Sturmtaucher** *(shearwaters)* und **Albatrosse** *(albatrosses)*, die weit draußen in der See leben und nur zum Brüten an Land kommen, die wunderschönen **Kap-Tölpel** *(gannets)*, **Fregattvögel** *(frigatebirds)* und die fischfressenden **Kormorane** *(cormorants)*.

Die Frisch- und Brackwasservögel umfassen vor allem **Enten** *(ducks)* und **Gänse** *(geese)* und kommen an Seen, Tümpeln und Wasserläufen vor. Manche sind auf Sümpfe im Landesinnern spezialisiert, andere auf Meereslagunen. Die meisten von ihnen sind sehr mobil und ständig auf dem gesamten afrikanischen Kontinent unterwegs, um gute Brut- und Futterplätze zu finden.

In Südafrika wurden bislang 70 verschiedene Raubvögel gezählt. Adler, Geier, Falken und Habichte kommen im ganzen Land vor. Beeindruckend sind die über einer kurz zuvor gerissenen Beute kreisenden **Geier** *(vultures)*, oder der einsame **Gaukler** *(bateleur eagle)* mit seinem knallroten Schnabel und seinen ausgezeichneten Flugkünsten. **Fischadler** *(osprey)* und der attraktive **Schreisee-Adler** *(fish eagle)* fressen ausschließlich Fisch, und der 20 cm große **Zwergfalke**

Tiere und Pflanzen 65

(pygmy falcon) ist so klein, dass er mit den Webervögeln in deren riesigen Nestern lebt.

Kraniche ähneln Störchen oder Reihern, sind aber typische Graslandbewohner. Schönstes Beispiel ist der **Kronenkranich** *(crowned crane)* mit seiner „Punkfrisur". Der **Paradieskranich** *(blue crane)* trägt sein Gefieder lang wie eine Schleppe und ist Südafrikas Wappenvogel (das Kwandwe Private Game Reserve ist nach ihm benannt, Kwandwe kommt aus der Xhosa-Sprache und bedeutet „Platz des Paradieskranichs").

Die Watvögel haben alle lange Beine und Hälse und Schnäbel, die den verschiedenen Fressgewohnheiten angepasst sind. **Reiher** *(herons)* haben dolchähnliche Schnäbel, um Fische und Frösche aufzuspießen. **Löffler** *(spoonbills)* haben eigenartige, flach endende Schnäbel, mit denen sie im Wasser hin- und herstreichen um kleine Tiere zu fangen. **Ibisse** *(ibis)* besitzen lange gebogene Schnäbel, um im weichen Sumpfboden herumzustochern, und die der **Störche** *(stork)* sind groß und fest, um Bodenkriecher und Frösche aufzupicken.

Brillenpinguin

Weitere Vogelarten sind **Tauben** *(pigeons);* **Turakos** *(louries);* **Bartvögel** *(barbets);* **Mausvögel** *(mousebirds,* die, wenn sie an Bäumen und Ästen „entlangkrabbeln", tatsächlich an Nagetiere erinnern); **Fischer** *(kingfishers,* die ihre kompakten Körper mit den festen Schnäbeln wie Geschosse ins Wasser tauchen, um Fische zu erbeuten); **Bienenfresser** *(bee-eaters);* **Racken** *(rollers);* **Wiedehopf** *(hoopoe);* **Eulen** *(owls);* **Nachtschwalben** *(nightjars);* **Segler** *(swifts);* **Schwalben** *(swallows);* **Finken** *(finches);* **Webervögel** *(weavers);* **Wida** *(widows);* **Stare** *(starlings);* **Lerchen** *(larks);* **Pieper** *(pipits);* die kleinen **Nektarvögel** *(sunbirds)* und **Honigfresser** *(sugarbirds)* sind wunderschön gefärbt und leben im *Kap-Fynbos*.

Einzigartige Flora

Das Wort **Fynbos** kommt ursprünglich aus dem Holländischen und bedeutet „feinblättrige Pflanzen". Obwohl der Fynbos nur eine kleines Areal in der Kap-Provinz einnimmt, ist er mit nur 0,04 Prozent der Landfläche der Erde eines der sechs großen Florenreiche der Welt (die anderen fünf bedecken riesige Gebiete, wie zum Beispiel fast die gesamte nördliche Hemisphäre oder ganz Australien).

Das Kap-Florenreich ist das kleinste, trotzdem aber das artenreichste der Welt mit der größten Konzentration von Pflanzenarten. Es gibt über 7700 im Fynbos, von denen 5000 im Western Cape endemisch sind. Die 470 km² große Kaphalbinsel weist 2256 verschiedene Pflanzenarten auf, der 60 km² große Tafelberg 1470. Es kommen 600 verschiedene Erica-Arten vor, im Rest der Welt gibt es nur 26.

Fynbos ist sehr anfällig für Biotop-Veränderungen. Der Bevölkerungsdruck im Western Cape hat bereits dazu geführt, dass einige Arten ausgestorben sind, 500 gelten als sehr gefährdet.

Die Böden unter dem Fynbos sind extrem nährstoffarm, was bedingt, dass auch die Pflanzen selbst wenig Nährstoffe aufweisen, deshalb keine größeren Tierherden am Leben halten können. So existiert im Fynbos nur eine eingeschränkte Artenvielfalt. Auch an der **Westküste** und im Namaqualand gibt es viele endemische Pflanzen. Das Gebiet, das sich bis zur namibischen Grenze erstreckt, hat sehr geringe, episodische Niederschläge, was sich im Pflanzenleben widerspiegelt. Es gibt sehr viele **Sukkulenten** (wasserspei-

Die Königsprotea (Protea cynaroides) ist Südafrikas Nationalblume

Tiere und Pfanzen

Blumenteppich an der West Coast

chernde, dickblättrige Pflanzen), etwa 200 von ihnen sind gefährdet. Sobald es allerdings regnet, kommt es zu dramatischen Veränderungen: Das braune *Veld* explodiert im Frühling (August und September) zu einem gewaltigen Farbenrausch, bunte **Blumenteppiche** ziehen sich oft bis zum Horizont. Beste Plätze um dieses Naturschauspiel zu erleben, ist der *Westcoast National Park* und nördlich davon die Gegend zwischen Lambert's Bay und Clanwilliam am Fuß der Cederbergen.

Das aride Inland-Plateau wird von typischer **Karoo-Vegetation** beherrscht: kleinen, niedrigen Büschen und Sukkulenten, die weit auseinanderstehen. Sobald es mehr regnet, entstehen großflächige Graslandschaften. Die einzigen Bäume in dieser Region kommen an den wenigen Wasserläufen vor.

In den Inlandgebieten der Eastern Cape Province herrscht **Grasland** vor, ebenfalls mit wenigen Bäumen. In den heißen und feuchten Sommern wächst das Gras sehr schnell, kommt dann im trockenen, kalten Winter in eine Ruheperiode. Das Grasland geht ohne klare Trennung in die halbwüstenhafte **Karoo** über. Sobald es trocken wird oder Gebiete von Vieh überweidet worden sind, breiten sich die Karoo-Büsche ins Grasland aus.

Die dicht besiedelten Küstenstreifen der östlichen *Western Cape Province* und der westlichen *Eastern Cape Province* waren einst dicht bewachsen mit **immergrünem Urwald**. In und um Knysna sind noch einige Bestände erhalten geblieben und geben einen guten Eindruck, wie die Gegend vor der Ankunft der ersten Europäer ausgesehen hat.

Geschichte
Von der Urzeit in die Gegenwart

Vor etwa 120.000 Jahren
Hinweise auf erste menschliche Siedlungen an der Langebaan-Lagune. Die dort entdeckten versteinerten Fußabdrücke sind die ältesten der Welt von aufrecht gehenden Menschen.

Vor etwa 70.000 Jahren
Im Dezember 2001 wurden in der Blombos-Höhle in der Nähe vom Cape Agulhas, Afrikas südlichstem Punkt, etwa 250 Kilometer östlich von Kapstadt, sensationelle neue archäologische Funde gemacht, ca. 70.000 Jahre alte Artefakte und Felsgravuren, die erneut bestätigen, dass die Wiege der Menschheit in Afrika lag. Zwei dort gefundene rote Ockerstücke, die abgeflacht und mit komplizierten, gekreuzten Mustern graviert worden waren, sind möglicherweise die ältesten jemals gefundenen Relikte menschlicher Kunst.

Vor etwas 30.000 Jahren
Skelette und Werkzeuge von steinzeitlichen Jägern und Sammlern wurden im Bereich von Foreshore, Maitland, Peers Cave in Fish Hoek, im südlichen Teil der Kaphalbinsel und in den Cape Flats entdeckt.

Südafrika ist eine wahre Fundgrube an prähistorischen Felsmalereien und Relikten erster menschlicher Ansiedlungen

Um 700
Rinderknochen aus dieser Zeit werden in der gesamten südwestlichen Kap-Provinz entdeckt. Ein Hinweis auf frühe Viehzüchtung der Khoikhoi am Kap.

1488
Der portugiesische Seefahrer *Bartholomeu Diaz* umsegelt das Kap der Guten Hoffnung. Auf seinem Weg von Europa nach Indien 1497 folgt ihm *Vasco da Gama*.

1503
Ein anderer portugiesischer Seefahrer, *Antonio de Saldanha*, gilt als der erste Europäer, der in der Tafelbucht südafrikanischen Boden betrat. Er taufte sie daraufhin, wenig bescheiden, *Saldania*. Nach dem Besteigen des Tafelberges wurde er in einer Auseinandersetzung mit Angehörigen der Khoikhoi verletzt und verließ das Kap. 1601 tauften die Holländer Saldania in „Tafelbucht" *(Tafel Baai)* um.

Geschichte

1510	*Dom Francisco de Almeida,* erster portugiesischer Vize-König von Indien, landete am Kap, um in der Nähe des heutigen Kapstadt an einem Fluss Trinkwasser aufzunehmen. Beim Versuch, in einem in der Nähe liegenden Khoikhoi-Dorf Rinder zu stehlen und Kinder zu entführen, werden er und die Hälfte seiner 150 schwer bewaffneten Männer von den Khoikhoi getötet.
1608	Die ersten holländischen Seefahrer führen einen Tauschhandel mit den Khoikhoi, um Frischfleisch für ihre Schiffsbesatzungen zu bekommen.
1652	**Jan van Riebeeck** und seine Frau Maria de la Quellerie kommen im Auftrag der holländischen *Verenigde Oost-Indische Compagnie* (VOC) ans Kap und gründen mit Auswanderern die erste permanente europäische Siedlung. Eine Tagebuchaufzeichnung spricht von Schnee auf dem Tafelberg bei der Ankunft und von Khoikhoi, die den Neuankömmlingen Nahrung verweigerten, worauf diese gezwungen waren, Vogeleier zu sammeln und Pinguine von Robben Island zu fangen, zu schlachten und zu essen.
1666	Es wird mit dem Bau des Kastells *Goode Hope* (Castle of Good Hope) begonnen.
1688	Hugenotten flüchten vor religiöser Verfolgung in Frankreich auf holländischen Schiffen ans Kap. Sie lassen sich in Franschhoek, der „französischen Ecke" nieder, wo sie Weinreben anpflanzen und Trauben keltern.
1693	Nachdem er in Java einen Aufstand organisiert hatte, wird Scheich Yusuf ans Kap exiliert. Er ist einer von vielen Moslems, die in der Folgezeit ans Kap geschickt werden und die Wurzeln der moslemischen Gemeinde legen.
1713	Eine Pockenepidemie tötet Tausende von Menschen in Kapstadt. Weitere Ausbrüche folgen 1755 und 1767.
1750	Kapstadt besteht mittlerweile aus etwa 1200 Gebäuden und einer Bevölkerung von 2500 Bürgern, freien Schwarzen und Sklaven. Die Straßen sind schlammig und voller Abfall und Fäkalien, die nachts dorthin anstatt ins Meer gekippt werden. Haustiere und Zugochsen laufen frei herum.
1756	Das *Burgherwacht Huys* wird fertiggestellt. Es heißt heute *Old Town House* und ziert noch immer den Greenmarket Square.
1780–1783	Vierter Englisch-Holländischer Krieg. Französische Truppen werden ans Kap geschickt, um die Holländer gegen die Briten zu verteidigen. Kapstädter werden von der französischen Mode stark beinflusst.
1795	Erste britische Besetzung des Kaps. Nach Schlachten in Muizenberg und am Wynberg Hill etablieren sich die Engländer und führen einige britische Traditionen in Kapstadt ein, wie Tageszeitungen, Cafés und Pferderennen.

Geschichte

1806	4000 britische Soldaten landen nördlich der Tafelbucht und schlagen die Holländer in der Schlacht von Blouberg. Sie ernennen Kapstadt zur Hauptstadt ihrer Kapkolonie (die Engländer hatten bereits 1620 formell das Kap annektiert, aber keine Siedler geschickt, um den Anspruch zu untermauern). Zwischen 1795 und 1803 hatten sie das Kap kurz besetzt. Nun kamen sie, um zu bleiben.
1838	Am 1. Dezember endet offiziell die Sklaverei am Kap. Alle Sklaven erhalten ihre Freiheit.
1860	Sträflinge bauen Kapstadts Wellenbrecher und die Alfred Docks in der Tafelbucht. Nach dem Zweiten Weltkrieg ging die Bedeutung Kapstadts als Hafen deutlich zurück. Erst in den 1990er Jahren begannen sich die aufwendigen Hafenkonstruktionen richtig auszuzahlen: die neue Touristenattraktion **Victoria & Alfred Waterfront** entstand.
1864	Die Fertigstellung der Eisenbahnlinie zwischen Kapstadt und Wynberg beschleunigte das Wachstum der südlichen Vororte. 1885 wurde Kapstadt mit Kimberley verbunden, 1892 mit Johannesburg.
1879	Obwohl Kapstadt bis in die 1950er Jahre als Südafrikas liberalste Stadt galt, nahm die Trennung der Rassen im späten 19. Jahrhundert rapide zu – in Krankenhäusern, Gefängnissen, Schulen, Hotels und Theatern.
1899	Der Beginn des Englisch-Burischen Krieges.
1901	In Kapstadt bricht die Beulenpest aus. Die Kapregierung nutzt die Epidemie als Begründung, um eine räumliche Rassentrennung für Schwarze, die hauptsächlich betroffen waren, einzuführen.
1902	Die African Political Organisation (APO) wird bei einem Treffen in Claremont gegründet. Sie ist die erste wichtige politische Partei mit mehrheitlich *Coloureds* als Mitglieder. Vorsitzender zwischen 1905 und 1940 war Dr. Abdullah Abdurahman, er wurde 1904 zum ersten farbigen Stadtrat gewählt.
1950 bis 1991	Der *Group Areas Act* – das Gesetz der räumlich getrennten Entwicklung – zerstört natürlich gewachsene Gemeinden. Die *National Party* entfernt gewaltsam Hunderttausende von Menschen aus ihren Häusern und Wohnungen. Der multiethnische, historische Stadtteil District Six wird 1966 mit Bulldozern dem Erdboden gleichgemacht.
1960	Nach zwei Wochen Anti-Pass-Protesten und -Streiks marschieren 30.000 schwarze Bewohner der beiden Townships Langa und Nyanga in die City zur Polizeistation am Caledon Square. Eine spontane Reaktion auf die einige Tage vorher erfolgte Erschießung von streikenden Arbeitern. Die Polizei gibt vor, ein Treffen mit der Regierung zu organisieren, worauf sich die Menge beruhigt und auflöst. Zwei Tage später werden die Streikführer verhaftet und der Ausnahmezustand erklärt.

Geschichte

1961   Südafrika verlässt den Commonwealth, wird Republik.

1967   Christiaan Barnard führt die erste Herztransplantation der Welt im Kapstädter Groote-Schuur-Krankenhaus durch.

1985   Die Aufhebung der Passgesetze führt dazu, dass Kapstadt zu einer der am schnellstwachsenden Städte der Welt wird. Etwa 6000 verarmte Schwarze aus ländlichen Gebieten strömen pro Woche auf der Suche nach Arbeit in die Stadt. Schul- und Universitätsproteste nehmen ebenso zu wie Aufstände in den Townships. Die National Party dehnt den Ausnahmezustand auf die Kap-Provinz aus.

1989   Ein Jahr „illegaler" Proteste, Demonstrationen und Märsche in der Kapstädter City und an den Stränden, die immer noch nach Hautfarben getrennt sind.

1990   Nach 27 Jahren Haft steht *Nelson Mandela* kurz nach seiner Entlassung aus dem Gefängnis von *Robben Island* auf dem Balkon der City Hall vor einer gigantischen Menschenmenge. Seine Anhänger wollen Rache, doch der große alte Mann ruft zur Versöhnung und zum friedlichen Nebeneinander aller Rassen auf, ohne das es keine Zukunft für Südafrika geben könne. Ein Wendepunkt in der Geschichte des Landes.

1994   *One man, one vote*. Die ersten demokratischen Wahlen gewinnt, wie zu erwarten, der ANC mit großer Mehrheit. Der ehemalige Staatsfeind Nummer eins, Nelson Mandela, wird der erste schwarze Staatspräsident Südafrikas.

1996   Die Wahrheits- und Versöhnungskommission *(Truth and Reconciliation Commission)*, ins Leben gerufen, um die Apartheidverbrechen öffentlich zu machen, beginnt mit ihren im Fernsehen übertragenen Anhörungen von Opfern und Tätern. Die neue, liberale und föderale Verfassung wird Gesetz. Die letzten Gefangenen und Wärter verlassen Robben Island.

1997   Mandela tritt als ANC-Präsident zurück und übergibt das Amt an seinen Nachfolger, *Thabo Mbeki*.

1999   Der ANC gewinnt die zweiten demokratischen Wahlen mit noch größerer Mehrheit als 1994. Robben Island wird UN-Weltkulturerbe *(UN World Heritage Site)*.

2003   Nelson Mandela ruft, und internationale Top-Musiker, von Bono bis Queen, von Peter Gabriel bis Eurythmics, von Jimmy Cliff bis Ladysmith Black Mambazo, aus aller Welt kommen, um in einem Aids-Benefiz-Konzert in Kapstadt aufzutreten. Das Motto der gigantischen Veranstaltung ist „46664", Mandelas Gefängnisnummer auf Robben Island.

2004   2004 Südafrika feiert zehn Jahre Demokratie. Bei den dritten demokratischen Wahlen im April erzielt der ANC wieder einen Erdrutsch-Sieg und gewinnt auch in den Provinzen. Präsident Thabo Mbeki tritt seine zweite Amtszeit an.

	Der **15.05.2004** ist ein weiteres historisches Datum in der Geschichte des Landes: Südafrika erhält den Zuschlag für die Austragung der **Fußballweltmeisterschaft** 2010, nachdem sich Nelson Mandela persönlich in Zürich dafür eingesetzt hatte. Erstmals seit Gründung der FIFA vor 100 Jahren finden die Spiele auf dem afrikanischen Kontinent statt. Tagelange Feiern folgen Sepp Blatters Verkündung.
2006	*Helen Zille* von der Democratic Alliance (DA) schnappt bei den Provinzwahlen mit einer mutigen Koalition aus gegensätzlichen Mini-Parteien dem ANC das Bürgermeisteramt in Kapstadt weg und deckt sofort diverse Korruptions-Deals ihrer ANC-Vorgängerin auf. Tsotsi erhält als erster südafrikanischer Film in Los Angeles den Oscar für die beste ausländische Produktion.
2007	Im Oktober wurden zwei neue Grenzübergänge nach Namibia, Mata Mata und Sendelingsdrift, geöffnet. Südafrika gewinnt nach 1995 zum zweiten Mal die Rugby-Weltmeisterschaft.
2008	September: Schwerste politische Krise der Republik Südafrika seit dem Ende der Apartheid. Rücktritt von Präsident Mbeki, Interimspräsident wird *Kgalema Mothlanthe*, im ANC entbrennt ein Machtkampf. Der Rand fällt auf ein historisches Tief.
2009	Jacob Zuma, ANC, wird zum Präsidenten gewählt
2010	Die FIFA-Fußballweltmeisterschaft wurde, trotz anfänglicher Skepsis, vom 11. Juni bis 11. Juli mit vollem Erfolg in Südafrika ausgetragen.
2011	Starke Regenfälle sorgen im Norden Südafrikas für Überschwemmungen. Dabei kommen über 100 Menschen ums Leben.
2012	Bei den Olympischen Spielen in London gewinnen die Südafrikaner 3 Gold-, 2 Silber- und 3 Bronzemedaillen.
	Der 360 Millionen Jahre alte Tafelberg wird zu einem der sieben weltweiten Naturwunder gewählt.
2013	Südafrika ist Gastgeber für den Fußball-Africa Cup of Nations. In Durban findet die Gipfelkonferenz der BRICS-Staaten statt, denen auch Südafrika angehört.
	Am 5. Dezember stirbt der Nationalheld Nelson Mandela im Alter von 95 Jahren.
2014	Die *New York Times* und *The Guardian* wählen Kapstadt zum Reiseziel Nummer Eins weltweit. Kapstadt wird dieses Jahr zum *World Design Capital ernannt.*

Reise-Highlights in Kapstadt und in der Kap-Provinz

Cape Town Carnival

Dies ist die südafrikanische Miniversion des Karnevals in Rio. Jedes Jahr im März zieht eine Parade von etwa 2000 buntgeschmückten und leichtbekleideten Schönheiten, begleitet von aufwendig dekorierten Umzugswagen, über die Kapstädter Fanmeile in Green Point. Trommler und Tänzer feuern die Parade an. Tausende von Zuschauern kommen jährlich, um sich dieses farbenprächtige Spektakel anzuschauen und am Ende des Umzuges an der After-Party teilzunehmen. Fan Walk, Somerset Road, Green Point, www.capetowncarnival.com.

Cape Town Carnival in Green Point

Kap der Guten Hoffnung

Die Kaprunde gehört zu den schönsten Tagestrips in Südafrika. Vor allem oben ohne im Cabrio oder im Sattel eines Motorrades lässt sich der etwa 160 km lange Ausflug besonders intensiv genießen. Aus sonnenuntergangs-„technischen" Gründen am besten auf der (östlichen) False Bay-Seite beginnen und vom Kap aus zurück am Atlantik entlang bis Hout Bay und über Llandudno und Camps Bay zurück nach Kapstadt fahren. Dann kann man den Chapman's Peak Drive im besten Licht unter die Räder nehmen. Unterwegs unbedingt ansehen: die *Trödelläden von Kalk Bay*, die *Pinguin-Kolonie am Boulders Beach bei Simon's Town*, die beiden Kaps *Cape Point* und *Cape of Good Hope*, die Strecke zwischen *Scarborough* und *Kommetjie* und natürlich Südafrikas bekannteste Küstenstraße, der bereits erwähnte Chapman's Peak Drive, der nach

Wo Afrika zu Ende ist: Cape Point

schweren Steinschlägen vier Jahre lang geschlossen war und im Dezember 2003 als Mautstraße wiedereröffnet wurde (s.S. 142).

Sightseeing mit dem Doppeldecker-Bus

Eine Tour mit dem roten Doppeldecker-Bus ist ideal, um einen ersten geografischen Überblick von Kapstadt und der Umgebung zu erhalten. Während der Fahrt erfährt man über Ohrhörer in verschiedenen Sprachen allerlei Historisches und Wissenswertes über die Stadt, während einem auf dem oberen Aussichtsdeck die Meeresbrise um die Nase weht. Zur Auswahl stehen die City-/Tafelberg- und Constantia Wineland Route, sowie die Kaphalbinsel- und Sightseeing Night Tour (September–Mai). Die Fahrten sind auch mit anderen Ausflügen kombinierbar, so bietet sich unterwegs eine Fahrt auf den Tafelberg an oder der Besuch von Robben Island. Hauptzusteigepunkt mit Ticketverkauf vor dem Two Ocean Aquarium an der Waterfront, auch online bei www.citysightseeing.co.za.

Neighbourgoods Market

absolut empfehlen west!!

Die alte Keksfabrik The Old Biscuit Mill in Woodstock ist eine Institution für Feinschmecker. Dort trifft sich samstags die Kapstädter Schickeria. An über 100 Marktständen – die so appetitlich aufgemacht sind, dass einem schon beim bloßen Anblick das Wasser im Mund zusammenläuft –, gibt es köstliche Leckereien und Getränke aller Art und Variationen. In der Markthalle dienen alte Holztüren, mit Blumenvasen geschmückt, als Tische, im Innenhof sitzt man rustikal auf Strohballen.

Infos The Old Biscuit Mill, 373-375 Albert Road, Woodstock, www.neighbourgoodsmarket.co.za

Neighbourgoods Market

Robben Island

Noch berühmter als Alcatraz in San Francisco ist Kapstadts kleine Gefängnis-Insel Robben Island. Nelson Mandela verbrachte dort, in Sichtweite der Stadt, fast zwei Jahrzehnte seines Lebens. Seit 2000 ist die Insel Weltkulturerbe der UNESCO (*world heritage site*) mit höchstem internationalen Schutzstatus.

Besucher setzen von der Waterfront vom *Nelson Mandela Gateway* mit einem der beiden Schnellboote über. Nach der Ankunft im Hafen werden sie mit Minibussen über die Insel chauffiert. Zu sehen gibt es sowohl das Gefängnis mit Mandelas zwei Quadratmeter kleiner Zelle als auch den Kalksteinbruch, in dem er und die anderen politischen Häftlinge arbeiten mussten. Die Tourguides sind meist ehemalige Häftlinge.

Die Insel ist außerdem ein beeindruckendes Naturschutzgebiet, mit Elen-Antilopen, Spring-, Stein- und Buntböcken. Immer mehr Seehunde siedeln sich an, auch die Pinguin-Kolonie wird ständig größer und die Möwen-Brutkolonie ist die größte in der südlichen Hemisphäre.

Für die insgesamt dreieinhalbstündige Tour zahlen Erwachsene 250 Rand, Kinder (bis 17) 120 Rand. Abfahrten in der Waterfront um 9, 11, 13 und 15 Uhr (wetterabhängig). Es kommt öfter mal vor, dass die Fähre Verspätung hat ...

Infos **Robben Island Museum,** Tel. 021-4134220/1. Um Enttäuschungen zu vermeiden, vorab Tickets online buchen: www.robben-island.org.za.

Safari in einem privaten Wildnis-Camp

Die Nonplusultra-Safari in Südafrika. Mit Ranger im offenen Geländewagen und nur einer Handvoll Mitfahrer auf Pirschfahrt. Ein zwar teures, aber garantiert unvergessliches Erlebnis. Die meisten der im Buch beschriebenen luxuriösen Lodges in privaten Wildschutzgebieten liegen in der Eastern Cape Province, die den Vorteil hat, malariafrei zu sein. Im hohen Übernachtungspreis der exklusiven Lodges sind zwei Pirschfahrten pro Tag und alle Mahlzeiten enthalten. Die Lieblings-Lodge der Autoren liegt im Kwandwe Private Game Reserve und gehört zum Portfolio von Conservation Corporation Africa (CCA).

Aufregend: Pirschfahrt zu Rhinos (Shamwari Game Reserve E.C.)

CCA, Tel. 011-8094300, www.ccafrica.com; Buchung in Deutschland unter Tel. 02131-15 33991

Idylisch: Zum Sundowner auf den Tafelberg

Sundowner

Ein vor allem im Sommer in Südafrika oft zelebriertes Ritual: Man nehme einen besonders schönen Platz mit Blick aufs Meer oder ein von wilden Tieren umringtes Wasserloch (dann aber bitte im Auto bleiben), eine Flasche gekühlten Weißwein (wenn die Außentemperaturen etwas kühler sein sollten, darf es natürlich auch ein Roter oder gar ein Cocktail sein) und trinkt dann der meist eindrucksvoll untergehenden Sonne zu. Auf das diese am nächsten Morgen wolkenlos wiederkommen soll (was sie, im Gegensatz zu Mitteleuropa, auch fast immer tut).

In und um Kapstadt, am Tafelberg (die letzte Seilbahn fährt im Sommer um 22 Uhr herab!), am Lion's Head, Signal Hill, in den Kirstenbosch Botanical Gardens, am Chapman's Peak Drive oder einem der vielen Strände (hier vor allem der von Llandudno mit seinen gewaltigen Granitfelsen) wird der Sundowner gerne mit einem Gourmet-Picknick kombiniert. Auf der Camps Bay Promenade reiht sich ein Restaurant an das andere mit Tischen auf dem Bürgersteig und überall werden Cocktails serviert. Hier kann man sich zurücklehnen, die flanierenden Passanten beobachten und zwischen den Palmen die Sonne im Meer untergehen sehen. Das meist dicht bevölkerte *La Med* (www.lamed.co.za, Tel. 021-4385600) in Clifton ist nach wie vor ein Sonnenuntergangs-Favorit. Die beste Aussicht auf den Tafelberg und die Tafelbucht hat man vom Restaurant *Blue Peter* in Blouberg (www.bluepeter.co.za, Tel. 021-5541956). Vom Deck des *Radisson Blue Hotels* (www.radissonblu.com/hotel-capetown, Tel. 021-441 3000) und *The Grand Café & Beach* in Granger Bay neben der Waterfront, Tel. 021-4250551, bieten sich tolle Aussichten bis Robben Island.

Swartberg Pass

Eine Fahrt über Südafrikas schönsten, geschotterten Bergübergang, den Swartberg Pass, ist ein Ausflug in die automobile Vergangenheit. Ein Meisterwerk des südafrikanischen Straßenbau-Künstlers Thomas Bain, auf dessen Konto 23 weitere Passprojekte am Kap gehen. Der am 10. Januar 1888 nach vier Jahren Bauzeit eröffnete Swartberg Pass war sein Abschlussprojekt. Anstelle von Maschinen benutzten die etwa 200 zwangsverpflichteten Sträflinge Pickel, Spaten, Hämmer, Meißel, Schubkarren und Schießpulver. Größere Felsbrocken wurden mit Feuern erhitzt und dann mit kaltem Wasser abgeschreckt, was sie förmlich explodieren ließ. Mit Hämmern zerkleinerten sie das Gestein weiter und schichteten es am Wegesrand als Trockenmauern auf. Diese können heute noch bewundert werden. Am besten auf einem der vielen Parkplätze anhalten und zurückschauen. Die Mauern sind Meisterwerke, gebaut zu einer Zeit, als noch niemand an eine motorisierte Fortbewegung dachte.

Selbst heute ist die Pass-Überquerung noch ein kleines Abenteuer. Eng schmiegt sich die Trasse an die Verwerfungen und Falten im Sedimentgestein. Die Aussicht vom meist windigen, 1585 m hohen Pass ist

Swartberg Pass: Die abenteuerliche Strecke ins Hinterland

Reise Highlights

grandios. Mit jeder Kehre die es nun geht ändert sich der Blickwinkel. Di Gesteinsschichten sehen vor allem im letzte.. licht aus wie von innen beleuchtet.

Tipp: Die glasklare Luft in Prince Albert ist ideal zum Sterne beobachten. Astro Tours, www.astrotours.co.za, Tel. 023-5411366.

Infos: Prince Albert Tourism Bureau, Church Street, Tel. 023-5411366, www.patourism.co.za, organisierte Trips auf den Swartberg Pass.

Tafelberg per Seilbahn oder hoch zu Fuß

Zu Fuß auf den Tafelberg

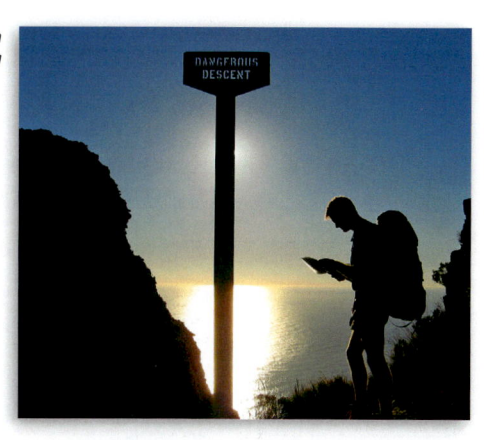

Kapstadts größte Sehenswürdigkeit ragt unübersehbar über 1000 Meter hoch hinter der City empor. 2012 wurde der Tafelberg zu einem der sieben Neuen Weltwunder gewählt. Am 10. Dezember 2013 bestieg der 23.000.000ste Fahrgast seit der Eröffnung der Seilbahn 1929 die Gondel. Bei den Khoikhoi hieß das riesige flache Sandstein-Monument *hoeri 'kwaggo* – Meeresberg. 1503 kletterte der portugiesische Seefahrer Antonio de Saldanha nach oben und nannte ihn *Tábua do Cabo*. Der Name blieb hängen. Heute stehen über 300 verschiedene Routen nach oben zur Verfügung – von der anstrengenden Wanderung bis zur extremsteilen Kletterpartie.

Bequemer geht es mit der modernen Seilbahn, die sich während der Fahrt einmal um 360 Grad dreht und 65 Fahrgäste aufnehmen kann.

Reise Highlights

Berg- und Talfahrt für Erwachsene 215 Rand, Kinder (4–17) kosten 105 Rand, Kleinkinder kostenlos. Abfahrtszeiten siehe S. 117.

Tipp: zum Sonnenuntergang hochfahren. Die glitzernde Stadt im Abendlicht, die einem von oben und bei der Rückfahrt dann praktisch zu Füßen liegt, ist ein wunderbarer Anblick.

Infos
Tafelberg-Info, Tel. 021-4248181,
www.tablemountain.net.

Trommel-Workshops (drumming circles)

Kapstadt ist ein Schmelztiegel vieler afrikanischer Kulturen und ein „Drumming Circle" bietet die Gelegenheit, ungezwungen und mit viel Spaß in einer Gruppe in die Welt der westafrikanischen Rhythmen eingeführt zu werden. Selbst wer glaubt unmusikalisch zu sein – trommeln kann jeder!

Infos
www.teamspirit.co.za und www.beat-it.co.za.

Wal-Bekanntschaften in der Walker Bay

Die Walker Bay, an der u.a. **Hermanus** liegt (ca. 110 km südöstlich von Kapstadt), wurde vom World Wide Fund for Nature (WWF) zu einer der besten Walbeobachtungs-Regionen der Welt erklärt. Nur ein paar hundert Meter vom Land entfernt schwimmen, tauchen und springen die gewaltigen Meeressäuger herum. Free Willy – live. In der Walsaison zwischen Juni und November läuft ein Walschreier *(Whale Crier)* mit Seetanghorn durch die Straßen von Hermanus. Auf seiner umgehängten Tafel sind die neuesten Walsichtungen vermerkt. In letzter Zeit wurde die Tafel immer voller. Jährlich kommen mehr und mehr Wale in die

Walschreier: Auf einem Kelphorn blasend informiert er über Walsichtungen in der Bucht von Hermanus

Bucht. Einheimische nennen das dann richtiggehend brodelnde Atlantikwasser respektlos „Walsuppe". Ein Klippenpfad schmiegt sich auf einer Länge von etwa 12 Kilometern die Küste entlang. Im *Old Harbour* ist ein Teleskop für Walbeobachter montiert.

Im September/Oktober wird in Kleinmond und in Hermanus das jährliche Walfestival gefeiert. Es gibt viele Stände mit Kunsthandwerk, Essen usw., Theateraufführungen, Freiluftshows und das immer gut besuchte Oldtimertreffen *Whales and Wheels*.

Infos Hermanus Tourism Bureau, Old Station Building, Mitchell Street, Tel. 028-3122629, Fax 3130305, www.hermanus.co.za. Infos zum Walfestival: Tel. 028-313 0928, www.whalefestival.co.za Weitere Wal-Infos bei der gebührenfreien MTN Whale Hotline, www.whalecoast.co.za, Tel. 0800-228222 .

Reise Know-Hows Top-Restaurants:

- **Africa Café,** City Kapstadt (S. 109)
- **Bukhara,** City Kapstadt (S. 110)
- **Savoy Cabbage,** City Kapstadt (S. 110)
- **Catharina's at Steenberg,** Constantia, (S. 129)
- **Kitima,** Hout Bay (S. 146)
- **Mzolis**, Gugulhethu (S. 154)
- **Voorstrand Restaurant,** Paternoster, Westküste (S. 279)
- **Ristorante Enrico,** Keurboom Strand, Garden Route (S. 250)
- **Mojo**, Bloubergstrand (S. 271)
- **The Goatsshed at Fairview,** Paarl (S. 177)

Reise Know-Hows Top-Übernachtungen:

- **Grand Daddy,** City, Kapstadt (S. 106)
- **Agulhas Rest Camp,** Cape Agulhas (S. 206)
- **Birkenhead House,** Hermanus (S. 202)
- **The Dune Guest Lodge,** Wilderness (S. 243)
- **Red Mountain Nature Reserve,** (S. 224)
- **Schoone Oordt Country House,** Swellendam (S. 221)
- **De Bergkant Lodge,** Prince Albert (S. 231)
- **Phantom Forest Eco-Reserve,** Knysna (S. 248)
- **Hog Hollow Country Lodge,** Plettenberg Bay (S. 252)
- **Elephant House,** Addo Park (S. 269)

Weinprobe

Südafrikas Weine gehören zu den besten der Welt und sollten natürlich mindestens einmal vor Ort verkostet werden. In *Constantia* begann im 17. Jahrhundert der südafrikanische Weinbau, heute beginnt dort die gleichnamige Weinroute. An einem Tag zu schaffen ist ein Trip ins Weinland, mit dem Besuch der Städte Paarl, Stellenbosch und Franschhoek. Die meisten Besucher werden aber wahrscheinlich in einem der gemütlichen Bed & Breakfasts oder stilvollen Landgüter „hängenbleiben". Dann kann nicht nur probiert, sondern auch „richtig" getrunken werden ...

Beste Vorbereitung zum Weinland-Trip ist die folgende, sehr ausführliche und gut gemachte Website: www.wine.co.za, die jedes Weingut detailliert auflistet. Sinnvoll ist außerdem der Erwerb der jährlich neu aufgelegten Weinbibel von John Platter, einfach der „Platter" genannt, mit ausführlichen Bewertungen aller südafrikanischer Weine.

Wandern am schönsten Ende der Welt

Das sogenannte „Slackpacking" (slack = entspannt, locker) wird in Südafrika immer populärer. Wer keine Lust hat, seinen 20 kg schweren Wanderrucksack durch die Natur zu schleppen, für den ist eine „Slackpacking-Wanderung" genau das Richtige. Auf zwei bis sechstägigen, von lokalen Wanderführern geleiteten Wanderungen, lässt sich die grandiose Flora und Fauna am Kap auf gemütliche Art und Weise erkunden. Gewandert wird nur mit einem Tagesrucksack und übernachtet in bewirtschafteten Hütten und Gästehäusern. Elke Losskarn hat die schönsten „Slackpacking Hikes" zusammengestellt.

The Cape of Good Hope Trail, Kaphalbinsel

Auf dieser wunderschönen Zweitageswanderung umrundet man abseits des Touristengewimmels das Kap der Guten Hoffnung zu Fuß. Der Wanderweg ist gut beschildert und kann ohne Wanderführer zu zweit oder in einer kleinen Gruppe gelaufen werden. Ausgangspunkt ist der Eingang des Reservates, hier kann das Mietauto sicher geparkt werden, der Schlüssel für die Hütte abgeholt und das Hauptgepäck zum Transport in die Hütte (gegen Aufpreis) gelagert werden. Auf der insgesamt 34 km langen Strecke läuft man an einsamen Sandstränden entlang, über hohe Klippenpfade und mit etwas Glück begegnet man Pavianen, Straußenvögel, Schildkröten und verschiedenen Antilopenarten. Von Juni bis Oktober gibt es auch Wale zu sehen. Die Aussicht von den drei Rooikrans-Übernachtungshütten ist atemberaubend. Information und Buchungen bei www.sanparks.org/parks/table_mountain/tourism/overnight_hikes.php und im Cape of Good Hope Nature Reserve beim Buffelsfontein Visitor Centre, Tel. 021-7809204.

Hoerikwaggo Trail, Kaphalbinsel

Das Wort „Hoerikwaggo" stammt von den Khoi-San, bedeutet „Berg im Meer" und beschreibt den Tafelberg. Die begleitete Wanderung startet auf dem Tafelberg und führt mit grandiosen Aussichten über den Atlantik und die False Bay durch das wildromantische Orangekloof und geht weiter durch den kompletten Table Mountain National Park bis hin zum Kap der Guten Hoffnung, oder entgegengesetzt. Übernachtet wird in ökofreundlichen Camps, es nehmen max. 12 Personen teil. Wer nicht ganz so weit laufen möchte, bucht nur eine Teilstrecke des Hoerikwaggo Trails. Ca. 1500 R/p.P./Tag inkl. aller Mahlzeiten, Eintrittsgelder und Transport, www.awoltours.co.za.

The Whale Trail, Overberg

Fünf Tage dauert die Wanderung im De Hoop Naturreservat, das östlich vom Cape Agulhas liegt. Zwischen Juni und Oktober, wenn die Grauwale in die südafrikanischen Gewässer ziehen, begleiten die sanften Riesen die Wanderer. Die Strecke beträgt insgesamt 55 Kilometer und wird in fünf Tagesetappen aufgeteilt, sie startet am Potberg und endet bei Koppie Alleen. Übernachtet wird in gemütlichen Steinhäusern für Selbstversorger, die direkt an der Felsenküste positioniert und mit allen Küchenutensilien ausgestattet sind. Gegen eine Extragebühr wird das Hauptgepäck der Wanderer von einem Haus zum nächsten transportiert. Infos: www.capenature.co.za, Tel. 0861-2273628873

Green Mountain Trail, Grabouw Valley

Diese exklusive und geführte, viertägige Wanderung führt durch das fruchtbare Weinanbaugebiet der Overberg-Region und das Kogelberg Nature Reserve. Tagsüber wandert man durch atemberaubende Landschaftszüge, bekommt verwitterte Ochenwagenspuren der ersten Pioniere am Kap zu sehen und jeden Nachmittag gibt es eine Weinprobe bei ausgewählten Weingütern. Ein Shuttle-Service bringt die leicht beschwipsten Wanderer zu ihren Vier-Sterne-Gästehäusern, wo man sich für das leckere Abendessen frischmachen kann. Diese feuchtfröhliche Wandertour kann gebucht werden bei www.greenmountaintrail.co.za, Tel. 028-2849827.

Oystercatcher Trail, Garden Route

Diese 47 Kilometer lange Dreitageswanderung startet in Mossel Bay und endet am Gouritz River. Die relativ gemütliche Wanderung, von Sanddünen flankiert, führt an der Küste entlang. Weiße Sandstrände laden zum Schwimmen ein und die felsigen Abschnitte sind ideal zum Schnorcheln. Highlights sind die Archäologischen Fundstellen und seltenen Vogelarten. Übernachtet wird in luxuriösen Gästehäusern entlang der Strecke. Preise inklusive Mahlzeiten, einheimischen Führern und Zubringerservice. Tipp: Am Ende der Tagesetappen kann gegen Aufpreis eine entspannende Massage gebucht werden. Imfos: www.oystercatchertrail.co.za, Tel. 044-6991204.

Boesmanskloof Trail, Overberg

Diese spektakuläre Zweitageswanderung verbindet die beiden pittoresken Ortschaften Greyton und McGregor. Über die wilde Sonderenbergkette gibt es keine Straße, sondern nur diesen 14 km langen Wanderweg, der an steilen Schluchten, Wasserfällen und erfrischenden Felsenpools entlang führt. Die einzigartige Flora mit ihren verschiedenen Proteas und Ericas begleiten den Wanderer. Es empfiehlt sich, in Greyton zu starten (das Auto hier parken), in einer der Selbstversorgerhütten auf der McGregor-Seite zu übernachten und am nächsten Tag den selben Weg zurückzulaufen. Der Boesmanskloof Trail ist einer der schönsten und billigsten Wanderungen, da kein Wanderführer erforderlich ist und nur eine geringe Gebühr an Cape Nature Conservation fällig wird. Beim Buchen der Unterkunft kann gegen Aufpreis der Einkauf für das Abendessen und Frühstück erledigt werden, so trägt man nur seinen Tagesproviant und das Nötigste zum Übernachten mit sich. Badekleidung nicht vergessen! Buchung des Trails bei CapeNature www.capenature.co.za, Tel. 0861-227-3628873 und Übernachtungsreservierung in McGregor bei Ruth Oosthuizen, bao@webmail.co.za, Tel. 023-6251794, Handy 072-2400498. Tipp: Eagles Nest buchen, ein zweistöckiges Steinhaus mit fantastischer Aussicht und einem kleinem Pool.

Links und Anbieter

Wegbeschreibungen zu Wanderungen mit detaillierten Karten können unter www.uncoverthecape.co.za/hiking-guide.htm abgerufen werden.

Bei dem Veranstalter Table Mountain Walks, www.tablemountainwalks.co.za, können geführte Wanderungen auf den Tafelberg gebucht werden.

Venture Forth bietet geführte Tageswanderungen und mehrtägige Trekkingtourenim Western Cape an: www.ventureforth.co.za.

Die Bucht von Hout Bay

Reiseteil

In der Kleinen Karoo

Kapstadt

Geografisches

Der mitten in der Stadt über 1000 m aufragende *Table Mountain* mit dem *Devil's Peak* ist der nördlichste Ausläufer einer Bergkette, die sich die gesamte Kaphalbinsel nach Süden zieht, um dann beim *Cape of Good Hope* im Meer zu verschwinden. Die auf den Tafelberg folgenden Küsten-Felsformationen heißen (unpassend) „*Twelve Apostles*", denn es sind mehr als zwölf Gipfel. Die Orte entlang der Atlantikküste und auch der östlichen *False Bay* liegen alle auf einem relativ schmalen Küstensaum.

Die *Cape Flats* sind sandige Ebenen, dahinter ragen wieder Berge auf. In deren Tälern liegen die bekanntesten Weinorte Südafrikas (Stellenbosch, Paarl u.a.). Hinter der nächsten Bergkette geht es auf das etwa 1000 m hohe *Great Southern African Plateau* und in die Halbwüste der Karoo.

Menschliches

Die Bevölkerungsmehrheit in Kapstadt sind *Coloureds,* was in direkter Übersetzung „Farbige" bedeutet. In Südafrika ist dieser Begriff allerdings nicht negativ behaftet, wie zum Beispiel in Großbritannien oder in den USA (dort bedeutet coloured „Schwarz"). Coloureds in Südafrika sind Nachfahren von Sklaven, die zwischen dem 17. und frühen 19. Jahrhundert ans Kap geschafft worden sind. Aufgrund seiner Lage zwischen Westen und Osten kamen die Bewohner des Kaps sowohl aus Afrika als auch aus Europa und Asien (Malayen). Und Elemente aller drei Kontinente finden sich in den Genen, der Sprache, der Kultur, der Religion und der Küche der farbigen Südafrikaner wieder. Im Gegensatz zu den USA arbeiteten die südafrikanischen Sklaven nicht auf Plantagen, sondern praktisch ausschließlich in den Haushalten und auf den Farmen der Weißen. Durch den engen Kontakt kam es zu vielen Mischlingskindern, den ersten *Coloureds.*

Die andere Gruppe von *Coloureds* stammt von den ursprünglichen Kapbewohnern und deren Kontakte mit Weißen und Schwarzen ab.

Kapstadt

Unterkünfte
1. Antrim Villa
2. La Grenadine
3. Hippo Hotel
4. Villa Flores
5. Cactusberry Lodge
6. Alta Bay

CAPE TOWN

0 — 500 m

© RKH Verlag Hermann

In ihren Gesichtszügen lassen sich oft noch deutlich die *San* (Hottentotten und Buschmänner) erkennen. Sie sprechen *Afrikaans,* basierend auf dem alten Holländischen des 17. Jahrhunderts mit Lehnwörtern anderer Kapeinwanderer und lokaler Sprachen.

Eine große Gruppe der Weißen, *Afrikaner* genannt (im Gegensatz zu den schwarzen *Africans*), sind Nachkommen der ersten weißen Siedler aus Holland, Deutschland und anderen europäischen Ländern (französische Hugenotten). Afrikaner oder *Buren* (Boeren, „Bauern") werden von den Schwarzen Südafrikas als weißer „Stamm" angesehen. Im Gegensatz zur zweiten Gruppe von Weißen, den englischstämmigen Südafrikanern, die ab 1820 ins Land kamen, haben die Buren keine alte Heimat oder Commonwealth-Länder, in die sie zurückkehren könnten. Für Afrikaans-sprechende Weiße ist Südafrika das Land ihrer Ahnen.

„Mother City"

Südafrikas älteste „Mutterstadt" ist nicht nur die schönste des afrikanischen Kontinents, sondern auch eine der attraktivsten Metropolen der Welt. Die 1652 zunächst nur als Versorgungsstation für holländische Schiffe etablierte Siedlung ist eine großartige Kombination aus multiethnischer Gesellschaft und grandioser Naturkulisse.

Die Wildnis beginnt nur wenige Minuten vom quirligen Stadtzentrum entfernt. Der über 1000 Meter hohe Tafelberg, auf dem mehr Pflanzenarten gedeihen als in ganz Großbritannien, ragt direkt hinter der Stadt auf und liegt bereits im *Table Mountain National*

Zwei Schönheiten am Strand von Camps Bay

Park (www.tmnp.co.za). Er strahlt eine gelassene Ruhe aus, die sich über die gesamte Stadt ausbreitet und die neben dem mediterranen Klima dafür verantwortlich ist, dass hier alles sehr relax abläuft – Geschäfte machen mit *Capetonians,* Kapstädtern, treibt *Gauties,* den Bewohnern der Provinz Gauteng mit den Städten Johannesburg und Pretoria oft fast in den Wahnsinn ... Bei Verabredungen gilt afrikanische „Gummi"-Zeit, Pünktlichkeit ist etwas „Uncooles", und zum Mittagessen fehlt selten bereits eine Flasche Wein, damit der Nachmittag ein bisschen gemütlicher wird ... In Johannesburg wird so richtig Geld verdient, in Kapstadt wird gelebt. Am Beach, am Berg und in einem der vielen Cafés. Solange man mit Kapstädtern keine Geschäfte machen muss, ist das alles prima.

Im parkähnlichen, mit Eichen und Nadelbäumen bewachsenen Stadtteil **Constantia** wurden Südafrikas erste Weinreben angepflanzt. Heute gedeihen dort einige der besten Tropfen des Landes. Auf dem Weg ans Kap reiht sich ein einsamer Sandstrand an den nächsten, entweder am eiskalten Atlantik oder an der leicht besser temperierten False-Bay-Seite. Wer es belebter mag, sucht die „in"-Strände Kapstadts auf: In **Camps Bay** und **Clifton** räkeln sich muskelbepackte Jungs und formvollendete Girls in der Sonne.

Die andere Seite Kapstadts liegt etwas außerhalb: In den auf den ersten Blick trostlos wirkenden **Cape Flats,** die sich bis zur False Bay erstrecken, leben Schwarze und Coloureds eng nebeneinander. Hier prallen „Erste" und „Dritte" Welt direkt aufeinander. Unbedingt empfehlenswert für Besucher ist eine von einem Einheimischen geführte **Township-Tour** (siehe Exkurs). Das aufstrebende Kleinunternehmertum, die Lebensfreude und der Optimismus von Menschen, die wenig besitzen, steckt an und lässt eigene „Probleme" plötzlich als nichtig erscheinen ... hier spürt man, dass sich etwas tut in Südafrika.

Zum Thema **Sicherheit:** Kapstadt ist die sicherste Großstadt im Land. Spaziergänge in der Innenstadt sind dank Kameraüberwachung und deutlich aufgestocktem Sicherheitspersonal erheblich risikoloser geworden. Der seit der WM angelegte 2,6 km lange „Fan Walk" verbindet die Innenstadt auf markierten Fußwegen mit dem Green Point Urban Park. Potenziell gefährliche, dunkle Ecken wurden entschärft, die Polizeipräsenz erhöht. Die Waterfront selbst ist rund um die Uhr ein sicheres Shopping- und Bummelziel. Vorsichtig sein sollte man nach wie vor nach Einbruch der Dunkelheit am Aussichtspunkt **Signal Hill.**

Feste

Auskünfte und Übersicht zu Festen und Festival auf
www.aboutcapetown.com/events.htm und
www.capetownmagazine.com/annual-events
Tickets bei www.computicket.co.za

Januar

Kaapse Klopse Carnival (auch *Tweede Nuwejaar* oder *Coon Carnival* oder *Ministrel Carnival* genannt) Umzüge Anfang Januar zwischen dem Gebiet des ehemaligen District Six und der Wale Street, gefolgt von einem Sängerwettbewerb im Greenpoint Stadium. Eines der ältesten Festivals der Stadt, das bis ins 19. Jh. zurückdatiert.
Infos: Cape Ministrels Association, Tel. 021-4653919

Shakespeare at Maynardville
Shakespeare-Festival (Jan–Feb) im Freiluft-Theater des Maynardville-Parks im Stadtteil Wynberg. Picknick auf dem Rasen vor dem See, bevor die Aufführungen beginnen. *Infos: www.maynardville.co.za*

J&B Metropolitan Horse Race
Wichtigstes Pferderennen Südafrikas an der Kenilworth-Pferderennbahn, wo die Reichen und Schönen ihre Klamotten und ihren Schmuck ausführen. *Infos: www.jbmet.co.za*

Februar

Eröffnung des Parlaments *(Opening of Parliament)*
Sehen, wer noch oder wieder in der Regierung sitzt, was die Politiker so anhaben, von Stammestracht bis Armani. Vor allem bei den Kopfbedeckungen versuchen sich die Frauen jedes Jahr zu übertrumpfen. Fahrzeug-Korso von Newlands bis zum Parlament in der City, Salutschüsse und Air-Force-Präsenz.
Infos: Cape Town Tourism, Tel. 021-4876800

März

Cape Argus Pick 'n Pay Cycle Tour
Das **größte Fahrradrennen der Welt** mit über 38.000 Teilnehmern. Die Streckenlänge beträgt 109 km und geht um die Kaphalbinsel. Während des Rennens kommt es entlang der Strecke zu erheblichen Verkehrsbehinderungen! *Infos: Tel. 021-6814333, www.cycletour.co.za*

Cape Town Carnival
Kapstadts Innenstadt verwandelt sich dabei in einen einzigen Rummelplatz, der dem Straßenkarneval in Rio gleichkommt. Natürlich in etwas kleinerem Ausmaß! Während der Parade gibt es fantastische afrikanische Kostüme zu sehen.
Infos: Tel. 021-4465296, www.capetowncarnival.com

Cape Town International Jazz Festival
Das Cape Town International Jazz Festival (früher: African Harvest North Sea Jazz Festival) findet Ende März/Anfang April in Kapstadts

Convention Centre statt. Das zwei Tage dauernde Festival kombiniert internationalen Jazz mit afrikanischen Rhythmen. Tages- oder Wochenendkarten gibt es bei Computicket, www.computicket.com. Programme und News unter *www.capetownjazzfest.com*

April

Old Mutual Two Oceans Marathon
Ein 56-km-Rennen auf einer spektakulären Ultra-Marathon-Strecke. Südafrikas wichtigster Lauf.
Infos: Tel. 021-6719407, www.twooceansmarathon.org.za

Oyster & Champagne Festival
Bloemendal Wine Estate, M13, Tygerbergvalley Road, Durbanville. Am Osterwochenende kann man auf dieser schön gelegenen Weinfarm außerhalb Kapstadts Austern bis zum Abwinken schlürfen und mit Sekt hinunterspülen.
Info: Tel. 021-9762682, www.bloemendalwines.co.za

SA Cheese Festival
Ende April/Anfang Mai dreht sich in Sandringham zwischen Kapstadt und Paarl an der N1 (Ausfahrt 39) alles um den Käse. Verkaufsstände, Ess-Stände, Wein und Bier, Restaurants, Kinderprogramm und Livemusik. Es gibt sogar eine Mini-Waterfront.
Info: Tel. 021-9754440/1/2/3, www.cheesefestival.co.za

Mai

Cape Gourmet Food Festival
Zwei Wochen lang zeigen die besten Restaurants in Kapstadt und Umgebung was sie zu bieten haben. Gastköche aus der ganzen Welt finden sich dann ebenfalls am Kap ein, um ihre Stile mit denen der lokalen *chefs* zu fusionieren. *Infos: Tel. 021-4659445, www.gourmetsa.com*

Juni

Wacky Wine Weekend Robertson
Anfang Juni wird im immer beliebteren Robertson-Weingebiet mit Musik, Kunst, Kinderprogrammen, Wein und gastronomischen Ereignissen gefeiert. *Infos: Tel. 023-6263167, www.wackywineweekend.com*

Juli

Franschhoek Bastille Festival
Am Wochenende, das dem 14. Juli am nächsten liegt, findet dieses Festival zum Gedenken an den Sturm der Bastille während der Französischen Revolution statt. Straßenparaden, Weinproben und Spezialitäten in den Restaurants. *Infos: Tel. 021-8763603*

August

Hout Bay Snoek Derby
Karneval-Atmosphäre beim jährlichen Snoek-(Fisch)Festival in Hout Bay. Wer den größten Snoek fängt, gewinnt. Viele Stände, natürlich auch mit geräuchertem Snoek. *Infos: Tel. 021-7901264*

Clanwilliam Wild Flower Show
In dem kleinen Städchen Clanwilliam in den Cederbergen wird die historische Kirche in ein Blumenhaus verwandelt. Etwa 360 verschiedene Wildblumen werden ausgestellt. Marktstände und Livemusik.
Infos: Tel. 027-4822024, www.clanwilliam.info/info/infoflowers.htm

September

Cape Town One City Festival
Einwöchiges Kunst- und Kulturfestival an der Grand Parade und in den Company's Gardens. *Infos: Tel. 021-4884911, www.capetownfestival.co.za*

October

Cape Times Southern Life Big Walk
Das größte Geh-Rennen der Welt mit über 30.000 Teilnehmern, Streckenlänge zwischen 10 und 90 km; Zieleinlauf an der Grand Parade. *Infos: Tel. 021-4884008, www.bigwalk.co.za*

November

Dragon Boat Race
Eine farbenfrohe Regatta mit asiatischen Drachenbooten, in denen Trommler sitzen, die die Bootsbesatzungen anfeuern. Internationale Teams nehmen an dem 500-Meter-Rennen im Victoria-Becken der Waterfront teil.
Infos: Tel. 021-4253238, www.dragonboat.org.za

Dezember

Mother City Queer Project Party
Jedes Jahr verkleiden sich Tausende von Teilnehmern zu einem anderen Thema und feiern die ganze Nacht durch. Die Veranstaltung hat mittlerweile Kultstatus erreicht und ist eine der größten Feten der Stadt. *Infos: Tel. 021-4265709, www.mcqp.co.za*

Während zu Beginn des Südafrika-Reisebooms Kapstadt eher Endpunkt einer Rundreise durch das Land war, ist es heute bei den meisten Besuchern der Drehpunkt. Ohne Zeitverschiebung zu Mitteleuropa fällt der lästige Jetlag weg, was auch einen kürzeren Städtetrip zum Einkaufen, Essen und Weintrinken angenehm macht. Selbst wer mehr als eine Woche in Kapstadt bleibt, dem bietet sich jeden Tag etwas Neues.

Die absoluten Highlights sind: Trip auf den **Tafelberg,** bequem mit der Seilbahn oder anstrengend zu Fuß, Bummeln durch die **Waterfront** und eine Bootsfahrt nach **Robben Island**. Sobald mehr Zeit zur Verfügung steht, sollte ein Spaziergang entlang der historischen **Long Street** in der City folgen. Und, falls das Wetter schlecht sein sollte (was im Süd-Sommer selten vorkommt), kann eines oder alle der unten aufgelisteten **Museen** besucht werden. Ein Großteil der Kapstädter Museen sind unter dem Namen „iziko" organisiert, Website: www.iziko.org.za.

TIPP Erstmal eine Stadtrundfahrt machen, um sich einen Überblick zu verschaffen. Am besten hierzu eignet sich der doppelstöckige rote „City Sightseeing Cape Town"-Bus. Es gibt vier Rundtouren, die „Red City Tour" (Kapstadt, Tafelberg, Camps Bay, Sea Point), die „Wine Tour" (Constantia Valley) und die „Night Tour" (Sea Point, Clifton, Camps Bay, Signal Hill). Tickets gibt es vor dem Two Oceans Aquarium in der V&A Waterfront, offizieller Startpunkt der Bustouren. Der Bus hält bei allen Highlights, um Passagiere aufzunehmen oder aussteigen zu lassen. Infos auf www.citysightseeing.co.za.

Besichtigung

City

Nach der Rundfahrt dann ein Rundgang durch Kapstadt, der, um die wichtigsten Highlights der City zu tangieren, folgendermaßen aussehen könnte: Start bei **Cape Town Tourism** in der Burg Street (Ecke Castle St). Gegenüber beim deutschen Buchladen von Ulrich Naumann die Süddeutsche, FAZ oder den Spiegel kaufen und dann in eines der Cafés am **Greenmarket Square** setzen. Cappuccino trinken und das Geschehen an einem der umtriebigsten Plätze Kapstadts auf sich wirken lassen. Nach einiger Zeit kommen fliegende Händler, die von Uhren über Sonnenbrillen und frischen Blumen alles Erdenkliche – *„Good price for you, mister, missie"* – anbieten. *Bergies,* die Clochards Kapstadts, schieben Einkaufswagen,

Kapstadt

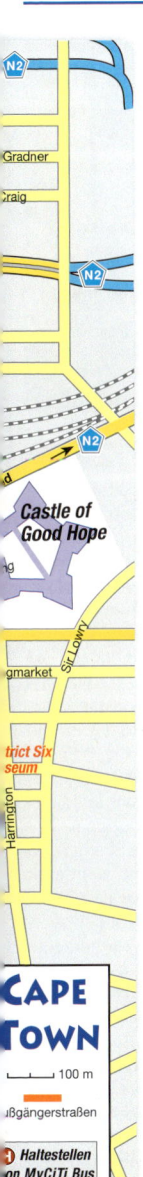

die ihren gesamten Besitz beinhalten, ratternd über das Kopfsteinpflaster. Straßenmusikanten spielen, oft in den Satinkostümen der *Kaapse Klopse*. Und Schwarze aus ganz Afrika verkaufen Kunsthandwerk an vielen kleinen Ständen. Eingerahmt wird der Greenmarket-Platz von den schönsten Baubeispielen der Artdéco-Architektur in Kapstadt.

Die Burg Street trifft auf die **Church Street,** in der täglich außer sonntags ein Trödelmarkt mit Ständen im Freien stattfindet. Es ist außerdem die Straße mit den meisten **Antikläden** in der City. Nach rechts gehend führt sie in die bereits erwähnte **Long Street,** in deren Second-Hand-Buchläden man alleine schon ein paar Stunden verbringen könnte. Es gibt außerdem Restaurants, Bars, Trödel-Läden, Internet-Cafés, Buchungsbüros für „Adrenalin"-Sportarten, Roller-Vermietungen und die größte Dichte an Backpacker-Unterkünften und -Reisebüros.

Am Ende der Long Street, in Richtung Tafelberg, beim türkischen Bad links halten und nach der Tankstelle links hinunter zu den **Company's Gardens** gehen. In der grünen, friedlich ruhigen Lunge der Stadt mit Blick auf den Tafelberg kann man die müden Füße eine Weile ausruhen. Rund um den Park liegen mit **South African Museum, South African National Gallery, Cape Holocaust Centre** und **Bertram House** einige der besten Museen der Stadt.

Die Government Avenue ist Fußgängerzone und führt, wie der Name bereits andeutet, zum **Parlamentsgebäude,** das ebenfalls besichtigt werden kann (nur nach Voranmeldung). An ihrem Ende links (Wale Street) steht die beeindruckende **St. George's Cathedral,** in der Erzbischof Desmond Tutu einst gegen die Apartheidpolitik gepredigt hat.

District Six Museum

Gegenüber befindet ein anderes lohnenswertes Museum mit vielen interessanten Exponaten zur Kulturgeschichte Südafrikas. Es ist im zweitältesten Gebäude der Stadt, den einstigen Sklavenquartieren – **Slave Lodge** (früher South African Cultural Museum genannt).

Über die Plein- und Barrack- dann in die Buitenkant Street, wo sich mit dem **District Six Museum** das wohl eindrucksvollste der Stadt präsentiert. Hier wird an das historische Viertel im Herzen Kapstadts erinnert, das 1966 zu Apartheidzeiten plattgewalzt worden ist. Dass Menschen aller Hautfarben friedlich nebeneinander leben konnten, passte nicht in das Weltbild der Burenregierung. Auf dem Fußboden der ehemaligen Kirche ist ein großer Plan von District Six, in dem einstige Bewohner ihre Erinnerungen bei einem Besuch im Museum eintragen können – eine oft sehr emotionale Angelegenheit. Ein anderes Detail sind die District-Six-Schilder mit den Straßennamen. Ein Mann war damit beauftragt, diese, bevor die Bulldozer anrückten, abzuschrauben und ins Meer zu werfen. Er versteckte sie allerdings über 20 Jahre lang in seinem Haus und brachte sie dann ins Museum.

Von hier ist Südafrikas ältestes europäisches Gebäude noch ca. 300 m entfernt. Die einstige Festung, das zwischen 1666 und 1679 erbaute **Castle of Good Hope,** beherbergt heute noch eine Militäreinheit, kann aber zum größten Teil besichtigt werden. Beim Eingang (kleiner Glockenturm) gibt es einen genauen Lageplan, der auch die drei Museen im Castle-Komplex – **Good Hope Gallery, Military Museum** und **William Fehr Collection** – näher beschreibt.

Bo-Kaap

Im ältesten Stadtteil mit seinen steilen, oft kopfsteingepflasterten Straßen und den kleinen, vorwiegend bonbonbunt gestrichenen Häuschen aus dem 19. Jahrhundert lebt Kapstadts Moslemgemeinde. Sie sind die Nachfahren ehemaliger Sklaven und Opponenten, die die Holländer im 16. und 17. Jahrhundert von Niederländisch-Indonesien (Java) ans Kap geschafft hatten. Die kollektive Bezeichnung für sie war *Cape Malays*, Kapmalaien, was man heute auch noch ab und zu hören kann, obwohl der Begriff irreführend ist. Nur ein Prozent aller Sklaven kamen tatsächlich aus (dem heutigen) Malaysia.

Das Bo-Kaap-Viertel jenseits der Buitengracht Street an den Hängen des Signal Hill („Bo-Kaap" heißt „oberhalb Kapstadts") lässt sich am besten mit einer organisierten Tour besichtigen. Dann besteht auch die Möglichkeit, Südafrikas älteste Moschee, die 1797 erbaute **Auwal Mosque** zu besuchen. Die Rundgänge mit einem Guide, der in Bo-Kaap lebt, starten meist am **Bo-Kaap Museum** in der Wale Street.

Touren in Bo-Kaap: Zwei-Stunden-Rundgang mit Bo-Kaap Guided Tours, Tel. 021-4221554 oder 082-4236932, www.bokaap.co.za/bokaap-guided-tours-walking-tours.

Rose Corner Café: typischer „Supermarkt" im Stadtviertel Bo-Kaap

Tafelberg · Lion's Head · Signal Hill

Von den drei Möglichkeiten, Kapstadt aus der Vogelperspektive zu erleben, ist der 1086 Meter hohe **Tafelberg** natürlich die beliebteste. Mit den aus der Schweiz im-portierten Gondeln, die 1997 installiert worden sind, geht es flott nach oben, während sich die Kabine einmal um 360 Grad dreht, um allen Passagieren den Rundumblick zu ermöglichen. Deutlich anstrengender ist es, einen der über 300 Wanderwege nach oben zu wählen. Genaue Karten und Wanderführer gibt es bei den CNA-Läden und Exclusive Books in den großen Einkaufszentren, wie Waterfront, Cavendish, Constantia oder Canal Walk.

Auf den **Lion's Head** geht es nur zu Fuß. An den steilen Stellen sind Ketten angebracht, an denen man sich hochhangeln muss. Bei Vollmond findet sich halb Kapstadt auf dem relativ kleinen Gipfelplateau ein, um dessen Aufgang zu feiern.

Vom Kreisverkehr an der Kreuzung zwischen Kloof- und Tafelberg Road führt eine sehr schöne Straße auf den **Signal Hill.** Von den Haltebuchten entlang der ca. 3 km langen Zufahrtsstrecke lassen sich die besten Fotos von Kapstadt mit dem Tafelberg im Hintergrund machen. Vom Parkplatz am Ende der Straße hat man hervorragende Blicke auf Sea Point, die Waterfront, den Hafen, die Tafelbucht und Robben Island. Den Namen hat der Berg von der Kanone, die früher dazu benutzt wurde, mit den in der Bucht ankernden Schiffen zu kommunizieren. Zum Gedenken daran feuert die **Noon Gun** jeden Tag um Punkt 12 Uhr einen überall in der Stadt zu hörenden Salutschuss ab, der bis heute die Tauben in der City erschreckt auffliegen lässt.

Robben Island

Seit 1999 ist das ehemalige Hochsicherheitsgefängnis der Apartheid-Ära UN-Weltkulturerbe. Mit einem Tragflächenboot geht es in nur 30 Minuten von der Waterfront vom beeindruckenden **Nelson Mandela**

Blick vom Tafelberg

Gefängnisinsel Robben Island, Eingangstor im Hafen

Gateway (Clocktower-Platz) auf das elf Kilometer entfernte und sechs Quadratkilometer große Eiland. Die Besucher kommen, wie einst die Sträflinge, in Murray's Bay an, dem winzigen Hafen der Insel, um dann eine Busrundfahrt um die mit niedrigem Buschwerk bewachsene Insel zu machen, gefolgt von einer geführten Tour durch das Gefängnis. Natürlich steht auch Nelson Mandelas winzige, zwei Quadratmeter kleine Zelle in der B-Sektion mit auf dem Programm, in der er fast zwei Jahrzehnte seines Lebens verbracht hat. Interessant ist auch die Foto-Ausstellung in Section D. Die Bilder stammen von Häftlingen, die Kameras wurden Ende der 80er Jahre ins Gefängnis geschmuggelt. An den fröhlichen Gesichtern der Fotografierten ist zu erkennen, dass diese spürten, dass die Apartheidpolitik an ihrem Ende angelangt war. In der Hochsaison besichtigen täglich bis zu 1800 Besucher die ehemalige Gefängnisinsel, jährlich gut 400.000.

Victoria & Alfred Waterfront

Wie bereits erwähnt, ist die Waterfront mit Abstand Südafrikas meistbesuchte Touristenattraktion, alljährlich kommen Millionen. Kein Wunder, dürfte es doch weltweit die wohl gelungenste Revitalisierung eines einst heruntergekommenen Hafenviertels sein (die „Victoria & Alfred Waterfront" leitet ihren Namen von den beiden so heißenden Hafenbecken ab, Prinz Alfred war der Sohn der englischen Königin Victoria).

Bevor das Projekt Anfang der 90er Jahre in Angriff genommen wurde, reisten Architekten und Planer um die Welt, um aus den Fehlern anderer, ähnlicher Sanierungen zu lernen. Bis heute werden die ehemaligen

VICTORIA & ALFRED WATERFRONT

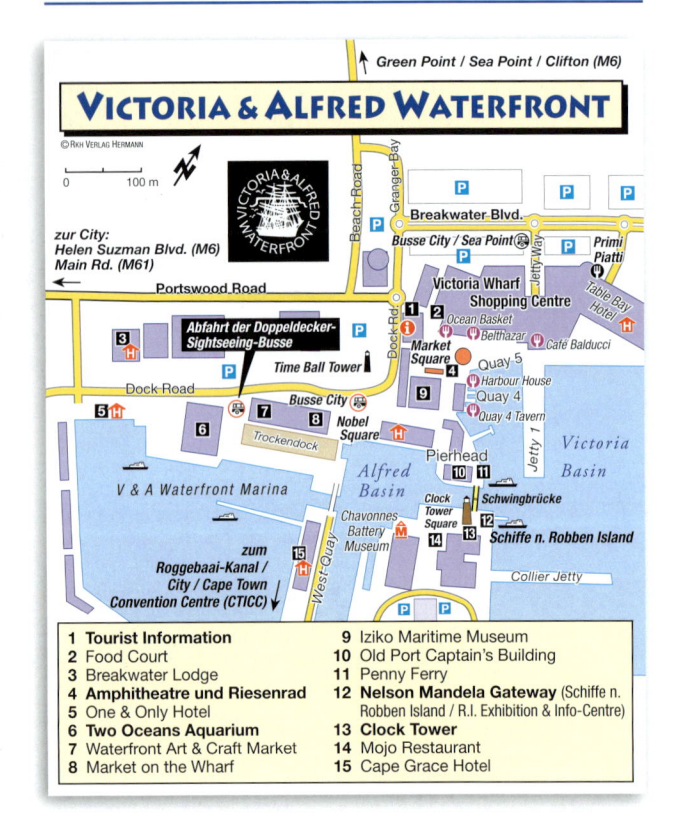

- 1 **Tourist Information**
- 2 Food Court
- 3 Breakwater Lodge
- 4 **Amphitheatre und Riesenrad**
- 5 One & Only Hotel
- 6 **Two Oceans Aquarium**
- 7 Waterfront Art & Craft Market
- 8 Market on the Wharf
- 9 Iziko Maritime Museum
- 10 Old Port Captain's Building
- 11 Penny Ferry
- 12 **Nelson Mandela Gateway** (Schiffe n. Robben Island / R.I. Exhibition & Info-Centre)
- 13 Clock Tower
- 14 Mojo Restaurant
- 15 Cape Grace Hotel

Hafenanlagen ständig um neue Attraktionen erweitert. Letzte Ergänzungen sind das **Clocktower-Viertel** rund um das gleichnamige, älteste Gebäude der Waterfront, die **Waterfront Marina,** extrem teure Apartments mit Yachtanlegeplatz, das superelegante und extrem teure One & Only Hotel und der von ihr Richtung zum **Cape Town International Convention Centre (CTICC)** an der Foreshore führende **Roggebaai Canal,** dessen Befahrung mit Taxibooten möglich ist („Hop On-Hop Off-Canal Cruise", www.citysightseeing.co.za/canal-cruise).

TIPP Bei den Visitor Centres ist ein detaillierter, dreidimensionaler Plan erhältlich, der das Waterfront-Gelände mit allen Details und Sehenswürdigkeiten zeigt (auch auf Deutsch). Am jeder Ecke finden sich außerdem Wegweiser und Infotafeln mit genauem Standort.

Schwingbrücke und Clocktower

Was die Waterfront so attraktiv macht, ist, dass nach wie vor regulärer Hafenbetrieb herrscht, sie also kein steriles Kunstgebilde ist. Bei allen neuen Gebäuden, vor allem der großen Einkaufsmalls mit Läden, Boutiquen, Bars und Restaurants, wurden viktorianische Stilelemente in die Architektur mitaufgenommen. Deshalb wirkt auch alles so homogen und echt. In erster Linie ist die Waterfront mit ihren über 240 Geschäften heute ein Shopping-Paradies, es gibt aber auch einige exzellente Restaurants, Nightlife-Lokalitäten und mehrere Kinos.

Zu den historischen Gebäuden in der Waterfront gehört der bereits erwähnte, unter Denkmalschutz stehende **Clocktower,** der 1882 als Büro für den Hafenmeister gebaut wurde. Der achteckige Bau mit gotisch anmutenden Fenstern besteht aus drei mit einer Teak-Wendeltreppe verbundenen Zimmern, die übereinander liegen und im spätviktorianischen Stil renoviert worden sind. Der Spiegelraum im zweiten Stock ermöglichte dem Hafenmeister, alle Dock-Aktivitäten zu beobachten ohne sein Büro zu verlassen.

Die Waterfront mit dem dahinter aufragenden Tafelberg

Selbst die alte Uhr auf der Spitze, hergestellt von Ritchie & Son in Edinburgh, funktioniert noch.

Ein paar Jahre später zog der Hafenmeister vom Clocktower in das auf der anderen Seite der **Schwingbrücke** liegende, 1904 erbaute **Old Port Captain's Office** mit seinen beeindruckenden Giebeln. Die Schwingbrücke ermöglicht Besuchern, den Kanal zwischen Clocktower und Pier Head zu überwinden und großen Schiffen die Passage vom Alfred-Hafenbecken ins offene Meer.

Zwischen Schwingbrücke und **Nelson Mandela Gateway,** dem monumentalen Ablege-Terminal der Robben-Island-Fähre, lebt eine Mini-Kolonie dicker Pelzrobben. Der Platz zwischen dem **Market on the Wharf** und Victoria & Alfred Hotel wurde am 16. Dezember 2005 zum **Nobel Square** ernannt. Hier stehen Südafrikas vier berühmte Friedens-Nobelpreisträger in Bronze: der verstorbene Häuptling *Albert Luthuli* (1960), Erzbischof *Desmond Tutu* (1984) und die beiden Ex-Präsidenten *Frederik de Klerk* und *Nelson Mandela* (beide gemeinsam 1993).

Die Hauptsehenswürdigkeit in der Waterfront ist ganz klar das **Two Oceans Aquarium,** das mit seiner Backstein-Fassade gut zum restlichen Waterfront-Image passt. Hier wird das marine Leben der Kap-Provinz anschaulich dargestellt. Es gibt einen Rundgang durch die neun Galerien, die im Erdgeschoss mit dem „Indischen Ozean" beginnen. Die verschiedenen Tanks sind so naturnah wie möglich, von Quallen bis Seepferdchen ist alles geboten, was sich vor den Küsten Südafrikas im Meer bewegt. Es gibt außerdem ein mit dem Hafenbecken verbundenes Pelzrobben-Display, ein Pinguingehege und den gewaltigen, runden **Haitank,** in den Mutige mit Lizenz abtauchen können.

Haitank im Two Oceans Aquarium

Kapstadts Märkte und Souvenirläden

Souvenirs, Souvenirs. Es ist immer das Gleiche: Für sich selbst oder für jene, die zu Hause geblieben sind, gilt es ein Andenken, natürlich möglichst etwas typisch Südafrikanisches, mit heimzubringen. Mit seinen diversen Kunsthandwerks- und Flohmärkten leistet Kapstadt Hilfestellung bei der Suche.

In der City, zwischen Short- und Longmarket Street, liegt der kopfsteingepflasterte **Greenmarket Square,** der von Montag bis Samstag ab 8 Uhr geöffnet ist. Das Angebot umfasst afrikanische Masken, Kunsthandwerk, Perlenarbeiten, Schmuck, Klamotten, Ledersachen und Handtaschen. Zwischen Burg- und Long Street findet in der Church Street täglich außer sonntags der **City Antique Market** statt.

Im **Pan African Market** in der Long Street gibt es 35 verschiedene Geschäfte auf drei Stockwerke verteilt – mit sehr schön gemachten Dingen aus ganz Afrika. Südafrika ist mit viel Blech- und Township-Art vertreten. Entlang der Adderley Street verkaufen Straßenhändler ihre afrikanischen Souvenirs. Ende Dezember bis Anfang Januar ist die festlich mit Lichtern geschmückte Adderley Street abends für den jährlichen Weihnachtsmarkt gesperrt.

In der Waterfront gibt es zwei Zentren für Kunsthandwerk mit vielen Ständen, den **Red Shed Craft Workshop** in der Victoria Wharf, der bis 21 Uhr geöffnet ist, und die **Waterfront Trading Company,** neben dem Aquarium. An der **Kaphalbinsel** empfiehlt sich ein Blick auf die Holz- und Steinskulpturen am **Redhill Street Market,** vom Kap kommend kurz vor Scarborough rechts. Direkt bei den Herstellern kauft man im **Khayelitsha Craft Market,** der auf einer organisierten Township-Tour besucht werden kann.

Am Wochenende finden einige Flohmärkte statt: Der **Constantia Craft & Farmers Market** jeden Samstag am oberen Ende der Kendal Road, der **Muizenberg-Flohmarkt** samstags und sonntags und der **Hout Bay Flohmarkt** am Village Green, auch sonntags.

Alleine im Western Cape sind etwa 18.000 Kunsthandwerker beschäftigt, mit Glasblasen, Perlenarbeiten oder Kunstproduktionen aus Abfällen, der Township-Art. Ausschau halten nach besonderen Souvenirs, wie z.B. Perlenarbeiten von **Monkey Biz** (Tel. 021-4260145, www.monkeybiz.co.za), deren Erlöse komplett zu den etwa 180 weiblichen Erzeugern in die Townships zurückfließen. Streetwires (Tel. 021-4262475, www.streetwires.co.za) produziert funktionale und dekorative, handgearbeitete Drahtobjekte, wie Motorräder, Autos und Radios.

Die Xhosa-Frauen des **Philani-Projekts** (Tel. 021-3875124 bedrucken Stoffe mit grellbunten Motiven aus der Werbung, machen handgefertigtes Papier, Perlen- und Webarbeiten.

Die wunderbar gestalteten Bestecke und Haushaltsgegenstände aus Zinn, Aluminium und Edelstahl der Südafrikanerin **Carrol Boyes** sind Kunst zum Anfassen (Waterfront, Tel. 021-4180595, www.carrolboyes.co.za). **Clementina Ceramics**, hauchdünnes Porzellan, künstlerisch bemalt (Old Biscuit Mill, 375 Albert Road, Woodstock, Tel. 021-4471398, www.clememtina.co.za). Eine große Auswahl an ausgesuchten Souvenirs gibt es im **Kirstenbosch Shop** (Tel. 021-7622510). Passt in jedes Handgepäck: wunderschöner, kunstvoller Perlenschmuck vom **Beloved Beadwork Studio** im Montebello Design Centre in Newlands, Tel. 076-1429157.

Ecke Trafalgar / Adderley Street: Kapstadts herrlicher Blumenmarkt ▾

Canal Walk · Ratanga Junction
Grand West Casino

Wer mit den Sehenswürdigkeiten Kapstadts durch ist, kann sich wie nachfolgend beschrieben weiter vergnügen: **Canal Walk** ist das größte Einkaufszentrum Afrikas und sieht von außen aus wie ein orientalischer Palast. Das Innendekor ist ebenfalls sehr stilvoll gemacht. Auf einem Kanal kann man per Boot nach **Ratanga Junction** schippern, einem Vergnügungspark mit afrikanischem Thema. Nicht nur Kinder haben auf den teilweise wilden Fahrgeschäften ihren Spaß. Am adrenalinfördernsten ist die *Cobra*, eine Achterbahn, in der Passagiere mit freibaumelnden Füßen eingehängt werden, um dann zunächst 34 Meter hoch und dann anschließend mit bis zu 100 km/h und vierfacher Schwerkraft die 910 Meter lange Bahnstrecke entlangzurasen ... Ratanga Junction ist nur an langen Wochenenden und in den Schulferien geöffnet.

Ratanga Junction

Von der N 1, die aus **Canal Walk** Richtung Paarl hinausführt, ist das **Grand West Casino** in Goodwood ausgeschildert. Auch Nichtzockern dürfte die Architektur gefallen. Der gesamte Komplex besteht aus Nachbauten berühmter Kapstädter Gebäude, die heute nicht mehr existieren: Altes Postamt, Bahnhof, Tivoli Music Hall und Grand Hotel (in dem heute wieder stilvoll übernachtet werden kann), wurden nach Original-Plänen hier wieder aufgebaut – eine clevere Idee. Genau wie „The District": Mit kopfsteingepflasterten Straßen und vor den Fenstern hängender Wäsche sowie künstlichem Sternenhimmel wurde das Ambiente eines alten Kapstädter Stadtviertels nachempfunden. In den Replika-Straßen finden sich einige sehr gute Restaurants.

Informationen Kapstadt

Tourismusbüros

Nachfolgende Büros sind mit Sicherheit die besten in Südafrika und lohnen auf alle Fälle einen Besuch, besonders zu Anfang eines Kap-Trips.

- **Cape Town Tourism, City Visitor's Centre,** Pinnacle Building, Ecke Castle- u. Burg Street, Tel. 021-4876800, www.capetown.travel, central@capetown.travel.
- **Kirstenbosch National Botanical Garden,** Tel. 021-7620687, kirstenbosch@capetown.travel.
- **Cape Town International Airport,** Tel. 021-9341949, airport@capetown.travel.

- **V&A Waterfront,** Dock Rd, Tel. 021-4087600, info@waterfront.co.za.

Das sehr freundliche Personal in den diversen Info-Büros empfiehlt und reserviert Unterkünfte und Mietwagen aller Preisklassen. Ausführliche Informationen über Kapstadt und Umgebung zu Aktivitäten wie Wandern, Haitauchen, Bootsfahrten, Veranstaltungen usw., zahllose Info-Broschüren und Landkarten. **South African National Parks** (SANP) hat ebenfalls einen Buchungsschalter, wo Unterkünfte in den Nationalparks reserviert werden können. Außerdem Internet-Café, Souvenirs und Postkarten.

Telefonische Auskünfte bietet das Cape Town Tourism Call Centre täglich von 8–21 Uhr. Tel. 021-4876800/ 086-1322223

Unterkunft

Für Übernachtungen im stadtnahen **Camps Bay, Bantry Bay** und **Sea Point** sowie in den etwas weiter entfernten Vororten (etwa 25 Minuten Fahrzeit von der City) **Constantia** und **Hout Bay** bitte die Unterkunftseinträge unter „Kaphalbinsel" unter dem jeweiligen Ortsnamen ansehen.

City

Hippo Boutique Hotel (RRRR), 5–9 Park Rd, Gardens, Tel. 021-4232500, www.hippotique.co.za. In einem aus einem Dornröschenschlaf erwachten City-Straßenzug steht dieses trendige Boutique-Hotel im zen-minimalistischen Stil, alle 20 Zimmer mit edler Mini-Küche im stilvollen Schrank, Satelliten-Fernsehen, Computer mit kostenlosem 24 Stunden ADSL-Internet-Anschluss, DVD-Spieler, Musikanlage und Safe, in den ein Laptop passt; sicheres Parken, prima Restaurants im Haus und in Gehweite in der Kloof- und Long Street.

La Grenadine (RRR), 15 Park St, Gardens, Tel. 021-4241358, www.lagrenadine.co.za. Nettes kleines Gästehaus mit nur fünf Zimmern im französischen Stil. Im Garten wird an kleinen Bistrotischen Café au Lait unter dem Grenadinenbaum serviert. Zum Frühstück gibt es frische Croissants, Pain au Chocolat, Baguette und Musik von Edith Piaf …

The Grand Daddy (RRR), 38 Long St, Tel. 021-424 7247, www.granddaddy.co.za. Das verrückteste Hotel Kapstadts. Knüller sind sieben restaurierte und aufpolierte amerikanische Airstream-Wohnwagen, die per

Helikopter auf das Dach des historischen Hotels geliftet wurden. Jeder von ihnen wurde von einheimischen Künstlern individuell dekoriert.

Protea Hotel Fire & Ice (RRR), 198 Bree St, Tel. 021-4882555, www.proteahotels.com/protea-hotel-fire-ice!.html. Ultra-cooles Hotel in zentraler Lage, alle 189 Zimmer sind mit LCD-Flatscreen, Bose-Hifi-Anlagen und freiem Internet-Anschluss versehen.

Cactusberry Lodge (RR), 30 Breda St, Oranjezicht, Tel. 021-4619787, www.cactusberrylodge.com. Kleines, gemütliches und stilvoll dekoriertes, trotzdem für Kapstädter Verhältnisse überraschend günstiges B&B mit sechs Zimmern in einem ruhig gelegenen, historischen Haus. Barbara und Guido, das deutsche Besitzerpärchen, sind 2006 nach Kapstadt ausgewandert. Tipp: die leckeren Frühstücks-Pfannkuchen.

Ikhaya Lodge (RRR-RRRR), Dunkley Square, Gardens, Tel. 021-4618880, www.ikhayalodge.co.za, Übernachtungen im Safari-Lodge-Stil mitten in Kapstadt, stilvolle ethnisch-afrikanische Einrichtung, von einigen Zimmern Tafelberg-Blick.

Villa Flores (RR-RRR), 15 Varsity St, Tamboerskloof, Tel. 021-4246320, www.villaflores.co.za. Weltenbummler Raymonda und Steffen Blume haben dieses Haus in ein asiatisch angehauchtes B&B mit viel Flair umgewandelt.

Alta Bay (RR-RRR), 12 Invermark Cresent, Higgovale, Tel. 021-4878800, www.altabay.com. Schickes 4-Sterne-Bed & Breakfast mit tollem Blick auf die City. Ruhig gelegen mit großem Garten und Kochnischen für Selbstversorger.

Green Point

Antrim Villa (RRR), 12 Antrim Rd, Tel. 021-4332132, www.antrimvilla.com. Ein viktorianisches Privathaus aus dem späten 18. Jahrhundert wurde mit viel Liebe in ein Gästehaus mit tropisch-afrikanischem Dekor verwandelt, mit Salzwasser-Pool und nur 10 Fußminuten an die Green Point Promenade.

Waterfront

The Breakwater Lodge (RR), Portswood Rd, Tel. 021-4061911, www.breakwaterlodge.co.za. Gehen sie in das Gefängnis, begeben Sie sich direkt dorthin ... kleine Zimmer in den Zellen des alten Prisons in der Waterfront, günstiger lässt es sich in der Waterfront nicht übernachten.

Cape Grace (RRRRR), Tel. 021-4107100, www.cape grace.co.za. Geschickt in das Gesamtbild der Waterfront integriertes, relaxt-luxuriöses Hotel, das von drei Seiten mit Wasser umgeben ist. Große, freundliche Zimmer mit Espressomaschinen bieten Tafelberg- oder Hafenblick.

Bo-Kaap

Rouge on Rose (RRR-RRRR), 25 Rose St, Tel. 021-4260298, www.rougeonrose.co.za. Zwischen den bunt angemalten Häusern steht das verspielt eingerichtete Boutique Hotel. Frühstück und Lunch werden im hauseigenen Bistro serviert.

Restaurants

City

Lunch-Tipps

Melissa's – The Food Shop (R), 94 Kloof St, Tel. 021-42 45540. Eine Mischung aus Deli und Café. Leckere, abwechslungsreiche Frühstücke, prima Kaffee. Filialen in Newlands (Tel. 021-6836949) und im Constantia Village (Tel. 021-7944696). www.melissas.co.za

Kauai Juice (R), 39b Long St, Tel. 021-4215642 und Shop 26, Lifestyles on Kloof, 50 Kloof Street, City, Tel. 021-4261575, www.kauai.co.za. Hervorragende Sandwiches mit verschiedenen Brotsorten und eine gigantische Auswahl an Frucht- und Powerdrinks, oder *power smoothies,* wie man hier sagt. Für schnelle, aber gesunde mittägliche Snacks.

vida e caffe 34 Kloof St, Tel. 021-4610424, www.vidaecaffe.com. Filialen in der Waterfront, Greenpoint, Greenmarket Square und in der City am Thibault Square. „Leben und Kaffee" ist eine nüchtern-spartanisch eingerichtete portugiesische Café-Bar, die aber den besten Kaffee der Stadt serviert (nur Giovanni in Green Point kommt mit seinem italienischen Espresso und dessen Crema-Konsistenz heran; der Milchschaum auf dem Cappuccino ist allerdings beim Portugiesen noch viel zarter ...). Die gigantischen Muffins, ständig frisch aus dem Backofen, mit süßer und pikanter Füllung (Feta/ Paprika und Zimt/Apfel sind göttlich) sind eine Mahlzeit für sich und ein idealer „schneller" Lunch. Geordert wird an der Theke, und wenn die Bestellung komplett ist, wird die Nummer auf dem Bon aufgerufen. Tipp: die Muffins „Vida Lindt Chocolate" probieren!

Eastern Food Bazaar (R), 96 Longmarket St, Tel. 021-4612458, www.easternfoodbazaar.co.za. Ein orientalischer „Ess-Tempel" mit bunt gemischtem Publikum.

In einer langgezogenen Markthalle gibt es Ess-Stände mit duftenden Currys, türkischen Kebabs und vegetarischen Köstlichkeiten zu sehr günstigen Preisen. Um die Mittagszeit ist hier richtig viel los, und das Geschnattere der Kundschaft vermischt sich mit orientalischer Musik. Selbstbedienung. Das Essen ist koscher, also kein Schweinefleisch und kein Ausschank alkoholischer Getränke.

Raith Gourmet (R), 38 Gardens Centre, Mill St, Gardens, Tel. 021-4652729; www.raithgourmet.com. Der deutsche Edel-Metzger, bei dem die meisten Verkäufer und Verkäuferinnen wie selbstverständlich Deutsch sprechen, offeriert eine gigantische Auswahl an Aufschnitt, Würsten und Fleisch. Es gibt einen Imbiss zum Probieren vor Ort. Weitere Highlights gegen Entzugserscheinungen: Laugenstangen, Brezeln, Weißwürste, Nutella, Spiegel, Focus und Süddeutsche ...).

Caveau (RR), Heritage Square, 92 Bree St, Tel. 021-4221367, www.caveau.co.za. In einem alten gemütlichen Innenhof inmitten der pulsierenden Innenstadt werden Frühstück, Tapas und Lunch im französischen Bistro-Stil serviert.

Royale Eatery and Kitchen (R), 273 Long St, Tel. 021-4224536, www.royaleeatery.com. Dieses beliebte Restaurant serviert die besten Hamburger in der City. Auf der Speisekarte stehen sage und schreibe 50 verschiedene Hamburger-Variationen zur Auswahl. Sonntag Ruhetag.

Dear Me (RR),165 Longmarket St, Tel. 4224290, www.dearme.co.za. Minimalistisch eingerichtetes Bistro in der Innenstadt und ideal für Besucher mit Allergien. Hier gibt es unter anderem leckere gluten-, laktose- und weizenfreie Gerichte.

Knead (R-RRR), Lifestyle Centre Building, 50 Kloof St, Tel. 021-6717915, www.kneadbakery.co.za. Bäckerei, Pizzeria und Café. Täglich geöffnet.

Manna Epicure (RR), 151 Kloof St, Tel. 021-4262413. Eine Institution in Kapstadt, hier trifft sich die Crème de la Crème, und ab und zu werden hier auch internationale Schauspieler gesichtet. Elegantes Dekor, alles in Weiß gehalten. Frühstück, Brunch, Gourmet-Salate, Tapas und Risottos. Montag Ruhetag.

Dinner-Tipps

Africa Café (RRR), Heritage Square, 98 Shortmarket St, Tel. 021-4220221, www.africacafe.co.za; Mo–Sa Dinner, Lunch im Lunch@Africa Café, Mo–Fr 8–16, Sa 8–14 Uhr. Am historischen Heritage Square gibt es hier Afrika pur – 16 Gerichte vom gesamten schwarzen Kontinent. Von den Favoriten darf der Gast zu einem Festpreis so oft nachbestellen wie er möchte. Die attraktiven Bedienungen tragen wunderbar bunte, traditionelle Kleidung. Ein typisches Touristenziel, das man aber trotzdem nicht missen sollte.

Bukhara (RRR), 33 Church St, Tel. 021-4240000, www.bukhara.com; Mo–Sa Lunch, Mo–So Dinner. Immer voll, immer eng, immer halbdunkel, aber garantiert auch immer erstklassiges indisches Essen. Bei Kapstadts bestem Inder muss unbedingt vorbestellt werden! Stilvoll gestylte Filiale im Grand West Casino, dort keine Vorbestellung möglich.

Aubergine (RRR), 39 Barnet St, Gardens, Tel. 021-46 54909, www.aubergine.co.za. Harald Bresselschmidts Restaurant ist seit Jahren preisgekrönt und gehört zu den Top-Restaurants Kapstadts. In einem historischen Gebäude werden Straußenfleisch und Kalahari-Trüffel serviert. Der Service ist mustergültig. In einer lauen Sommernacht empfiehlt es sich, einen Tisch unter der Palme im Innenhof zu reservieren.

Carne (RRR), 70 Keerom St, Tel. 021-4233460, www.carne-sa.com. Der italienische Gastronom Giorgio Nava eröffnete zusätzlich zu seinem erfolgreichen Restaurant „95 Keerom" (www.95keerom.com) sein neues, elegantes „Carne". Die Speisekarte wird, wie der Name schon verrät, vor allem von auf der Zunge zergehenden Fleischgerichten dominiert.

Addis in Cape (RRR), 41 Church St, Ecke Long/Church Sts, Tel. 021-4245722, www. addisincape.co.za. Lunch Mo–Sa 12–2.30 Uhr, Dinner Mo–Sa 18.30–23 Uhr. Afrikanische Küche in ethnischer Atmosphäre. Würzige Curries in allen erdenklichen Varianten werden mit köstlichem, dünn ausgerolltem Fladenbrot serviert. Ideal auch für Vegetarier.

Savoy Cabbage (RRR), 101 Hout St, Tel. 021-4242626; www.savoycabbage.co.za, Mo–Fr 12–14.30, Mo–Sa 19–22.30 Uhr. Ein sehr gutes Restaurant, kühles Industrie-Design mit Backsteinwänden in den ehemaligen Unterkünften der weiblichen Sklaven Kapstadts. Einfallsreiche Küche, sowohl für Vegetarier als auch Fleischliebhaber.

Café Paradiso (RR), 110 Kloof St, Tel. 021-4238653. Mo–Fr, Sa/So 10–23 Uhr. Das alteingesessene Café Paradiso hat ein komplettes Facelift mit „bohemian touch" erhalten. Jetzt gibt es eine eigene Bäckerei im Haus und auf der großen Terrasse werden Sandwiches, Antipasti, Salate und diverse Pastagerichte serviert. Tipp: Der Lammsalat „Café Paradiso" ist köstlich!

Cru Café (RR), Tel. 021-4186293, Cape Quarter, 27 Sommerset Rd, www.thecrucafe.com. Coole, moderne Atmosphäre. Fisch, Fleisch und vegetarische

Gerichte und Tapas zur Auswahl. Sensationelle Weinkarte mit über 120 Weinen. Im Sommer kann man auch draußen sitzen.

Bistrot Bizerca (RR-RRR), Heritage Square, 98 Shortmarket St, Tel. 021-4238888, www.bizerca.com. Lunch: Mo–Fr 12–15 Uhr, Dinner: Mo–Fr 18.30–22 Uhr. Ultraschickes Restaurant mit Bistro-Ambiente. Im Sommer kann man zwischen Kräutergarten und Springbrunnen im gepflasterten Innenhof sitzen.

Green Point

Lunch-Tipps

Giovanni's Deli World (R), Tel. 021-4346893, 103 Main Rd. Hier wird in der Regel deutlich mehr Italienisch gesprochen als Englisch; der Mann hinter der Theke umpft meist Unverständliches in sehr tiefer Tonlage, schaut aus wie die Nebenbesetzung zu einer Paten-Neuverfilmung und man erwartet eher eine abgesägte Schrotflinte, stattdessen werden erstklassige Espressos mit samtiger Crema serviert.

Café Dijon (R-RR), 15 Napier St, Tel. 021-4183910, www.cafedijon.co.za. Modernes, französisches Bistro mit Innenhof und mediterraner Küche. Spezialitäten wie Boeuf Bourguignon und Coq au Vin. Tipp: Angus Beef Burger.

Limnos Bakery (R), 34 Somerset Rd, Sovereign Quay (zwischen City und Waterfront), Entrance B, Tel. 021-4251456, www.limnos.co.za. Ungewöhnlich guter Kaffee und große Kuchen- und Tortenauswahl; Light lunches wie Sandwiches, zum Nachtisch italienisches Eis.

Dinner-Tipps

Beluga (RRR-RRRR), The Foundry, Prestwich St, Greenpoint, Tel. 021-4182948, www.beluga.co.za; Mo–Sa Lunch, Mo–So Dinner. Eine Mischung aus New Yorker Restaurant und Pariser Café. In dem roten Backsteingebäude einer ehemaligen Gießerei finden 160 Leute Platz. Tipp: Sushi-Specials vor 19 Uhr.

Waterfront

Lunch-Tipps

Caffe Balducci (RRR-RRR), Victoria Wharf, Shop 6162, Tel. 021-4216002 o. 4216003, www.balducci.co.za; Mo–So Frühstück, Lunch & Dinner. Erstklassiges, stilvolles Restaurant mit Bar, meist sehr attraktives Publikum, sehr aufmerksame Bedienungen. Tipp: Straußenfilet mit Cajun-Gewürzen, dazu Risotto, gerösteter Kürbis und eine reichhaltige Cabernet-Sauvignon-Soße.

Vovo Telo (RR-RRR), Market Square, Dock Rd, Tel. 021-4183750, www.vovotelo.com. Bäckerei mit gemütlichem Café. Ausgezeichnete Backwaren, Pasta, Salate und leckerer Kaffee.

Willoughby & Co (RR-RRR), Victoria Wharf Shop 6132, Tel. 021-4186115, www.willoughbyandco.co.za. Seit 1992 eines der besten japanischen Restaurants in Kapstadt. Das Sushi ist unschlagbar. Reservierungen werden leider nicht entgegengenommen, deshalb rechtzeitig zum Mittag- oder Abendessen kommen, um die lange Warteschlange zu vermeiden.

Ferryman's Tavern (RR), Dock Rd, Victoria Wharf, Tel. 021- 4197748, www.ferrymans.co.za. Den typisch englischen Pub gab es bereits vor Waterfront-Zeiten, damals war er nur von Hafenarbeitern und Seeleuten frequentiert; heute kommen natürlich hauptsächlich Touristen, um frischgezapfte englische Fassbiere abzukippen und sich Pub-Lunches einzuverleiben.

Ocean Basket (RR), Victoria Wharf Shop 222, Tel. 021-4259596. Vor allem bei den Einheimischen ein beliebtes Kettenrestaurant. Fangfrischer Fisch, Krustentiere und Muscheln auf mosambikanische und portugiesische Art und Weise zubereitet. Lecker, günstig und manchmal recht laut, effizienter Service. Von der Terrasse im ersten Stock überblickt man Waterfront und Tafelberg.

Dinner-Tipps

Baia Seafood Restaurant (RRRR), Victoria Wharf, Shop 6262, oberes Stockwerk, Tel. 021-4210935, www.baiarestaurant.co.za. Edles Meeresfrüchte-Restaurant mit Aussicht auf Tafelberg und Waterfront (versuchen, Tisch „20" zu reservieren, von dort ist die Aussicht am besten).

Reuben's (RRRR), One & Only Hotel, Tel. 021-4315888, www.reubens.co.za. Reuben Riffel, einer der bekanntesten und beliebtesten Starköche Südafrikas, eröffnete sein erstes Restaurant 2004 in Franschhoek und beglückt nun seine Fans neuerdings in seinem eleganten Restaurant im luxuriösen One&Only an der Waterfront. Wegen großer Beliebtheit unbedingt vorher reservieren.

Harbour House, Waterfront

Quay Four Tavern (R-RR) & Quay Four Upstairs (RR-RRR). Victoria Wharf, Tel. 021-4192008, www.quay4.co.za. Auf dem rustikalen Holzdeck der Quay Four-Taverne lässt sich bei frischgezapftem Bier und leckeren Fisch & Chips das bunte Treiben an der Waterfront beobachten und von 20–24 Uhr spielen Live-Bands. Im oberen Stockwerk geht es etwas gediegener zu. Hier gibt es eine große Auswahl an Fleisch- und Fischgerichten.

Nightlife

City

Mama Africa, Restaurant & Bar, 178 Long St, Tel. 021-4248634, www.mamaafricarest.net, das Dinner (RRR) von Mo–Sa serviert, die Bar besteht aus einer 12 m langen Theke, die einer grünen Mamba nachempfunden ist, darüber hängt ein gigantischer Kronleuchter aus alten Coca-Cola-Flaschen, und aus der Wand ragt ein halber Lkw. Abends spielen Live-Marimba-Bands und die Bar ist gerammelt voll.

Club 31 (das ehemalige „Hemisphere"), 31. Stock, ABSA-Gebäude, 2 Riebeeck St, City Centre, Tel. 021-4210581, www.hemisphere.org.za; Di–Fr ab 16.30 Uhr, Sa ab 21 Uhr, bis spät. Kann mit seinem eleganten Innendekor mit den besten Clubs der Welt konkurrieren und hebt sich schon deshalb deutlich von anderen Bars ab, da sie im 31. Stockwerk liegt, mit grandioser 180-Grad-Aussicht über das nächtliche Kapstadt. Das Publikum ist 25+.

Zula Sound Bar, 98 Long St, Tel. 021-4242442, www.zulabar.co.za. Hier steppt der Bär, wenn es um Livemusik und Nachwuchstalente geht. Junges Publikum. Es gibt eine Bar, Pizza, Pasta, Fish & Chips.

Jo'burg, 218 Long St, City Centre, Tel. 021-4220142, tgl. 17–4 Uhr. Ein Original Long Street-Laden, der noch immer jeden Abend vollgepackt ist mit Studenten, Backpackern, Künstlern und Partyfreunden, ein originales Stück Kapstadt-Life. Pretoria-Dance-Floor und Installation-Bar im 1. Stock komplettieren diese Long Street-Erfahrung.

The Dragon Room (alte Chevelle) 84 Harrington St, City Centre, Tel. 082-0770335. Dieser Club gehört mit seinen sexy Tänzern und Tänzerinnen zu den heißesten Discos der Stadt. In stylischem Ambiente mit fünf Bars und zwei Tanzflächen tanzt das vorwiegend junge Publikum zu Technomusik.

The Reserve, 111 St Georges Mall, City Centre, Tel. 076-1540758, www.club.the-reserve.co.za. Der neueste Edelschuppen in der City. Hier treffen sich die Reichen und Schönen und nippen an eisgekühlten Sektgläsern.

The Side Show, 11 Mechau St , City Centre, Tel. 082-0770315. Marokkanisches Ambiente in dem Indie Electro, Dub Step und Drum 'n Bass gespielt wird. Im dazugehörigen Brasserie-Restaurant wird für Hungrige vorgesorgt. Junges Publikum.

Rafiki's, 13b Kloof Nek Rd, Tamboerskloof, Tel. 021-4264731. Relaxter Platz, um ein paar Drinks einzunehmen, großer Balkon, Livemusik, cooles Dekor und Kunst an den Wänden. Außerdem leckere Pizza.

Green Point/De Waterkant

Pigalle, 57A Somerset Rd, Tel. 021-4214848, www.pigallerestaurants.co.za. (Eingang Highfield Rd, am Somerset Sq parken.) Dieses Kapstädter Pendant ist nach dem berühmt-berüchtigten Pigalle in Paris benannt. Ein elegantes Tanzlokal, extravagante Einrichtung mit Kronleuchtern und Schwarzweiß-Fotos. Berühmt für exzellente Fischgerichte und Steaks. Nach einer üppigen Mahlzeit kann man zu Swing, Jazz und Salsa, gespielt von top-südafrikanischen Musikern, tanzen. Zigarren- und Cognac-Lounge, sonntags Ruhetag.

Buena Vista Social Club Café, 12 Portswood Rd, Tel. 021-4182467/68, www.buenavista.co.za, tgl. 2–12 Uhr. Benannt nach der berühmten kubanischen Rentnerband und dem gleichnamigen Film; Tapas-Menü, große Zigarrenauswahl und viele schöne Menschen.

Woodstock/Observatory

Café Ganesh (R), 46 Trill Rd/Ecke Lower Main Rd, Tel. 021-4483435. Dieses pulsierende Studentenrestaurant bietet günstiges und leckeres afrikanisches Essen – und vor allem große Portionen fürs Geld! Ab und zu steht auch Livemusik auf dem Programm.

Obz Café Restaurant and Theatre (R), 115 Lower Main Rd, Observatory, Tel. 021-4485555, www.obzcafe.co.za. Diese „in"-Kneipe bietet eine Plattform für lokale musikalische Künstler und jeden Montag findet die „DOC-LOVE Nacht" statt. Lokale Dokumentarfilme werden gezeigt und anschließend mit dem Regisseur diskutiert. Günstiges Essen, ofenfrische Pizzen, Burger und Fassbier. Tipp: Montags und Mittwochs kostet die „Big Daddy Pizza Special" (48 cm Durchmesser) nur die Hälfte.

A Touch of Madness, (R), 12 Nuttal Rd, Observatory, Tel. 021-4482266. Restaurant in einem viktorianischen Gebäude mit weinrotfarbenen Wänden, Kronleuchtern und offenem Kamin. Idealer Platz für einen winterlichen Abend. Livemusik und Literaturabende.

Barmooda, 86 Station Rd/Ecke Lower Main Rd, Observatory, Tel. 021-4476752, www.barmooda.co.za. Umtriebige Bar mit stilvollem Interieur. Jeden Donnerstag Livemusik.

Don Pedro's, 113 Roodebloem St, Woodstock, Tel. 021-4474493. War schon immer ein Treffpunkt weißer Liberaler, heute finden sich hier die neuen Yuppies von Woodstock und Observatory ein.

Cool Runnings, 96 Station St, Observatory, Tel. 021-4487656, www.coolrunnings.co.za. Vor die Reggae-Bar wurde sackweise Sand hingekarrt, um etwas Beach-Feeling zu erzeugen, das Insel-Design setzt sich im Innern mit Strohhütten-Dekor fort, witziger Platz.

Ständig über neue Clubs oder Veranstaltungen in bestehenden Clubs informiert die Website von Clubbers Guide, www.clubbersguide.co.za. Über Veranstaltungen informiert auch Cape Town Today, www.capetowntoday.co.za.

Jazz und Musik in Kapstadt

All that Jazz. In den letzten zehn Jahren hat sich Kapstadt zur Jazz-Metropole Südafrikas entwickelt, Kapstadt ist mittlerweile so jazzig wie New Orleans. Wie in Amerikas berühmter Hafenstadt auch ist der Jazz wesentlicher Bestandteil des kulturellen Lebens am Kap. Gleich zwei große Jazz-Festivals finden jährlich statt: das *Cape Town International Jazz Festival* (www.capetownjazzfest.com) und das *Standard Bank Jazzathon* (www.jazzathon.co.za). Es gibt zwei Radiostationen, die nur Cape Jazz spielen (Live Audio Streaming übers Internet möglich): *Fine Music Radio* (http://fmr.co.za/) und *P4 Radio* (www.p4radio.co.za).

Südafrikas Jazz-Szene entwickelte sich zeitgleich mit dem US-amerikanischen Jazz-Mainstream und fusionierte dessen Stil mit südafrikanischen Traditionen, was in einer typisch lokal kolorierten Musik resultierte.

Die Musiktradition am Kap hat viele Ursprünge: Westafrikanischer Sklavenimport, malaiische Einflüsse, die Kap-Minnesänger-Tradition, Khoi-Khoi-Sounds und die Tanzhallen-Kultur der 1940er Jahre von District Six, kombiniert mit populären südafrikanischen Musikstilen wie Marabi und Kwela. Einer der berühmtesten südafrikanischen Jazz-„Exporte" ist ohne Zweifel *Abdullah Ebrahim* (der sich früher Dollar Brand nannte). Sein Stil ist eine Melange aus Duke Ellington, Thelonius Monk und John Coltrane, gemischt mit Malay, Kwela, Marabi, Cape Ministrel und sogar indischen Klangkonzepten. Die jungen Jazzmusiker von heute schöpfen aus dieser reichen Tradition.

Eine gute Adresse, um mit professioneller Beratung afrikanischen Jazz auf CD einzukaufen, ist der **African Music Store** in der Long Street 134 (Tel. 021-4260857www.africanmusicstore.co.za), Mo–Fr 9–18 Uhr, Sa 9–14 Uhr.

Hier die A-Liste der Jazz-Locations in Kapstadt:

Mahogany Room, 79 Buitenkant St, Gardens, Tel. 076-6792697.
Jazzliebhaber können sich in diesem Club, der dem bekannten New Yorker Club „The Village Vanguard" nachempfunden ist, lokale Talente mittwochs und donnerstags zwischen 20.30 und 22 Uhr anschauen. Es gibt nur wenige Sitzplätze, also unbedingt einen Tisch vorbestellen.

Westend Jazz Club, Cine 400 Building, College Rd, Rylands, Tel. 021-6379132/3. Abseits der touristischen Pfade befindet sich dieser Club, immerhin seit 1978. Viele Kapstädter Musiker begannen hier ihre Karriere. Jeden Freitag von 17 Uhr bis spät in die Nacht treten lokale und internationale Größen auf und dazu kann man auch das Tanzbein schwingen.

Hanover Street, Grand West Casino, 1 Vanguard Dr, Tel. 021-5057777. Dieser Club ist im Stil des alten, in der Apartheidzeit plattgewalzten Stadtteils District Six aufgemacht. Die Hanover Street war eine der bekanntesten Straßen im District Six. Verschiedene Musikrichtungen, aber hauptsächlich populärer Jazz. Die Bands wie N2 und Sabre sind sehr professionell, spielen aber Cover-Versionen populärer Jazzhits, keine eigenen Kreationen. Manchmal treten auch südafrikanische Stars auf.

Studio 7, 213 High Level Rd, Sea Point, Tel. 083-3993334.
Klein aber fein. Sich auf bequemen Sofas zurücklehnen und regionalen Musikern lauschen. Hier sind schon Zolani Mahola, Vusi Mahlasela, Arno Carstens und Albert Frost aufgetreten.

The Independent Armchair Theatre, 135 Lower Main St, Observatory, Tel. 021-4471514, www.armchairtheatre.co.za
In diesem alternativen Theater, Kabarett-Club und Live-Musik-Veranstaltungsort gibt es jeden Donnerstagabend Jazz. Gemütlicher Platz mit vielen bequemen Sofas.

Dizzy's Jazz Café
39 The Drive, Camps Bay, Tel. 021-4382686, www.dizzys.co.za, 11.30–3 Uhr. Coole Jazzbar mit sehr relaxter Atmosphäre.

The Kove
The Promenade, Victoria Rd, Camps Bay, Tel. 021-4380004, www.thekove.co.za. Top-Restaurant, in dem Do/Fr von 20–22 Uhr professionelle Jazzmusiker auftreten.

Marimba
Cape Town International Convention Centre, Ecke Heerengracht/Coen Steytler Ave, Foreshore, Tel. 021-4183366, www.marimbasa.com. Do/Fr/Sa 19.30–22.30 Uhr spielt in elegantem Ambiente eine Marimba Big Band live Dinner-Jazz, Blues und kontemporäre afrikanische Musik.

The Dubliner
251 Long St, Tel. 021-4241212, www.dubliner.co.za. Eine der ältesten Zigarren-Bars in Kapstadts Innenstadt. In diesem irischen Pub finden jede Nacht Livekonzerte statt. Lokale und internationale Jazzmusiker, Pianobar im 1. Stock.

Making Music Productions
hat eine informative Website, www.music.org.za, die viele Jazzkünstler mit Biografien, Stories und Konzertdaten auflistet.

Adressen & Service

Tafelberg & Table Mountain Aerial Cableway, Lower Station, Tafelberg Rd, Tel. 021-4248181, www.tablemountain.net. Den Schildern von der oberen Kloof Street aus folgen.

Tafelberg-Fahrplan: Abfahrtszeiten der Gondeln von der Talstation. In Klammern die letzte Gondel bergabwärts.

16.–31. Januar	8.00–20.00 Uhr (21.00 Uhr)
1.–28. Februar	8.00–19.30 Uhr (20.30 Uhr)
1.–31. März	8.00–18.30 Uhr (19.30 Uhr)
1.–30. April	8.00–17.30 Uhr (18.30 Uhr)
1. Mai–15. September	8.30–17.00 Uhr (18.00 Uhr)
16. Sept.–31. Okt.	8.00–18.00 Uhr (19.00 Uhr)
1.–30. November	8.00–19.00 Uhr (19.00 Uhr)
1.–15. Dezember	8.00–20.00 Uhr (21.00 Uhr)
16. Dez.–15. Januar	8.00–20.30 Uhr (21.30 Uhr)

Hin- und Rückfahrt: Erwachsene 215 Rand, Kinder (4–17) 105 Rand. Die Seilbahn auf den Tafelberg fasst 65 Passagiere, die Gondel dreht sich auf dem Weg nach oben einmal um 360 Grad. 2 km Pfade zu Besichtigungspunkten. Essen kann man im *Table Mountain Café* (Selbstbedienung). Tipp: Wer Geld sparen möchte, bucht die Tickets online auf www.tablemountain.net. Bitte beachten Sie, dass die Tafelberg-Gondel jährlich von Ende Juli bis Anfang August wegen Wartung geschlossen bleibt.

Robben Island: Museum und Informationszentrum Tel. 021-4134220, info@robben-island.org.za, www.robben-island.org.za. Täglich Überfahrten vom Nelson Mandela Gateway am Clocktower Precinct der V&A Waterfront nach Robben Island um 9, 11, 13 und 15 Uhr. Preis für die 3,5-stündige, geführte Tour mit Insel-Schiffspassage 250 Rand, Kinder bis 17 Jahren 120 Rand. Online buchen, um lange Wartezeiten zu vermeiden!

Two Oceans Aquarium, Dock Rd, V&A Waterfront, Tel. 021-4183823, aquarium@aquarium.co.za, aquarium@aquarium.co.za, www.aquarium.co.za; tägl. 9.30–18 Uhr, sehr gut gemachter Aqua-Komplex. Erw. 118 R, Kinder (14–17) 92 R, Kinder (4–13) 58 R, Kinder bis 4 Jahre frei.

Tipp: Günstiger sind die Tickets online: www.aquarium.co.za/shop.

Castle of Good Hope, Ecke Darling- u. Castle Street, Tel. 021- 7871082/3/4, www.castleofgoodhope.co.za

tgl. 9–16 Uhr. Geführte Touren um 11, 12 und 14 Uhr. Erw. 25 R, Rentner 15 R, Kinder 10 R. Der Grundstein für Südafrikas ältestes Gebäude wurde 1666 gelegt.

Houses of Parliament, Parliament St, Tel. 021-4032 266, www.parliament.gov.za. Geführte Touren nur auf Anfrage. Eintritt frei, allerdings zwei Wochen vorher buchen. Debatten der Nationalversammlung können ebenfalls angehört werden, Reisepass mitbringen.

Planetarium, South African Museum, Queen Victoria St, Tel. 021-4813900, www.iziko.org.za/planetarium, Erw. 25 R, Kinder 10 R. Tolle Shows (Themen wechseln monatlich) zum afrikanischen Nachthimmel.

St. George's Cathedral, Ecke Queen Victoria- u. Wale Street, Tel. 021-4247360, Mo–Fr 8.30–17 Uhr und bei Gottesdiensten. Eine der ältesten Kathedralen im Land, der erste Gottesdienst fand hier 1834 statt.

Bertram House, Hiddingh Campus, Orange St, Tel. 021-4813940, www.iziko.org.za/bertram, Di–Do 10¬16 Uhr, Eintritt frei. Georgianisches Stadthaus mit zeitgenössischen Möbeln, Silber und Porzellan.

Bo-Kaap Museum, 71 Wale St, Tel. 021-4813939 www.izikos.org.za/bokaap, Mo–Sa 10–17 Uhr, Eintritt 10 R, Kinder bis 16 frei. Das moslemische Erbe Kapstadts wird in einem der wenigen noch erhaltenen, ersten kaphoilländischen Häusern ausgestellt.

Cape Holocaust Centre, 88 Hatfield St, Gardens, Tel. 021-4625553, www.ctholocaust.co.za, So–Do 10–17, Fr 10–14 Uhr, freier Eintritt. Ein sehr beeindruckendes Museum, das einzige jüdische Holocaust-Zentrum in Afrika, die Präsentationen und der didaktische Aufbau sind außergewöhnlich gut gelungen. Neben dem District Six Museum das beste der Stadt.

District Six Museum, 25a Buitenkant St, Tel. 021-4667200, www.districtsix.co.za, Mo 9–14.30 Uhr, Di–Sa 9–16 Uhr, Eintritt 20 R; Kinder und Rentner 5 R. Fotos, Gegenstände und Präsentationen zeigen die Geschichte von District Six.

Gold of Africa Museum, Martin Melck House, 96 Strand St, Tel. 021-4051540, www.goldofafrica.com, Mo–Sa 9.30–16.30 Uhr, Eintritt 30 R, Kinder 20 R. Das einzige Museum der Welt, das sich ausschließlich afrikanischem Gold widmet.

Iziko Slave Lodge, 49 Adderley St, Tel. 021-4608240, www.iziko.org.za/slavelodge, Mo–Sa 10–16 Uhr, Eintritt 20 R, Kinder frei. Die verschiedenen kulturellen Einflüsse, die Südafrikas zu dem gemacht haben, was es heute ist, werden hier anschaulich dargestellt.

Iziko South African Museum, 25 Queen Victoria St, Gardens, Tel. 021-4813800 www.iziko.org.za/sam, Eintritt 20 R, Kinder unter 18 frei. Das bekannteste Museum der Stadt, u.a. mit gigantischem Wal-Skelett über mehrere Stockwerke und Walgesängen.

Iziko South African National Gallery, Government Avenue, Gardens, Tel. 021-4674660, www.iziko.org.za/sang, Di–So 10–17 Uhr, Eintritt 20 R, Rentner 10 R und Kinder unter 18 frei. Die Nationalgalerie zeigt beeindruckende Werke südafrikanischer Künstler, der Museums-Shop verkauft außergewöhnlich schönes Kunsthandwerk.

Grand West Casino, Goodwood, Vanguard Drive (von der N 1 und der N 2, ausgeschildert), Tel. 021-5057777, Fax 5341278, www.grandwest.co.za; Casino tägl. 24 Std., Restaurants, großer Kino-Komplex, Shops usw., tägl. 10–23 Uhr, Eintritt frei, Parken 10 R. Die Eisbahn hat olympische Ausmaße: The Ice Station, Tel. 021-5352260, www.icerink.co.za.

Century City, an der N1 Richtung Paarl, Ausfahrt 10, Tel. 021-5553377, www.centurycity.co.za. Der riesige Komplex entstand in unglaublich kurzer Zeit in einem vorher ungenutzten Sumpfgebiet neben der N 1. Heute steht hier eines der größten Einkaufszentren der Südhalbkugel, Canal Walk (www.canalwalk.co.za) mit über 400 Geschäften und der afrikanisch angehauchte Vergnügungspark, Ratanga Junction (www.ratanga.co.za). Eintritt 162 R (Personen die größer als 1,3 Meter sind) und 80 R (Personen unter 1,3 Meter). Der „Fun Pass" kostet 55 R, beinhaltet das Live-Programm und die Boots- und Zugfahrt innerhalb Ratanga Junctions.

Kapstadt World Design Capital 2014. Präsentiert wird eine kreative Palette von kulturellen, sozialen und wirtschaftlichen Programmpunkten. Über insgesamt 400 Ausstellungen, Festivals und Workshops, die sich mit Kunst, Architektur, Inneneinrichtung, Landschaftsgestaltung, Möbel, Mode, Schmuck, Kunsthandwerk, Film und Fotografie beschäftigen, sind über das Jahr verteilt in und um Kapstadt geplant. Infos und Programm: www.wdccapetown2014.com.

Shopping

Einkaufszentren und Malls

Victoria & Alfred Waterfront, Dock Rd, Tel. 021-4087500, www.waterfront.co.za, Mo–Sa 9-21, So 10–21 Uhr. Kapstadts beliebtestes Einkaufszentrum, neben Touristen kommen auch viele Einheimische hierher. Zwei Kinokomplexe. Eine Vielfalt von Boutiquen, Läden, Märkten, Restaurants, Cafés, Kinos, Museen und historischen Sehenswürdigkeiten.

Canal Walk, Sable Rd, Century City, Tel. 021-5299699, www.canalwalk.co.za, tägl. 9–21 Uhr. Einkaufszentrum mit 121.000 m^2 Verkaufsfläche. Architektonisch interessante Kuppelbauten. Über 400 Geschäfte, diverse Restaurants und der größte Kino-Komplex der Stadt; mit dem Auto etwa zehn Minuten vom City-Zentrum entfernt auf der N1 Richtung Paarl, Abfahrt „Ratanga Junction/Canal Walk"; Zubringerbusse von verschiedenen Punkten in der City, Tel. 021-5299799. Tipp: Wer sich nach dem gewaltigen Einkaufsbummel erholen möchte, geht nebenan zu Intaka Island, einem 16 ha großen Feuchtbiotop mit einheimischer Vegetation und vielen Vogelarten. Tel. 021-5526889, www.intaka.co.za.

Cavendish Square, Cavendish Square, Claremont, Tel. 021-6743050, www.cavendish.co.za. Elegante und stilvolle Stadt-Mall auf mehreren Ebenen; hier finden sich selten Touristen, vielmehr gut betuchte Kapstädter ein. Ein Muss für Shopping-Fans, nicht ganz einfach zu finden, großes Parkhaus.

The Old Biscuit Mill, 373-375 Albert Rd, Woodstock, Tel. 021-4478194, www.theoldbiscuitmill.co.za. Originelle Trödelläden, Kunsthandwerk, Galerien und Cafés im Innenhof der ehemaligen Keksfabrik Kapstadts.

Cape Quarter Lifestyle Shopping Mall, Green Point. THE PIAZZA: 72 Waterkant Street; THE SQUARE: 27 Somerset Road, Tel. 021-4211111, www.capequarter. co.za. Mo–Fr 9–18 Uhr, Sa 9–16 Uhr, So 10–14 Uhr. Stilvolles Einkaufszentrum mit viel Flair. Innenhöfe mit plätschernden Brunnen laden zum Bummeln ein. Cafés, Restaurants, Galerien, afrikanisches Kunsthandwerk und Mode. Sonntags von 10 – 15 Uhr findet der „Village Market" hier statt.

Besondere Läden

Pan African Market, 76 Long St, Tel. 021-4264478, www.panafrican.co.za. Wer sich für afrikanisches Kunsthandwerk interessiert, kommt um diesen Laden nicht herum: In einem alten historischen Haus findet sich hier auf zwei Stockwerken ganz Afrika ein, mit Masken, Textilien, Trommeln, Township-Art und einem wahrhaft panafrikanischen Sprachgewirr; unbedingt in einen Long Street-Spaziergang einbauen.

African Music Store, 134 Long St, Tel. 021-4260857, Mo–Fr 9–18 Uhr, Sa 9–14 Uhr. Der Laden hat sich auf afrikanische Musik spezialisiert, von traditionellem Jazz bis Afro-Rock aller afrikanischer Interpreten; gute Beratung und Probehören.

Vaughan Johnson, Wine & Cigar Shop, Dock Rd, Waterfront, Tel. 021-4192121, Fax 4190040, www.vaughanjohnson.co.za. Einer der besten Weinläden Kapstadts, permanent Weinproben, sehr gute Beratung, weltweiter Versand, große Auswahl an Whiskies und Zigarren, sonntags geöffnet. In seiner übersichtlichen Website listet Vaughan die besten Tropfen des Landes mit Preis pro Flasche.

Filmkulisse Kapstadt: Afrikas Hollywood

Afrikas Hollywood. Zwischen Oktober und April tummeln sich Regisseure, Produzenten und Fotografen in Kapstadt. Und Touristen treffen dann vor allem an Wochenenden in der City auf Schilder mit der Aufschrift *„Filming in Progress"* – Achtung Filmaufnahmen! Das Wetter ist genial gut, das weiche Licht traumhaft und die Natur-Kulissen grandios. Einige Straßenzüge in der City erinnern mit ihren mehrstöckigen Art-déco-Gebäuden an Manhattan. Dazu ein gelbes New-York-Taxi, ein Hot-Dog-Stand und etwas Dampf aus einem Kanaldeckel, und schon glaubt der Zuschauer, den Big Apple live im Bild zu haben. Andere Straßen, wie z.B. die Wale Street, ziehen sich durch die gesamte Stadt Richtung Signal Hill. Sie werden an ihrem Ende so steil, dass sie locker als „San-Francisco-Doubles" herangezogen werden können. Neben Werbespotproduktionen entscheiden sich immer mehr Hollywood-Produzenten für die Kap-Location, vor allem seit der Eröffnung der ultramodernen Cape Town Film Studios (www.capetownfilmstudios.co.za).

In einem Zwei-Stunden-Radius um Kapstadt finden sich eine Vielzahl von Landschaften: vom „australischem" Outback bis zum „texanischen" Highway, vom „fremden Planeten" zum „kalifornischen Surfbeach", von einer einsamen Hütte in den „Rocky Mountains" bis zum Weinort in der „Provence". Die jährlichen Ausgaben im Film- und Fotosektor liegen bereits bei 400 Millionen Rand – Tendenz steigend. Dazu kommen die Zahlungen der Filmcrews für Unterkünfte, Restaurants, Automieten und Souvenirs. Viele Kapstädter arbeiten in der Filmindustrie, vom Caterer bis zum Autopolierer, vom Statisten bis zum Kamera-Mann.

s. Karte S. 186

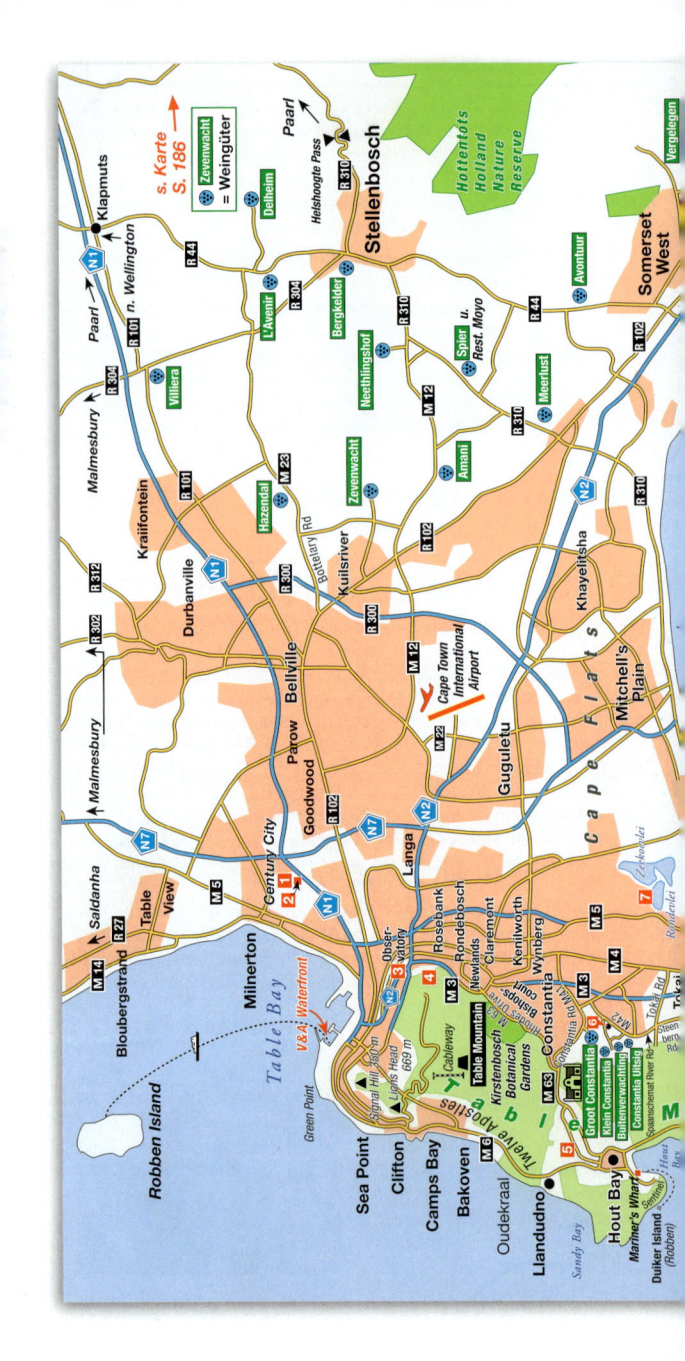

Zevenwacht = Weingüter

Klapmuts
Paarl → n. Wellington
Paarl →
Delheim
Helshoogte Pass
Stellenbosch
Hottentots Holland Nature Reserve
L'Avenir
Bergkelder
Villiera
Spier u. Rest. Moyo
Neethlingshof
Avontuur
Somerset West
Meerlust
Amani
Vergelegen
Malmesbury →
Hazendal
Zevenwacht
Kraifontein
Bottelary Rd
Kuilsriver
← Malmesbury
Durbanville
Bellville
Parow
Goodwood
Cape Town International Airport
Guguletu
Khayelitsha
Mitchell's Plain
Cape Flats
Saldanha →
Table View
Century City
Milnerton
Langa
Observatory
Rosebank
Rondebosch
Newlands
Claremont
Kenilworth
Wynberg
Bishopscourt
Kirstenbosch Botanical Gardens
Table Mountain 1086 m
Cableway
Lion's Head 669 m
Signal Hill
Green Point
V&A Waterfront
Table Bay
Robben Island
Blouwbergstrand
Sea Point
Clifton
Camps Bay
Bakoven
Twelve Apostles
Oudekraal
Llandudno
Sandy Bay
Hout Bay
Mariner's Wharf
Duiker Island (Robben)
Constantia
Groot Constantia
Klein Constantia
Buitenverwachting
Constantia Uitsig
Spaanschemat River Rd
Steenberg
Tokai
Zandvlei

CAPE TOWN
CAPE PENINSULA
WEINLAND

0 — 5 km

© Reix Verlag Hermann

1. Century City Einkaufs-Zentrum mit Canal Walk
2. Ratanga Junction Vergnügungspark
3. Groote Schuur Hospital mit Heart of Cape Town Museum
4. Rhodes Memorial und University of Cape Town
5. World of Birds (Hout Bay)
6. Constantia Village
7. Rondevlei Nature Reserve (Bird Sanctuary)

False Bay

Atlantic Ocean

Simon's Bay

Chapman's Bay

Pringle Bay

Strand · Lowry's Pass · Gordon's Bay · Steenbras Dam · Caledon Franschhoek · Clarence Drive · Kogel Bay · Rooi Els · Pringle Bay · Hangklip · Cape Hangklip · Kleinmond / Hermanus · Harold Porter Nat. Botanical Gardens · Betty's Bay

R44 · V12

Muizenberg · St. James · Kalk Bay · Fish Hoek · Simon's Town · Boulders u. Windmill Beach (Pinguin-Kolonien) · Miller's Point · Smitswinkel Bay · Cape Point Ostrich Farm · Swartkopberg · Cape Point Nature Reserve · M4 · M65 · Red Hill Street Market · Buffelsfontein Visitor Centre · Kanokop 367 m · Da Gama Monument · Bordjiesrif · Buffels Bay · Two Oceans Rest. · Dias Beach · Cape Point

Cape of Good Hope Nature Reserve · Cape of Good Hope · Mackaar Beach · Diaz Monument

Noordhoek · Sunnydale · Ocean View · Kommetjie · Misty Cliffs · Scarborough · Olifantsbos Bay · Olifantsbos Point · Hoek van Bobbejaan · Witsandbaai · Masselbaai · Schiffswrack T.T. Tucker (1942) · Schiffswrack Nolloth (1965) · Slxole G.R. · M6 · M64 · M65 · Nat. Res.

National Park

N

Die Reiserouten

Kap-Halbinsel

Route (ca. 180 km, 1 Tag)

Woodstock – Observatory – Rhodes Memorial – Kirstenbosch Botanical Gardens – Constantia – Rondevlei – Muizenberg – St. James – Kalk Bay – Fish Hoek – Glencairn – Simon's Town – Boulders Beach/Pinguin-Kolonie – Miller's Point – Smitswinkel Bay – Cape of Good Hope Nature Reserve – Cape Point und Cape of Good Hope – Scarborough – Kommetjie – Noordhoek – Chapman's Peak Drive – Hout Bay – Llandudno – Camps Bay – Clifton – Sea Point – Mouille Point – Waterfront Kapstadt

Woodstock und **Observatory** (oder lässiger „Obs") östlich der City sind am ehesten als Kapstadts **Studentenviertel** zu bezeichnen. In den alten Stadtteilen mit ihren winzigen Häuschen, von denen viele gerade renoviert werden, leben im Gegensatz zu den meisten anderen Stadtgebieten Schwarz, Weiß und Coloured bunt gemischt. In der Lower Main Street, die sich durch Woodstock und Observatory zieht, gibt es zahlreiche alternative Kneipen, einige Restaurants und Tanzklubs (siehe „Nightlife" bei „Kapstadt"). Kreuzberg auf Afrikanisch eben. Kein Wunder, Kapstadts Universität liegt praktisch um die Ecke in Rondebosch. Vor allem abends ist hier immer etwas los. Der Charme liegt im teilweise bröckelnden Putz der Fassaden und der eben nicht klinisch-reinen Atmosphäre, wie sie Camps Bay oder die Waterfront vermitteln.

Etwas Interessantes zu besichtigen gibt es ebenfalls in der Gegend: das **„Heart Of Cape Town"-Museum** im Groote Schuur Hospital liegt etwa 10 Min. zu Fuß vom Obs-Zentrum entfernt. Hier wird Professor Christiaan Barnards erste Herztransplantation im OP von 1967 originalgetreu nachgestellt.

Sehenswert

Museum Heart of Cape Town, Groote Schuur Hospital, Tel. 021-4041967, www.heartofcapetown.co.za, geführte Touren täglich um 9, 11, 13 und 15 Uhr; von der Stadt auf der M 3 kommend Abfahrt UCT (University of Cape Town) nehmen, an der T-Junction links und auf dem Woolsack Drive zum Krankenhaus.

Karte S. 122/123 **Kap-Halbinsel**

Die nächsten Stopps sind dann wied[...] Klassiker": Das **Rhodes Memorial** (A[...] Anne Interchange von der M 3) ent[...] Gelände, das der britische Kapitalist 1906 an Südafrika vermacht hatte. Erworben hatte er die östlichen Tafelberghänge 1895, um diese unberührte Wildnis zu erhalten. Das Granitdenkmal ist, wie zu erwarten, monumental, die Aufgangstreppe wird von bronzen Löwen flankiert. Die meisten Besucher kommen mehr aufgrund des Restaurants und der grandiosen Aussicht auf die *Cape Flats* und die am Horizont aufragenden *Hottentots Holland Mountains*.

Restaurant

Rhodes Memorial Restaurant (R), Groote Schuur Estate, Rondebosch, Tel. 021-6899151, www.rhodesmemorial.co.za, tägl. 9–17 Uhr; guter Platz, um Kaffee oder Tee zu trinken und dazu das typisch englische, brötchenartige Buttergebäck *Scones*, serviert mit Sahne und Marmelade, sich munden zu lassen.

Signal Hill → Sundownes ohne Stress

Kirstenbosch

Die **Kirstenbosch Botanical Gardens,** die nahtlos in den Table Mountain National Park übergehen, gehören mit Recht **zu den schönsten der Welt.** Von den Gärten führen zwei steile Wege, _Nursery Ravine_ und _Skeleton Gorge_, nach oben auf den Tafelberg. Wer hochwandert, kann bis zur Seilbahnstation weitergehen und mit dieser runterfahren, um dann im Taxi zurück nach Kirstenbosch zu gelangen – oder umgekehrt. In der Sommersaison (Dezember bis März) finden regelmäßig am späten Sonntagnachmittag bis nach Sonnenuntergang klassische, afrikanische oder eher rockige Konzerte im Freien auf der großen Rasenfläche statt – eine Institution (Konzerte 90–145 R, Silvesterkonzert 300 R). Kapstädter und Touristen bringen ihre Picknick-Körbe, breiten ihre Decken aus und genießen Essen, Wein und Musik. Links ragt das Tafelberg-Massiv auf, rechts glitzern die Lichter der Stadt. All das schafft eine bezaubernde Atmosphäre.

Etwa 9000 der insgesamt 22.000 im südlichen Afrika vorkommenden

Open-Air-Konzert in Kirstenbosch

Kap-Halbinsel

Pflanzen gedeihen hier, natürlich auch Südafrikas Nationalblume, die Protea mit ihren vielen Arten. In einem temperaturkontrollierten Treibhaus wachsen die typischen Wüstenpflanzen des Nordens: Affenbrot- und Köcherbäume. Weitere Highlights im Botanischen Garten sind Teile der Original-Dornenhecke, die der erste Kap-Gouverneur Jan van Riebeeck 1660 pflanzen ließ, um Angriffe der einheimischen Khoi-Bevölkerung abzuwehren. Ein Duftgarten, dessen Gewächse erhöht eingepflanzt wurden, um sie besser riechen zu können, ein Braille-Pfad für blinde Besucher und eine Sektion, wo Medizinalpflanzen, *muti,* gedeihen, die von afrikanischen Naturheilern, *sangomas,* heute noch mit Erfolg bei bestimmten Krankheiten eingesetzt werden.

Weiterfahrt nach Constantia: dem Rhodes Drive (Nr. 63) folgen, der sich kurvenreich bis zum Constantia Nek hochschlängelt. Beim Kreisverkehr am Constantia Nek gleich die erste Ausfahrt wieder nach links und hinunter ins Tal nach Constantia auf der Main Road (M 41). Ein braunes Schild mit weißer Schrift weist auf die „Constantia Wine Route" hin. Das erste Weingut auf der Strecke ist das neue **Constantia Glen**, 1,5 km nach dem Kreisverkehr rechts.

Information

Kirstenbosch Botanical Gardens, Rhodes Drive, Bishopscourt, Tel. 021-7998783, www.sanbi.org.za, Sept–März 8–19 Uhr, Apr–Aug 8–18 Uhr; Infos zu den Kirstenbosch Summer Concerts unter Tel. 021-7612866.

Restaurants in Kirstenbosch

Kirstenbosch Tea Room (R-RR), Gate 2, Tel. 021-7974883. Täglich geöffnet, Frühstück, Lunch, Kaffee und Kuchen. Traditionelles Bobotie (S.41), Burgers und Fish & Chips.

Moyo Kirstenbosch (R-RRR), Tel. 021-7629585, www.moyo.co.za. Tägl. Frühstück, Lunch, Kaffee und Kuchen, Snacks und Dinner, 9–21 Uhr. Große Terrasse mit herrlichem Blick auf Kirstenbosch und Tafelberg. Tipp: Sonntagnachmittags gibt es ein Büfett mit exotischen Salaten und verschiedenen warmen Speisen.

Constantia

Jan van Riebeeck pflanzte neben der Dornhecke, dem damaligen Pendant zum Stacheldraht, noch etwas anderes, für das er wesentlich berühmter werden

Das zweitälteste Weingut am Kap ist Groot Constantia, ein Prachtstück kapholländischer Architektur

sollte: Ihm glückte es, in der relativ windgeschützten Gegend um Constantia, nach etlichen misslungenen Versuchen, an den südwestergepeitschten Hängen des Tafelberges die ersten Kapreben anzupflanzen, Ableger auf Schiffen angelieferter Rebenstecklinge aus Frankreich. Doch erst nach seiner Abberufung gelang es französischen Hugenotten 1688, trinkbaren Rebensaft zu keltern.

Heute werden in der Region Spitzenweine erzeugt, was eine Weinprobentour durch das **Constantia Valley** eindrucksvoll beweist (aber nicht schlucken, nur schmecken, sonst ist die Kaprunde zu Ende, bevor sie überhaupt erst richtig begonnen hat …).

Nachdem man Groot Constantias mächtige kapholländische Häuser mit ihren wunderschönen Giebeln besichtigt hat, auf der Main Street bis zur übernächsten Kreuzung weiterfahren, wo es rechts zum **Constantia Village** mit seinen Shops und Restaurants abgeht. Von dort auf die „42", die zunächst Spaanschemat River Road, dann Orpen Road und schließlich Steenberg Road heißt, wo die anderen Weingüter liegen.

Constantia-Restaurants

Lunch-Tipps

La Belle Café & Bakery (R-RRR), Alphen Dr, Constantia, Tel. 021-7956336, www.alphen.co.za, tgl. 7–21Uhr. In einem der renovierten Gebäude des historischen Alphen Hotels gibt es eine Riesenauswahl frischer Salate, leichte Gerichte, Kuchen, Torten und frischgepresste Säfte. Terrasse mit schönem Blick auf die historischen Gebäude.

Melissa's (R), Constantia Village, Tel. 021-7944696, www.melissas.co.za; tägl. Frühstück und leichte Lunches, reichhaltiges Büfett mit Salaten und verschiedenen anderen, mediterranen Gerichten zur Auswahl, leckere Sandwiches und prima Kaffee.

River Café (RR), Constantia Uitsig Farm, Spaanschemat River Rd, Tel. 021-7943010, .www.constantia-uitsig.com, Frühstück tgl. 8.30–11 Uhr, Lunch 12.30–17 Uhr. Die Eggs Benedict haben mittlerweile Kultstatus erreicht, idealer Platz für das erste oder zweite Frühstück oder leichten Lunch.

Bistro Sixteen 82, (RR-RRR), Steenberg Estate, Tokai, Tel. 021-7132211, www.steenberghotel.com. Tgl. 9–20 Uhr. Supermodernes Bistro in den Weinbergen, berühmt für Tapas. Mit einer Weinprobe beginnen und sich anschließend die Häppchen auf der Zunge zergehen lassen. Große Terrasse.

Dinner-Tipps:

Peddlars on the Bend (RR-RRR), Spaanschemat River Rd, Tel. 021-794 7747. Eines der ältesten und beliebtesten Restaurants in Constantia. Großer Biergarten unter schattigen Bäumen, schickes Restaurant und eine Bar.

Buitenverwachting (RRRR), Klein Constantia Rd, Tel. 021-7943522, Fax 7941351, www.buitenverwachting.com; im Winter Di–Sa und im Sommer Mo–Sa ab 12 Uhr Lunch, ab 15 Tapas und ab 19 Uhr Dinner. Italienisch-französische Spitzenküche, die bereits mehrfach preisgekrönt wurde. Besonders empfehlenswert sind die Langusten und Impala. Die Weinliste hat von Diners Club einen Diamond Award, die höchst mögliche Bewertung erhalten, die Weine des Gutes sind fair gepreist und sowohl in Flaschen als auch per Glas erhältlich.

Catharina's Restaurant (RRR-RRRR), Steenberg Estate, Tokai, Tel. 021-7132222, www.steenberghotel.com. Tgl. 7–22 Uhr. Elegantes Restaurant mit super Service und tollem Blick auf die Weinberge. Feinschmecker können sich von der Speisekarte Gerichte zusammenstellen oder ein Gourmetmenü bestellen. Terrasse unter schattigen Eichenbäumen und sonntags gibt es das beliebte „Sunday Jazz Lunch". Reservierung empfehlenswert.

La Colombe (RRRR), Constantia Uitsig, Tel. 021-7942390, www.constantia-uitsig.com; Täglich Lunch und Dinner. Das zweite Restaurant auf dieser Weinfarm ist das beste „provençialische Landrestaurant" in Südafrika – hier stimmt alles, vom Dekor über die Qualität und Darbietung des Essens bis zum ausgezeichneten Service. Innovative Wild- und Fischgerichte, sehr reichhaltige Soßen, verführerische Desserts und natürlich wieder eine preisgekrönte Weinliste, u.a. mit den lokalen Constantia-Produkten. Im Winter in der Nähe des Feuerplatzes buchen.

Sehenswert

Art in the Forest, Tel. 021-7940291, Rhodes Dr, Constantia Nek, www.lightfromafricafoundation.co.za. Eine modern Kunstgalerie mitten im Wald. Am Constantia Nek-Kreisverkehr rechts auf die Waldpiste abbiegen. Mo–Fr 9.30–16.30 Uhr, Sa 10–15 Uhr.

Unterkunft

Constantia Uitsig Country Hotel and Spa (RRRR), Spaanschemaat River Rd, Tel. 021-7946500, reservations@uitsig.co.za, www.uitsig.co.za. Ruhige Übernachtung inmitten der Weinberge Constantias, näher lässt es sich nicht an zwei der besten Restaurants des Landes (s.o.) übernachten; 16 mit Antiquitäten eingerichtete Garten-Suiten; zwei Swimmingpools und Wellnessbereich.

Steenberg Country Hotel (RRRRR), Steenberg Estate, Tel. 021-7132222, Fax 7132251, info@steenberghotel.com, www.steenberghotel.com. Elegantes Hotel im ehemaligen kapholländischen Herrenhaus der ältesten Weinfarm (1682) Südafrikas, 24 Zimmer und Wellnessbereich.

Hampshire House Guest Lodge (RRR), 10 Willow Rd, Tel. 021-7946288, www.hampshirehouse.co.za. Nettes Gästehaus mit 6 Zimmern, einer Ferienwohnung und Pool. Zum Frühstück werden ofenfrische Muffins serviert.

Allandale (R-RR), 72 Swaanswyk Rd, Tokai, Tel. 021-7153320, www.allandale.co.za. Günstige und einfache Familienunterkunft für Selbstversorger in ruhiger Sackgasse, zwischen Steenberg Golfplatz und Tokai Forest. Pool und Tennisplatz.

Weingüter

Constantia Valley Wine Route, Tel. 021-7940542, www.constantiavalley.com. Infos zu den Weingütern Constantias.

Constantia Glen, Glen Alpine, Constantia Main Rd, Tel. 021-7956100, www.constantiaglen.com. Weinproben und -verkauf Mo–Fr 10–17 Uhr, Sa 9–16 Uhr. Das jüngste Weingut mit tollem Ausblick über die False Bay, produziert werden erstklassige und preisgekrönte Weine.

Eagles Nest, Constantia Main Rd, Tel. 021-6830487, www.eaglesnestwines.com. Weinproben und -verkauf Mo–So 10–16.30 Uhr. Das Weingut mit den steilsten Weinbergen im Western Cape ist auf Rotweine spezialisiert.

High Constantia, Tel. 021-7947171, www.highconstantiawines.co.za. Weinproben und -verkauf tägl. 8–17 Uhr. Ursprünglich Teil von Groot Constantia, nun ein eigenständiges und aufwendig restauriertes Weingut mit hervorragenden Weinen.

Groot Constantia Estate, Tel. 021-7945128, www.grootconstantia.co.za. Weinproben und -verkauf tägl. 9–18 Uhr, Okt–Sept. 9–17 Uhr. Groot Constantia produziert seit Jahren preisgekrönte Weine. Historisches Museum mit Anton Anreith's Bildhauerei im Giebelfries. Herrenhaus, zwei Restaurants.

Klein Constantia, Klein Constantia Rd, Tel. 021-794 5188, www.kleinconstantia.com. Weinproben und -verkauf Mo–Fr 9–17, Sa 9–13 Uhr, Kellertouren nach Vereinbarung. Probieren: den legendären, süßen Dessertwein *Vin de Constance,* den Napoleon noch auf seinem Totenbett getrunken haben soll.

Buitenverwachting, Tel. 021-7945190, www.buitenverwachting.com. Weinproben und -verkauf Mo–Fr 9–17, Sa 10–15 Uhr, Kellertouren nach Vereinbarung; Probieren: die leckeren Marmeladen, hergestellt aus Cabernet, Chardonnay und Sauvignon Blanc.

Steenberg Vineyards, Tel. 021-7132211, www.steenberg-vineyards.co.za. Weinproben und -verkauf Mo–Sa 9–18, So 10–18 Uhr, Kellertouren nach Vereinbarung. Catharina's Restaurant und Bistro Sixteen82, Fünfsterne-Hotel, Weltmeisterschafts-Golfplatz.

Kap-Halbinsel

Rondevlei Nature Reserve

Größer können Gegensätze wohl kaum sein. Erst eleganter, kapholländischer Luxus und erlesene Weine, und gleich danach, wenige Minuten später, Flusspferde im *Rondevlei Nature Reserve*. Das Schutzgebiet wurde 1952 mitten in einem heute dichtbesiedelten Wohngebiet ausgewiesen. Es ist mit seinen Küstendünen, der Sandfynbos-Vegetation und dem Binnendelta eines der wichtigsten Feuchtbiotope in der westlichen Kap-Provinz. Mit über 230 verschiedenen Vogelarten und sechs versteckten Beobachtungshütten ein Paradies für Besucher. Und wer Glück hat, sieht auch eines der sechs Flusspferde, wenn nicht wieder eines, wie kürzlich durch einen beschädigten Zaun, abgehauen ist und die Nachbarschaft in Atem hält! Die Hippos verstecken sich meistens in den dichten Wasserpflanzen. Was die angebotenen Bootsfahrten um so interessanter macht.

Rondevlei Nature Reserve, Fisherman's Walk, Zeekoevlei, Tel. 021-7062404, www.rondevlei.co.za.

Anfahrt

Von der M 42 auf die M 4, dort links abbiegen bis zur Kreuzung mit der Victoria Road, dann rechts bis zum Fisherman's Walk, „Rondevlei" ist ausgeschildert. Eintritt 10 R, Sommer tgl. 7.30–19.30 Uhr, Winter 7.30–18 Uhr. In dem kleinen Naturreservat können beim Tourveranstalter *Imvubu* ganzjährig geführte Wanderungen und zwischen August und Februar Bootsfahrten

Viktorianisch: Die bunten Umkleidehütten am St James Beach

gebucht werden, um aus nächster Nähe Vögel und Hippos zu beobachten. Imvubu Nature Tours, Tel. 021-7060842, www.imvubu.co.za.

Auf der M 4 geht es dann zurück Richtung **Muizenberg**, deren Strandpromenade historische Gebäude flankieren. Weiter auf der Küstenstraße zu dem schönen kleinen Strand von **St. James Beach** mit seinen bunt angemalten, viktorianischen Umkleidekabinen und seinem badesicheren Gezeitenpool. In **Kalk Bay** lohnt sich ein längerer Stopp aufgrund der vielen Kunstgalerien und Geschäfte, die sowohl „richtige" Antiquitäten als auch Trödel und Krimskrams verkaufen. Aber auch wegen dem Bilderbuchhafen und, ja, dem **Ice Café** in der Main Street, das hausgemachtes italienisches und belgisches Eis (22 Sorten in Bechern oder Waffeln) verkauft, das unwiderstehlich gut schmeckt. Das Geschäft war zuvor ein ordinärer Eckladen. Als die neuen Besitzer diverse Lagen von Werbeplakaten der vergangenen Jahrzehnte von den Wänden und Fassaden gekratzt hatten, kam ein echtes Art-Nouveau-Juwel zum Vorschein. Also auch für Nicht-Eisesser sehenswert.

Kalk Bay ist neben Hout Bay der einzige Ort an der Kaphalbinsel, wo farbige Fischer während der Apartheid-Jahre nicht zwangsumgesiedelt worden sind, was gewachsene, unzerstörte und selbstbewusste Gemeinden zur Folge hatte und bis heute viel zur relaxten und legeren Atmosphäre beider Orte beigetragen hat.

Strände am Kap

Life is a Beach. Sonne und Meer, dazu der richtige Strand. Mit dem RKH-Beach-Guide kein Problem.

Big Bay, Blouberg (Rettungsschwimmer Sa 14–18, So 10–18 Uhr); einer der schönsten Strände Kapstadts, ein bisschen windig, daher paradiesische Verhältnisse für Windsurfer.
Bikini Beach, Gordon's Bay; der Mini-Strand des kleinen Ortes ist an heißen Tagen gut besucht.
Boulders Beach, Simon's Town; wenn fast überall der berüchtigte Southeaster bläst, kann man hier in türkisfarbenem Wasser, geschützt von riesigen, abgerundeten Granitfelsen, prima baden, meist zusammen mit den Pinguinen des benachbarten Reservats; der Strand gehört zum Table Mountain National Park, deshalb wird ein Eintrittsgeld fällig.

Windmill Beach, neben Boulders Beach, ein winziger Strand zwischen Granitfelsen mit schattenspendendem Baum. Von der M4 in die Bellevue Road und links in die Links Cresent, am Ende der Straße führt ein Fußweg an den Strand.

Camps Bay (Rettungsschwimmer Sa 14–18, So 10–18 Uhr); Sonnenschirme und Liegestühle zu vermieten, beliebt bei Beach-Volleyball-Spielern; direkt an der palmengesäumten Flaniermeile Kapstadts.

Clifton (Rettungsschwimmer Sa 14–18, So 10–18 Uhr); vier einzelne, kleine, geschützte Strände, auf steilen Treppen erreichbar, im Sommer vollgepackt mit den schönsten Körpern Kapstadts.

Fish Hoek (Rettungsschwimmer Sa 14–18, So 10–18 Uhr); sicherer, breiter Sandstrand für Surfer, Body Boarder und Schwimmer.

Gordon's Bay Main Beach (Rettungsschwimmer in der Saison 9–18 Uhr); idealer Familienstrand mit viel Platz.

Grotto Beach, Hermanus (Rettungsschwimmer in der Saison); endlos langer Sandstrand, ideal für Wanderungen und zum Drachen steigen lassen.

Hout Bay; wunderschöner Familienstrand, für Spaziergänge und natürlich zum Sundowner.

Kammabaai, Hermanus; kleiner, geschützter Strand, gut für eine schnelle Abkühlung.

Kogel Bay, an der R 44 nach Gordon's Bay (Rettungsschwimmer in der Saison von 9–18 Uhr); einer der besten Surfspots am Kap, super für einen Tagesausflug geeignet.

Langbaai, Hermanus; noch ein kleiner, geschützter Strand in Hermanus.

Llandudno (Rettungsschwimmer Sa 14–18, So 10–18 Uhr); kleiner, geschützter Bilderbuch-Sandstrand zwischen gewaltigen Felsen und dem Millionärsort Llandudno; gut zum Sonnenbaden und für romantische Picknicks in den Felsen.

Muizenberg (Rettungsschwimmer Sa 14–18, So 10–18 Uhr); gut zum Surfen, Kitesurfen, Angeln und für lange Spaziergänge.

Noordhoek; perfekt für einen langen Spaziergang oder Ausritte (in Noordhoek gibt es einige Pferdehöfe).

Onrus, 10 km vor Hermanus; kleiner Strand, gut für Familien und Bodyboarder.

St. James; der Gezeiten-Pool vor den buntbemalten, viktorianischen Umkleidekabinen ist gut temperiert und bietet sichere Bademöglichkeiten.

Strand (Rettungsschwimmer Sa 14–18, So 10–18 Uhr); Familienstrand, perfekt für Kinder und Angler.

Voelklip, Hermanus (Rettungsschwimmer in der Saison); der trendige Strand in Hermanus, hierher zieht es die Einheimischen im Sommer.

Muizenberg

Restaurants

Knead, 82 Beach Rd, Tel. 021-7882909, www.knead bakery.co.za. Surfer beobachten und dabei ofenfrische Pizzen auf superdünnem Boden genießen. Tipp: hier frühstücken und dann zu Fuß am Meer entlang bis Kalk Bay laufen und mit dem Zug zurückfahren.

Luckyfish (RR), Beach Rd, www.harbourhouse.co.za/luckyfish. Tägl. von 9–21 Uhr. Moderner Fish & Chips-Imbiss direkt an der Promenade.

Casa Labia Café, 192 Main Rd, Tel. 021-7886062, www.casalabia.co.za. Di–So 10 –16 Uhr. Die direkt am Meer gelegene, prachtvolle italienische Villa von 1929 wurde nach zwei Jahre dauernder Renovierung 2010 wieder eröffnet. Italienische Küche, Kulturzentrum und geschmackvolle Galerie.

Kalk Bay

Unterkunft

The Inn At Castle Hill (RRR), 37 Gatesville Rd, Tel. 021-7882554, www.innatcastlehill.co.za. Attraktive edwardinische Villa oberhalb von Kalk Bay mit Aussicht auf Ort, Hafen und Meer; sehr nette Besitzerin, fünf Zimmer, englisches oder gesundes Frühstück erhältlich.

Restaurants

Lunch-Tipps

The Annex (RR), Majestic Village, 124 Main Rd, Tel. 021-7882453. Das Bistro bietet mediterranes Frühstück, Lunch und Dinner an. Von der Terrasse die Aussicht auf den Hafen genießen.

Olympia Café & Deli (R-RR), Main Rd, Tel. 021-7886396, Frühstück, Lunch & Dinner. Keine Reservierung möglich, aber die Kunden warten hier gerne; tägl. wechselndes, mediterran angehauchtes Menü. Günstige Preise und die hauseigene Bäckerei locken Hungrige von nah und weit.

Dinner-Tipp

La Parada, Main Rd, Tel. 021-7883992, ganztägig von Di–So geöffnet. Die Köchin aus Sevilla spricht nur gebrochenes Englisch, aber ihre Tapas, Paellas und der von der Decke der modernen Bodega baumelnde und importierte Serrano-Schinken ist köstlich.

Harbour House (RRRR), Kalk Bay Hafen, Tel. 021-788 4133, www.harbourhouse.co.za. Das eleganteste Restaurant im Ort, um Fisch zu essen, direkt vom Boot auf den Grill oder in die Pfanne – köstlich! Ein Schönwetter-Tipp: der einzeln im Freien, auf einem winzigen

Kalk Bay – hier treffen sich Künstler und Gourmets

„Balkon" hoch, aber direkt über den Wellen stehende Tisch Nr. „40" – das ist „Erlebnisgastronomie pur". Vor allem von September an, wenn sich die Glattwale in der False Bay tummeln. Im selben Gebäude befinden sich weitere vier Fischrestaurants in verschiedenen Preiskategorien.

Cape to Cuba (RR-RRR), 165 Main Rd, Tel. 021-788 1566, www.capetocuba.com; Super-Lage am Hafen mit Blick über die Bahnlinie aufs Meer, kubanische Gerichte in echt kubanischem Ambiente (alle Einrichtungs- und Dekorationsstücke sind käuflich).

Shopping

Artvark, 48 Main Rd, Tel. 021-7885584, www.artvark.org. Eine außergewöhnliche Galerie mit Kunsthandwerk und Bildern einheimischer Künstler.

Kalk Bay Modern, 136 Main Rd, Tel. 021-7886571, www.kalkbaymodern.com. Die Galerie über dem Olympia Café stellt die besten Künstler der Umgebung vor und verkauft verrückten Schmuck, afrikanische Stoffe und Keramik der besonderen Art.

The Studio, 122 Main Rd, www.thestudiokalkbay.co.za. Galerie mit wechselnden Ausstellungen und einem kleinen Restaurant. Die Künstlerin Donna McKellar bietet hier Kunstkurse an.

Der nächste Ort ist der krasse Gegensatz zu Kalk Bay. **Fish Hoek** besteht lediglich aus einer Hauptstraße mit ein paar konventionellen Läden und wird außerdem „Dry" (trockenes) Fish Hoek genannt. Es gibt keinen einzigen Laden in dem Alkohol gekauft werden kann. Als in alten Zeiten die Kutscher auf ihrer langen holprigen Fahrt von Kapstadt nach Simonstown Ware ausliefern sollten blieben sie in Fishhoek im Weinhaus hängen und kamen betrunken in Simonstown an. Daraufhin wurde 1818 ein Alkoholverbot eingeführt. Mittlerweile wird aber in Restaurants und Bars Alkohol ausgeschenkt. Der schöne Badestrand von Fish Hoek ist allerdings einen Besuch wert.

Simon's Town

oder **Simonstown** bietet dann wieder erheblich mehr: An der *Historical Mile* (ausführliche, erklärende Karte dazu gibt es bei der Tourist-Info) reiht sich ein denkmalgeschütztes Haus an das andere. Der Ort ist nach wie vor Südafrikas wichtigster Marine-Stützpunkt. Am Hafen hat sich eine nette kleine Waterfront entwickelt. Und am **Jubilee Square,** wo das Denkmal der Dänischen Dogge „Just Nuisance" steht, die einst Marine-Maskottchen war, verkaufen Dutzende von afrikanischen Händlern Kunsthandwerk. Sowohl für Kinder als auch für Erwachsene lohnt sich der Besuch des Spielzeugauto-Museums **Warrior Toy Museum** in der Main Street.

Ähnlich wie in Kalk Bay gibt es auch in Simon's Town einige Trödelläden und Boutiquen zum Durchstöbern. Doch die Hauptattraktion des Ortes sind seine beiden südlichsten Strände, zu denen man auf der Weiterfahrt ans Kap gelangt. Es gibt zwei Zufahrten und Parkplätze, beide nach links, die Seaforth Street zum *Seaforth Beach*, die Bellevue Street zum *Boulders Beach*.

Geschützt von mächtigen, abgerundeten Granitblöcken lebt am **Boulders Beach** (Eintritt), der zum Table Mountain National Park gehört, eine von zwei Brillenpinguin-Festlandkolonien Südafrikas (die andere ist gegenüber, auf der anderen Seite der False Bay bei Stoney Point). Ein Teil des Strandes am *Foxy Beach* ist ausschließlich für die etwa **3000 Pinguine** reserviert, die von erhöhten Holzstegen und -plattformen beobachtet und fotografiert werden können. Am südlichsten Beach darf windgeschützt in türkisfarbenem Wasser gebadet werden – manchmal nach dem Motto: „Der mit dem Pinguin schwimmt ..."

Pinguine am Boulders Beach

Simon's Town Information

Cape Town Tourism Simon's Town, 111 St. George's Street, Tel. 021- 7868440. Infos zu Übernachtungen, Restaurants, Wanderungen im Silver Mine Naturreservat; außerdem gibt es hier das *„Historical Mile Book"* (20R), in dem die denkmalgeschützten Gebäude beschrieben werden.

Unterkunft

Quayside (RRR), St. George's St, neben Jubilee Square, Tel. 021-7863838, www.relaishotels.com. Hotel mit 26 Zimmern und maritimem Thema in Simon's Towns Waterfront bietet sehr schöne Ausblicke auf die False Bay und den Hafen.

Boulders Beach Lodge (RR), 4 Boulders Place, Tel. 021-7861758, www.bouldersbeach.co.za; nettes B&B am Boulders Beach mit freundlichen Besitzern und zwölf schön eingerichtete Zimmer.

Mariner Guesthouse (RR), 12 Harbour Heights, Tel. 021-7864528, www.marinerguesthouse.co.za. Modernes Gästehaus oberhalb des Hafens.

Restaurants

Lunch-Tipps   **Penguin Point Café** (RR), Boulders Beach, 4 Boulders Place; Terrassen-Restaurant mit Blick aufs Meer, neben leichten Gerichten auch guter, hausgemachter Kuchen und leckerer Cappuccino.

Dinner-Tipp   **Bertha's** (RR-RRR), Quayside Centre, Tel. 021-7862138 o. 7862148, Frühstück, Lunch & Dinner; Fischgerichte mit Blick auf den pittoresken Hafen, bei schönem Wetter unbedingt im Freien sitzen.

The Meeting Place, Café, Deli und Décor (RR), St Georges Street, Tel. 021-7861986. Gemütliches Café, ofenfrische Croissants und leckere Kuchen. Montags Ruhetag.

Sehenswert

Warrior Toy Museum, St. George's St, Tel. 021-7861 395, tägl. 10–16 Uhr; neben Zinnsoldaten eine riesige Auswahl an alten Automodellen von Matchbox und Dinky Toys; auch Verkauf von Automodellen.

Weiterfahrt

Beim Start am Parkplatz von Boulders Beach darauf achten, dass sich keiner der befrackten Nichtflieger unter dem Auto versteckt hat. Oben auf der M 4 geht es dann nach links weiter zum Kap. Wer noch nicht zu Mittag gegessen hat, dem bietet sich bei **Miller's**

Point eine weitere Chance. Das Restaurant *Black Marlin* gibt es schon seit vielen Jahren, die Aussicht auf die False Bay ist prima, was (leider) viele Ausflugsbusse ebenfalls zu schätzen wissen.

Auf diesem Streckenabschnitt sollten die Autofenster beim Anhalten besser geschlossen bleiben. Die hier heimischen Bärenpaviane haben sich beim Jagen und Sammeln auf Mietwagen spezialisiert, die sie blitzschnell ausräumen, wobei deren Inneres mehr oder weniger in Mitleidenschaft gezogen wird.

Kap der Guten Hoffnung

Kurz hinter **Smitswinkel Bay,** einer Ansammlung von Ferienhäusern, die nur zu Fuß erreicht werden kann, da sie tief unten am Fuß der Steilküste liegt, geht es nach links in den südlichsten Teil des Table Mountain National Parks, ins **Cape of Good Hope Nature Reserve.** Nach Zahlung eines Eintrittsgeldes erhält man eine gute Landkarte des Schutzgebietes, auf der auch Wanderwege und Strände eingezeichnet sind. Da die Fynbos-Vegetation nicht sehr nährstoffreich ist, leben nicht massenhaft Tiere im Park. Die meisten Besucher werden, vor allem auf den Nebenstrecken, Strauße, Elen-Antilopen, Buntböcke, Zebras und natürlich Paviane beobachten können.

Hauptattraktionen des Parks sind selbstverständlich aber **Cape Point** und das berühmte **Kap der Guten Hoffnung** *(Cape of Good Hope)*

Das Cape of Good Hope ist der südwestlichste Punkt Afrikas. Zu ihm geht es, kurz bevor Cape Point erreicht ist, rechts ab. Um es richtig schön „atemberaubend" betrachten zu können, empfiehlt sich eine kurze Wanderung bergauf über einen hölzernen Steg. Das sagenumwobene Kap hat mindestens 24 Schiffe versinken lassen. Die Reste von fünf von ihnen sind noch an den Stränden auszumachen, die anderen liegen auf dem Grund des Meeres.

Was das Kap so gefährlich macht, ist die Kombination aus tückischen Strömungen und extrem starken Winden. Der Grund, weshalb es der portugiesische Seefahrer Diaz zunächst „Kap der Stürme – Cabo Tormentoso" taufte. Der damalige portugiesische König Johann II. taufte es jedoch nach Diaz' Rückkehr in *Cabo de Boa Esperanca"* um, „Kap der Guten Hoffnung", denn es war der Beweis erbracht worden, dass Atlantischer und Indischer Ozean miteinander verbunden waren und jenseits des Kaps eine neu zu entdeckende Welt lag …

Kap-Halbinsel

Vom Parkplatz geht es entweder zu Fuß oder einer Bergbahn zum Leuchtturm und Aussichtspunkt. Vorsicht vor den am Parkplatz herumlungernden Pavianen! Sie sind die aufdringlichsten Südafrikas! Keinesfalls die Autoscheiben offen lassen und Vorsicht beim Essen. Die Kap-Primaten klauen alles, von der Coladose bis zum Sandwich. Spezielle Affenwärter versuchen sie ständig, mit Stöcken zu vertreiben.

Dort, wo die Bergbahn-Linie endet, findet sich das südwestlichste Internet-Café Afrikas – ein guter Platz für ein garantiert neiderweckendes eMail nach Hause ...

Der Aussichtspunkt am Leuchtturm ist zweifellos fantastisch. Aber obwohl der überall in Kapstadt auftauchende Begriff *„Two Oceans"* – zwei Ozeane – den Zusammenfluss von Atlantischem und Indischem Ozean suggeriert, ja manche Reiseleiter versuchen, ihren Gästen die „verschiedenfarbigen Wasser" zu erläutern, ändert das nichts an der Tatsache, dass sich beide Weltmeere erst 300 Kilometer weiter südöstlich, nämlich am *Cape Agulhas,* Afrikas südlichstem Punkt treffen.

Weniger bekannt und besucht als Cape Point und Cape of Good Hope sind andere, nicht weniger landschaftlich reizvolle Strände und idyllische Picknickplätze im Park, wie *Olifantsbos, Platboom Beach, Maclear Beach, Dias Beach* und *Buffels Bay.*

Am Kap der Guten Hoffnung

Kap-Halbinsel Karte S. 122/123

Tipp: Um das Kap weitab vom Touristenrummel zu erleben, bei Olifantsbos parken und an einsamen Stränden entlang zum Thomas T. Tucker Schiffswrack (1942) wandern, ca 2 km.

Lunch-Tipp **Two Oceans Restaurant** (RR-RRRR), Cape Point, Tel. 021-7809200, www.two-oceans.co.za. Modernes Restaurant, Sushi Bar und überdachte Terrasse. Sagenhafter Meerblick. Tipp: SMS mit dem Wort „table" an Tel. 43366 senden, bis 20 Min. kommt ein Rückruf.
Black Marlin (RR-RRR), Main Rd, Miller's Point, Tel. 021-7861621, www.blackmarlin.co.za; tägl. Lunch u. Dinner. Eine Kapstadt-Institution mit großer Seafood-Auswahl und grandioser Aussicht. Beide Restaurants sind in der Hochsaison mit Bustouristen überflutet, ausgebucht und laut. Tipp: lieber in Kalk Bay (s.S. 134) oder im Cape Farmhouse Restaurant (s.S. 141) essen.

Cape of Good Hoop/Cape Point

Cape of Good Hope Nature Reserve, Tel. 021-7809010, www.sanparks.org/parks/table_mountain oder www.capepoint.co.za. Der Park ist von Sonnenauf- bis Sonnenuntergang geöffnet.

Cape of Good Hope Hiking Trail

Zweitägige Wanderung durch das wunderschöne Naturreservat mit Übernachtung in einer Hütte. An der Küste entlang bieten sich atemberaubenden Aussichten, es ist die beste Art und Weise, das Kap kennenzulernen. Kühltasche, Gepäck und Schlafsack am Parkeingang hinterlassen. Gegen geringe Gebühr wird das Gepäck zur Hütte gebracht. Buchung: www.sanparks.org/parks/table_mountain/tourism/overnight_hikes.php; 2-Tages-Wanderung (34 km), 210 R/p.P. inkl. Übernachtung in einer 6- oder 12-Mann Hütte.

Rückfahrt vom Cape of Good Hope

Bei der Fahrt zurück zur Einmündung in die M 65 folgt man dieser nach links, Richtung Norden. Links stehen einige Stände mit Kunsthandwerk und ein Stückchen weiter auf der rechten Seite ist die **Cape Point Ostrich Ranch,** eine Straußen-Schaufarm (Tel. 021-7809294, Fax 7809009, www.capepointostrichfarm.com). Täglich von 9.30–17.30 Uhr geführte Touren, auch auf Deutsch, mit interessanten Fakten zum Vogel Strauß. Shop mit Straußen-Souvenirs. Teegarten, der kleine Gerichte, Brunch und Sundowner anbietet.

Nach acht Kilometern wird eine weitere T-Junction erreicht. Geradeaus geht es über die Red Hills nach Simon's Town, links nach Scarborough. Doch bevor man dorthin weiterfährt, sollte man sich die interessanten Steinskulpturen aus Zimbabwe, die rechts der Straße im **Red Hill Street Market** ausgestellt sind, ansehen. Sie sind teilweise wunderschön und der weltweite Versand der teilweise etwas sperrigen Stücke klappt erfahrungsgemäß sehr gut. Hier ist auch die Einfahrt zum Cape Farmhouse Restaurant.

Scarborough ist ein etwas verschlafener Ort. Vor Jahren verströmten alle Gemeinden entlang der Kaphalbinsel dieses relaxte Atmosphäre. Scarborough konnte es sich bis heute erhalten. Die an den Hang gebauten Holzhäuser tragen zum Alt-Hippie-Ambiente bei, neuerdings werden aber auch ganz moderne Häuser dazwischengebaut..

Restaurants

Cape Farmhouse Restaurant (RR-RRR), Tel. 021-7801246, www.capefarmhouse.co.za, tägl. 9.30–17 Uhr, afrikanisch angehauchte Küche, Gemüse aus dem eigenen Garten und samstags Live-Konzerte.

Scarborough

Misty Cliffs, gleich hinter Scarborough, trägt seinen Namen zu Recht. Selbst im Sommer legt sich fast immer ein feiner Gischtnebel von der Brandung des Atlantiks über die Straße. An deren Rand stehen die Autos der Surfer, die hier bevorzugt Wellenreiten.

An der nächsten Kreuzung auf alle Fälle geradeaus weiterfahren, Richtung Kommetjie. So wie die nächsten vier Kilometer haben früher alle Straßen hier ausgesehen: Eng, holprig und nur mit ein paar weiß angemalten Steinen vor dem steilen Abgrund gesichert. Vorbei am Slangkop-Leuchtturm geht es nach Kommetjie, kurz und cool „Kom" genannt.

Noordhoek-Beach in Richtung Kommetjie

Kommetjie

In den letzten Jahren hat hier ein Immobilien-Boom eingesetzt. Viele Kapstädter und ausländische Besucher haben sich in dem pittoresken Küstenort eingekauft und die Preise nach oben getrieben. Mit der Wiedereröffnung des Chapman's Peak Drive verstärkt sich dieser Trend noch. Auch in **Noordhoek** gibt es viele neue Häuser. Der Ort ist bekannt für seine Gestüte und den ewig langen Sandstrand. Es gibt einige Möglichkeiten, Ausritte zu buchen.

Noordhoek

Restaurants

Lunch-Tipp

Red Herring & Skebanga's Sunset Bar (RR), Ecke Beach- u. Pine Road, Tel. 021-7891783, www.thered herring.co.za, Mo 14–23.30 Uhr, Di–So 11–23.30 Uhr; rustikales Restaurant mit Pub und Meerblick von der Dachterrasse; Pizzen, Sandwiches und Salate.

Noordhoek Farm Village (R-RRR), Main Road/Ecke Village Lane, kurz bevor der Chapmans Peak Drive beginnt, Tel. 021-7892812, www.nordhoekvillage.co.za, tägl. geöffnet. Hier gibt es eine Auswahl an gemütlichen Pubs, Restaurants und Cafés, außerdem eine Info, verschiedene Läden und einen Spielplatz.

Chapman's Peak Drive

Dann kommt er, der absolute Höhepunkt der Kaphalbinsel-Tour, der seit seiner Eröffnung im Jahre 1922 als eine der schönsten und spektakulärsten Küstenstraßen der Welt gilt: der **Chapman's Peak Drive**, von Einheimischen liebevoll „Chappy" genannt,

Kap-Halbinsel 143

Wegen massiven Steinschlägen begannen im Oktober 2002 Renovierungsarbeiten der Küstenstraße und verschlangen über 145 Millionen Rand. Steinschläge ereignen sich jedoch nach wie vor. Autofahrer beschweren sich über zertrümmerte Windschutzscheiben, und das nach Jahren im März 2004 wieder über den Chapman's Peak Drive verlaufende Cape-Argus-Radrennen musste wegen eines – glücklicherweise vor dem Rennen – heruntergekommenen Steinschlags eine halbe Stunde unterbrochen werden. Die Schilder „Befahren auf eigene Gefahr" wurden deshalb schnell wieder aufgestellt.

Nicht nur Naturschützer beklagen die massiven Eingriffe, wie riesige, weithin sichtbare Stahlnetze, mit Beton großflächig übersprizte Felswände und Tunnel. Dazwischen überall Kameras. Die vielen kleinen Sundowner-Buchten wurden ebenfalls zubetoniert, wahrscheinlich um zu vermeiden, dass Besucher umdrehen um die Mautgebühr zu sparen, da nur auf der Hout-Bay-Seite Kassenhäuschen stehen. Der Meerblick ist jedoch immer noch sehr schön, vor allem im späten Nachmittagslicht, wenn die Felsen rot glühen, die Lichter von **Hout Bay** glitzern und der Sentinel sich als Schattenriss gegen den Horizont abhebt.

Die restlichen Kilometer bis Hout Bay sind ebenfalls kurvenreich, aber nicht mehr so eng, und es geht auch nicht mehr ganz so steil runter.

Am **East Fort** wurden die alten Kanonen wieder in Betrieb genommen, zur Erinnerung an ein historisches Ereignis: Um 1782 einen eventuellen englischen Angriff auf Hout Bay abzuwehren, bauten die mit den Holländern verbündeten Franzosen versteckte Kanonen-Batterien in die Felsen oberhalb der Bucht. 1795

Blick vom Chapman's Peak Drive auf die Bucht von Hout Bay

kam es tatsächlich zu einer Auseinandersetzung: Die kleine britische Fregatte „Echo" sollte die Verteidigungsbereitschaft der Bucht auskundschaften. Die 20 Kanonen am East Fort schossen gleichzeitig ihre 9 Kilo schweren Eisenkugeln ab. Erstaunlicherweise traf keine einzige, aber die Engländer hauten erst mal wieder ab. Die „Schlacht von Hout Bay" war zu Ende. Und die Kanonen waren zum ersten und letzten Mal im Ernstfall abgefeuert worden.

Tipp: Wer in Hout Bay übernachtet, sollte zum Sonnenuntergang mit einer guten Flasche Wein an einem der Picknickplätze zuschauen, wie die spektakuläre Bucht von Hout Bay ins Abendlicht getaucht wird. An der Mautstation einen „Day-" oder „Picknick Pass" verlangen – der ist kostenlos.

Hout Bay

Bei der Einfahrt nach Hout Bay („Holzbucht") liegt gleich auf der rechten Seite das berühmte *Chapman's Peak Hotel,* links geht es auf die Straße, die direkt am Strand entlangführt. Hier gibt es viele Parkplätze, wo das Auto sicher abstellt werden kann. Gegenüber, auf der anderen Seite der Bucht, liegt der Hafen von Hout Bay, wo man mit dem eigenen Wagen bis auf den äußersten Pier fahren darf. Im Hafen gibt es neben einer kleinen Waterfront, **Mariner's Wharf,** auch die besten Fish & Chips am Kap, und zwar bei *Fish & Chips on the Rocks.* Die gelbrote „Imbissbude" ist praktisch auf die Felsen am Ende des Hafens gebaut.

Hafen von Hout Bay

Kap-Halbinsel

Diverse Charter-Gesellschaften bieten Bootstouren zur hinter dem Sentinel liegenden Robbeninsel **Duiker Island** an. Auf dem 1500 m² großen Felsen leben über 4000 Seehunde – eine geruchs- und lärmintensive Erfahrung. Manche Boote fahren noch etwas weiter um die Ecke herum, zum Wrack eines riesigen, französischen Pipeline-Legeschiffs, das dort 1994 während eines heftigen Sturmes aufgelaufen ist.

Hout Bay-Info

Tobi Information Centre, Tel. 021-7901194, Beach Cresent (gegenüber First National Bank), www.houtbaytourism.com, Mo–Fr 8–18 Uhr, Sa 8–17 und sonntags 9–13 Uhr. Infos zu Unterkünften, Restaurants und Bootstouren nach Duiker Island.

Hout Bay Museum, Andrews Rd, Tel. 021-7903270. Interessante Exponate und Fotos zur Geschichte von Hout Bay und zur Konstruktion des Chapman's Peak Drive.

Tipp: Outdoor-Fotoworkshop buchen, und im pittoresken Hout Bay lernen wie ein Profi zu fotografieren (S. 27)

Restaurants

Lunch-Tipps

La Cuccina (RR), Ecke Empire- u. Victoria Road, Tel. 021-7908008, www.lacuccina.co.za, tägl. 7.30–17 Uhr Preise nach Gewicht; außerdem ein Delikatessenladen, ideal für Gourmet-Picknicks.

Fish on the Rocks (R), am Ende der Harbour Road, Tel. 021-7900001, www.fishontherocks.co.za, tägl. 10–20.30 Uhr. Bilderbuch-Fish & Chips, ein langjähriger Favorit im Hafen, direkt auf den Felsen am Meer, für Einheimische und Touristen, die Hout Bay besuchen; auch Garnelen und Kalamari.

Muriels Munchies (R), direkt im Hafen, Tel. 021-7911024, www.munchie.co.za. Leckere Fish & Chips und Kalamari kann man hier in einem ausgebauten Container bestellen. Eine Holztreppe führt auf das Dach des Containers, von hier überblickt man den ganzen Hafen und bekommt das Gefühl auf einem Schiff zu sitzen. Der deutsche Besitzer Walter serviert nun auch Espresso und Frühstück.

Dunes, 1 Beach Rd, Tel. 021-7901876, www.dunesrestaurant.co.za. Eine Institution am Strand von Hout Bay. Die Sanddünen, nach denen das Lokal benannt ist, hat der Wind mittlerweile weggeblasen, was den Vorteil hat, dass man nun auch vom Erdgeschoss prima die Bucht überblicken kann. Ganztägig geöffnet, Frühstück, Lunch und Dinner, Fischgerichte, Pizza und Bier vom Fass in relaxter Atmosphäre.

Dinner-Tipps **Spiro's** (RR), 30 Main Rd, Tel. 021-7913897. Griechische Taverne mit geschütztem Innenhof, hier kann man auch im Freien sitzen, wenn der berüchtigte Südoster bläst. In diesem Familienrestaurant wimmelt es von Kindern, wer es etwas ruhiger möchte, bucht einen Tisch im „White Room".

Kitima (RRR), Kronendal Estate, 142 Main Rd, Tel. 021-7908004, www.kitima.co.za, So Lunch, Di-Sa Dinner. Vor allem bei Einheimischen beliebtes und immer gut besuchtes, elegantes asiatisches Spitzenrestaurant im historischen kapholländischen Kronendal-Herrenhaus. Die Inneneinrichtung wird sowohl der Geschichte des Hauses als auch dem thailändischen Thema gerecht. Exzellente Essensqualität und erstklassiger Service bei erstaunlich günstigen Preisen.

Trattoria Luigi (RR), Main Rd, Tel. 021-7901702, Di–So Lunch, Mi–So Dinner. Der neue Besitzer heiß Antonio, doch der Name sowie die Qualität des Restaurants bleiben unverändert. Tipp: die hervorragenden Chili-Hühnerlebern, die Pizza mit Parmaschinken und natürlich die legendäre Zabaione für zwei. Schattiger Biergarten.

Ragafellows (RR-RRR), 35 Main Rd, Tel. 021-7908955, www.ragafellows.co.za. Ein neueröffnetes Restaurant mit skurriler Einrichtung. Die Wände sind in dunklen Farben gestrichen und die Bedienungen erinnern an Zirkusdarsteller. Es gibt eine große Auswahl an Gourmet-Hamburgern und Weizenbier vom Fass und dazu einen Biergarten. Montag Ruhetag.

Posticino (RR-RRR), 6 Main Rd, Tel. 021-7911166. www.posticino.co.za. Das italienische Restaurant direkt neben dem Chapman's Peak Restaurant serviert leckere traditionelle Pizzen und Pasta-Gerichte. Ein idealer Platz, um von der Terrasse aus den Sonnenuntergang zu genießen. Tägl. 12.30–22 Uhr.

The Lookout Deck (RR-RRR), Quayside Hout Bay Harbour, Tel. 021-7900900, www.thelookoutdeck.co.za. Windgeschützt auf einem rustikalen Holzdeck direkt am Wasser sitzen mit Blick auf den Hafen und den Chapman's Peak. Wer sich zurücklehnen möchte, kann auch innen gemütlich im Restaurant speisen. Riesenauswahl an leckeren Fisch- und Fleischgerichten, Sushi und Pizza. Beliebt bei Einheimischen und wesentlich besser als das Mariner's Wharf Restaurant am Strand, das als Touristenfalle gilt.

Chapmansl (RRR), Main Road, gegenüber vom Strand, Tel. 021-7901036, www.chapmanspeakhotel.co.za. Restaurant mit riesiger Terrasse entlang der Main Road und schönem Blick auf die Bucht von Hout Bay und den Sentinel. Portugiesische Spezialitäten wie Kalamari und zarte Filetstücke, wunderbare Bar-Lounge mit Bier vom Fass und einer riesigen Wein- und Spirituosen-Auswahl – kein Wunder, der dazugehörige **Chapman's Peak Liquor Store** um die Ecke ist einer der bestsortierten am Kap. Livemusik und Blues jedes Wochenende (Fr/Sa ab 21 Uhr).

Unterkunft

Froggs Leap (RR-RRR), 15 Baviaanskloof Rd, Tel./Fax 021-7902590, www.froggsleap.co.za. Fünf Zimmer in einem karibisch anmutenden Haus, ruhig gelegen, mit umlaufender Veranda und einem Blick auf die Bucht. Deckenventilatoren und koloniale Rattanmöbel tragen zum relaxten Karibik-Ambiente bei. Alle Zimmer mit Bad, TV und Kühlschrank. Auch vom Pool hat man eine prima Aussicht.

Balau Villa (RR-RRR), 51 Andrews Rd, Tel 021-790 4281, www.balauvilla.de. Drei sehr schöne Selbstversorger-Apartments (für 2–4 Personen) in einem schmucken, riedgedecktem Haus mit Super-Aussicht auf Hout Bay, das Meer und die Berge. Zwei große Swimmingpools, Kontakt auf Deutsch.

Uli's Guesthouse, (RR-RRR), 4 Perrault Rd, Tel. 021-7904380, www.ulisguesthouse.co.za. Sonnendurchflutetes Gästehaus mit Pool und Panoramablick auf die Berge. Die vier Zimmer haben alle Balkon oder private Terrassen, deutsche Besitzer.

Hout Bay View (RRR), „A view with a room", 19 Pondicherry Avenue, Tel. 072-2900729, www.houtbayview.co.za. Ein kleines, modernes 3-Sterne-Gästehaus mit Meerblick, Pool und Jacuzzi.

Chapmans Peak Hotel (RRRR), Tel. 021-7901036, www.chapmanspeakhotel.co.za. Das historische Gebäude liegt am Ortsausgang Richtung Chapman's Peak Drive direkt am Meer. 10 charmante Zimmer im Altbau, 22 elegante Neubauzimmer plus zwei exklusive Penthouse-Suiten. Restaurant, Bar und Pool.

Bayview Lodge (RRR), 19 Luisa Way, Tel. 021-7906868, www.bvlodge.co.za. Ein 4-Sterne-Gästehaus mit 7 Zimmern, alle mit Balkon bzw. Terrasse und Blick auf die Bucht und die umliegenden Berge. Außerdem gibt es eine Ferienwohnung für max. 4 Personen. Freundlicher Empfang, Pool. Airport Shuttle auf Anfrage.

CUBE Guest House (RRRR-RRRRR), 20 Luisa Way, Tel. 071-4418161, www.cube-guesthouse.com. Elegantes Gästehaus mit sechs Zimmern und Blick auf Berge und Meer. Das herzhafte Frühstück mit Nespresso wird auf der Terrasse serviert und entspannen kann man sich unter Palmen am Pool.

African Family Farm (RRR), Riverside Terrace, Tel. 071-5577320, www.african-family-farm.com. 2009 sind Sabine and Stefan Schreiner mit ihren vier Kindern nach Südafrika ausgewandert und haben eine kinderfreundliche Ferienfarm mit Pool, Spielplatz und Streichelzoo aufgebaut.

Hout Bay Manor (RRRRR), Baviaanskloof Road, Tel. 021-7900116, www.houtbaymanor.co.za. In diesem historischen Hotel hat sich ein Interieur-Designer so richtig ausgetobt. Farbenfroh und luxuriös präsentiert sich die Neuauflage des Klassikers. Das elegante Restaurant **Pure** (RRRR) befindet sich im Haus.

Sehenswert

World of Birds, Valley Road, Tel. 021-7902730, www. worldofbirds.org.za, tägl. 9–17 Uhr. **Afrikas größter Vogelpark** begeistert vor allem durch seine riesigen begehbaren Volieren, was ein „naturnahes" Erleben der verschiedenen Vögel und Primaten möglich macht. Außerdem gibt es noch Stachelschweine, Erdmännchen, Schildkröten und Wallabies zu beobachten.

Bay Harbour Market, 31 Harbour Road, www.bayharbour.co.za. Die geschmackvoll renovierte Markthalle im Hafen bietet Afrikanisches Handwerk, Kunst, Kultur, Klamotten, Schmuck, Ess-Stände, frischgezapftes Bier, Livemusik und Kinderbetreuung. Freitags 16-21, Samstags und Sonntags von 9.30 bis 16 Uhr geöffnet.

Duiker-Island-Trips. Im Hafen von Hout Bay ist reiht sich ein Charter-Unternehmen an das andere. Empfehlenswerte Touren zur Robben-Insel Duiker Island und zum hinter dem Sentinel liegenden Schiffswrack. Abfahrt nur vormittags zwischen 8.30 und 11 Uhr.

- **Nauticat,** www.nauticatcharters.co.za
- **Tigger Too Charters,** www.tiggertoo.co.za
- **Drumbeat Charters,** www.drumbeatcharters.co.za
- **Circe Launches,** www.circelaunches.co.za.

Seal Snorkeling, am Hafen, Tel. 079-4885053, www. animalocean.co.za. Vor der Robbeninsel zwischen Oktober und April mit Robben schnorcheln. Hier im Atlantik gibt es im Gegensatz zur False Bay zum Glück äußerst selten Weißen Haie …

Kap-Halbinsel

Hout Bay – Kapstadt

Auf einer gut ausgebauten, steilen Straße geht es von Hout Bay hoch zum *Hout Bay Nek*. Links liegt **Llandudno** mit seinem schönen, von abgerundeten Granitfelsen flankierten Strand. Hierher sollte man allerdings früh kommen und etwas zum Essen und Trinken mitbringen. Es gibt keine Restaurants oder Läden und nur wenige Parkplätze. Die Bewohner der millionenschweren Villen und Häuser in Llandudno haben sich mehrheitlich gegen jegliche Kommerzialisierung des Orts ausgesprochen.

Von hier schwingt die Küstenstraße in sanften Kurven bis **Camps Bay,** rechts ragt die im Tafelberg endende Bergkette der zwölf Apostel in den (meist) blauen Himmel, links brandet der Atlantik an Kies- und Sandstrände. Auf dem letzten Parkplatz vor Camps Bay links finden sich bei gutem Wetter Dutzende von Händlern ein, die Stoffe, Muscheln und Kunsthandwerk feilbieten, wie bemalte Straußeneier, afrikanischen Masken und geschnitzten Giraffen.

Llandudno Beach ist von mächtigen Granitfelsen umsäumt

Die **Victoria Road** ist die Flaniermeile von Camps Bay. Zwischen Meer und „in"-Restaurant-Zeile zieht sie sich entlang. Hier wird auf der Harley oder im Cabrio entlanggetuckert. Der „Sehen-und-Gesehen-werden-Teil" beginnt an der Kreuzung mit dem Camps Bay Drive, der von der City bzw. vom Kloof Nek herunterkommt. Rechts ist ein Gebäudekomplex, der sich bis zum Bay Hotel zieht. In ihm befinden sich einige gute Restaurants. Bei schönem Wetter kann man bei allen im Freien sitzen.

Camps Bay

Restaurants

Lunch-Tipp **Umi** (RRR-RRRRR), The Promenade (im Obergeschoss), Victoria Rd, Tel. 021-4371802, www.umirestaurant.co.za. Täglich 12 Uhr bis Mitternacht. Im neueröffneten japanischen Restaurant treffen sich die Trendsetter der Metropole. Superschickes Interieur, riesige Kronleuchter strahlen auf die endlos lange Bar und die Aussicht von der Terrasse ist grandios. Spezialisiert auf asiatische Tapas und Sushi. Am Wochenende von 16–19 Uhr mixen DJ's coole Musik.

Dinner-Tipps **The Kove,** The Promenade, Victoria Rd, Tel. 021-438 0004, www.thekove.co.za. Edles Restaurant, spezialisiert auf gegrilltes Fleisch und Fischgerichte, Blick auf die Promenade und das Meer. Das Motto hier lautet: „The Art of Grilling". Gelegentlich treten Jazzmusiker und neue lokale Talente auf.

Badespaß am berühmten Sandstrand von Camps Bay

Paranga (RRR), The Promenade, Victoria Rd, Tel. 021-4380404, www.paranga.co.za. Täglich Frühstück, Lunch und Dinner. Hinsetzen und sich wohlfühlen, hier kommt Urlaubsstimmung auf. Fisch- und Fleischgerichte vom Feinsten und große Auswahl an Cocktails zum Sonnenuntergang.

Zenzero (RRR), The Promenade, Victoria Rd, Tel. 021-4380007, www.zenzerorestaurant.co.za. Stilvolles italienisches Restaurant mit neoklassizistischem Ambiente. Weiße Tischdecken und professioneller Service (Zenzero = Ingwer).

Blues (RRR-RRRR), The Promenade, Victoria Rd, Tel. 021-4382040, www.blues.co.za; tägl. von 12 bis spätnachts. Für Kapstadt sehr ungewöhnlich: Nach über 20 Jahren im Geschäft ist das „Blues" immer noch Spitze, tolles Essen, nette Bedienungen, prima Aussicht.

Tipp: In der Passage hinter dem Blues-Restaurant verkauft *Addictions Ice Cream Emporium* superleckeres Eis.

Pepperclub on the Beach (RRR-RRRR), The Promenade, Victoria Rd, Tel. 021 438 3174, www.pepperclubonthebeach.co.za. Von der Terrasse dieses eleganten Restaurants im 2. Stock überblickt man Camps Bay und das Meer. In der Haupsaison spielen am Wochenende Livebands Musik von Frank Sinatra, Sammy Davis jr. and Johnny Cash.

Col'Cacchio Pizzeria (RR-RRR), Ecke Victoria Rd/The Meadway, Tel. 021-4382171, www.colcacchio.co.za, tägl. von 12–23 Uhr. Lebhaftes Familienrestaurant im 1. Stock mit Meerblick. Es gibt eine Riesenauswahl verschiedener Pizzen, Pastas und Salate. Freundliche Bedienung und lockeres Ambiete. Als Tischdecke dient braunes Packpapier.

Café Caprice (RR-RRR), 37 Victoria Rd, Tel. 021-4388315, www.cafecaprice.co.za. In dieser ultracoolen Kneipe werden Tapas, Sandwiches und sagenhaft gute Hamburger serviert. Das Motto hier lautet: Sehen und gesehen werden. Sogar Stars wie Robbie Williams, Leonardo DiCaprio und Paris Hilton sind hier schon aufgetaucht.

Unterkunft

Ambiente Guest House (RRRR), 58 Hely Hutchinson Avenue, Tel. 021-4384060, www.ambiente-guesthouse.com. Marion und Peter, die deutschen Gastgeber, bieten drei große Suiten und ein Doppelzimmer, alle sehr schön in afrikanischem Stil eingerichtet und mit außergewöhnlichen Badezimmern. Vom Haus aus hat man einen beeindruckenden Blick auf Atlantik, Lions Head, Tafelberg und die Zwölf Apostel.

Sea Five Boutique Hotel (RRRRR), 5 Central Dr, Tel. 021-4380743, www.seafive.co.za. Exklusives Gästehaus, 7 Zimmer, nur 300 Meter vom Strand entfernt in ruhiger Lage. Alle Suiten mit Balkon und Meerblick oder Aussicht auf Tafelberg und Zwölf Apostel. Pool, super Ausstattung, bequeme Betten und herzlicher Service. Nur drei Minuten Fußweg zur Camps Bay-Promenade.

Primi Sea Castle (RR-RRRR), Ecke Victoria/Strathmore Rds, Tel. 021-4384010, www.primi-seacastle.com. Preisgünstiges Hotel direkt an der Beachfront am nördlichen Ortsausgang. 10 individuell ausgestattete Zimmer, Internet, Pool, Frühstücksraum mit Meerblick.

The Anchorage (RR-RRR), 6 Houghton Rd, Tel. 021-4388910, Cell 072-417279, bonnieclyde@mweb.co.za. Ein echter Geheimtipp: Schön ausgestattetes Garten-Apartment in einem Privathaus für max. 4 Personen. Blick aufs Meer und die Berge, Pool, in Gehentfernung zum Strand.

Camps Bay – Clifton

Die Victoria Road folgt weiter dem Küstenverlauf, passiert dabei die vier absolut trendigen Mini-Strände von **Clifton,** um dann die „Cote d'Azur" Südafrikas, nämlich **Bantry Bay** zu erreichen. Grundstücks- und Apartmentpreise haben hier Weltmarktniveau, was sowohl an der Aussicht als auch daran liegt, dass man diese selbst bei überall sonst an der Atlantikküste fauchendem Southeaster nahezu windfrei genießen kann. Des Rätsels Lösung: Bantry Bay liegt im Windschatten vom Lion's Head. Sobald die Victoria Road nach links in die Queens Road übergeht, ist Kapstadts am dichtest besiedelter City-Stadtteil erreicht: **Sea Point.**

Blick auf die schneeweißen vier Strände von Clifton vor der Bergkette der „Zwölf Apostel"

Die Beach Road folgt der Küste, die wegen der Freiluft-Trimmgeräte und vieler Jogger an den kalifornischen Venice Beach erinnert. An Südafrikas ältestem Leuchtturm, dem **Green Point Lighthouse** vorbei, geht es durch den Stadtteil **Mouille Point** bis zur Waterfront.

Sea Point

Restaurants

Lunch-Tipps

Harveys at Winchester Mansions (RR-RRRR) 221 Beach Rd, Tel. 021-4342351, www.winchester.co.za. Das viktorianische Gebäude liegt direkt an der Sea Point-Promenade. Zur Wahl stehen der mit Palmen gesäumte, spanisch anmutende Innenhof mit Brunnen oder die Terrasse mit Blick auf den Atlantik. Täglich Frühstück, Lunch und Dinner. Tipp: Sonntags Jazz-Brunch von 11–14 Uhr, 250 R pro Person inklusive einem Glas Sekt. Wegen großer Beliebtheit unbedingt reservieren.

La Perla (RR-RRR), Ecke Church- u. Beach Road, Tel. 021-4342471, www.laperla.co.za, Mo–So Lunch & Dinner. Eine Institution italienischen Essens in Kapstadt, La Perla gibt es seit den 1960er Jahren, hier sind alle Bedienungen von Beruf Kellner, was nostalgische Gefühle beim Essen aufkommen lässt; interessant zu beobachtendes Stammpublikum, das man in anderen Kapstädter Restaurants so nicht zu sehen bekommt. Gute traditionell-italienische Küche, was natürlich keine Pizzen beinhaltet, dafür ausgezeichneten Kaffee und Espresso.

Dinner-Tipps

Wakame (RRR-RRRR), 1. Stock, Ecke Surrey Place u. Beach Road, Mouille Point, Tel. 021-4332377, www.wakame.co.za, tägl. 12.30–15 u. 18.30–22.30 Uhr. Minimalistischer Zen-Stil, Super-Meerblick und fantastisches Seafood plus Sushi. Stammplatz stil- und modebewusster Kapstädter. Wer sich auf der Karte nicht entscheiden kann, bekommt vom Chefkoch etwas was garantiert die Geschmacksnerven anregt.

Top of the Ritz Revolving Restaurant (RRR-RRRR), 21. Stock im Ritz Hotel, Ecke Camberwell/Main Rds, Tel. 021-4396988, www.ritzrestaurants.co.za. Tägl. 18–22.30 Uhr. Alle 75 Minuten dreht sich das Restaurant um 360 Grad mit atemberaubender Aussicht auf die glitzernde Küstenlinie. Neben Fisch- und Fleischgerichten stehen traditionelle Speisen wie Chateaubriand und Crêpes Suzette auf der Speisekarte.

Townships

Kapstadts afrikanisches Herz. Neben der modernen Hi-Tech-Glitzerwelt hat Kapstadt noch eine andere Seite: Über zwei Millionen Menschen leben in **Townships**, etwa viermal so viel wie rund um den Tafelberg. Einst waren die „No-go"-Gebiete für Touristen, heute sollte der Besuch in der „Dritten Welt" auf jedem Tourplan stehen, Tourguides, Restaurants und Bed & Breakfasts haben sich etabliert. In den meisten Townships leben die Menschen auf engem Raum zusammen, das Gemeinwohl steht über dem des Individuums. Zwischen selbstgebauten Hütten aus Wellblech, Ziegeln und Sperrholz grasen Kühe, Menschen transportieren ihre Habseligkeiten in Schubkarren.

In den *Shebeens* und *Taverns,* den Township-Kneipen, wird viel diskutiert, über Sport und Politik. Es gibt praktisch keine offiziellen Geschäfte. Alles, von Lebensmitteln bis zum Autogetriebe, wird in informellen *Spaza Shops* feilgeboten. Friseure preisen ihre Fertigkeiten auf selbstgemalten, bunten Schildern an, und auf den Open-air-Fleischmärkten grinsen einem Schafschädel (Spitzname: *smileys*) entgegen. Menschen verkaufen von ihren Häuschen, Hinterhöfen und aus Schiffscontainern heraus. In **Khayelitsha,** dem großen Townships südlich der N 1 an der False Bay, beherbergt einer dieser Container die lokale Radiostation „Radio Zibonele" (*Zibonele* ist Xhosa und bedeutet: *„See for yourself".* Spätestens in den Townships wie *Langa, Gugulethu* und *Khayelitsha* wird Besuchern klar, dass Kapstadt nicht „Out of Africa" ist. Kapstadt war und ist das Tor zum „Schwarzen Kontinent".

Information

Cape Town Tourism, Tel. 21-4876800, www.capetown.travel. Cape Town Tourism bucht Township-Touren und Übernachtungen in den Townships sowie Transfers dorthin.

Internet-Infos zu Kapstadts Townships: www.etownship.co.za

Achtung: Nicht auf eigene Faust im eigenen Wagen in die Townships fahren!

Gugulethu Visitor Information Centre, Sivuyile College, Mo–Fr 9–17.30, Sa 9–14 Uhr. Tourist Information mit Verkauf von traditionellem Kunsthandwerk, Töpfereien und anderen Souvenirs.

Restaurants

Mzolis, NY115, Shop 3, Gugulethu, Tel. 021-6381355. In diesem populären Restaurant wird mariniertes Fleisch und Geflügel auf Blechtellern serviert. Livemusik. Ein gastronomisches Erlebnis, das man nicht verpassen sollte! Richtig Stimmung herrscht hier sonntags, dann spätestens um 11.30 Uhr da sein.

Lelapa (RR), 49 Harlem Av., Langa, Tel. 021-6942681; tägl. Frühstück, Lunch & Dinner nach vorheriger Vereinbarung (Minimum sechs Leute), Buffet mit afrikanischen Gerichten, heißem Brot, mit Ingwer abgeschmeckte Butternut-Suppe. Lokale Künstler stellen ihre Werke aus.

Unterkunft

Kopanong B&B (R), Khayelitsha, Tel. 021-3612084 o. 082/4761278, kopanong@xsinet.co.za; Thope Lekau führt dieses B&B.

Luyolo B&B (R), Gugulethu, Tel. 082-9788670 o. 021-6335903 o. 6963164; hier ist Pinky die nette Gastgeberin.

Majoro's B&B (R), Khayelithsa, Tel. 021-3613412 o. 082-5376882, mmaile@ananzi.co.za; Gastgeberin: Maria Maile.

Malebo's B&B Khayelitsha, Tel. 021-3612391 o. 083-4751125; Gastgeberin ist Lydia Masoleng.

Alle B&B-Unterkünfte organisieren Transfers und Mahlzeiten.

Einkaufen

Khayelitsha Craft Market, Harare, Khayelitsha, Mo–Fr 9–16, Sa/So nach Vereinbarung, Tel. 021-3615246; afrikanische Lederarbeiten, Puppen und andere in den Townships hergestellte Souvenirs.

Organisierte Township-Touren

Touren kosten je nach Veranstalter und Zeitdauer 250–300 Rand p.P. (siehe Websites). Am besten im Kapstädter Tourismusbüro oder über das Hotel/B&B, in dem übernachtet wird, buchen. Oder direkt bei den Anbietern:

Cape Rainbow Tours, Tel. 021-5515465, www.caperainbow.com.

Grassroute Tours, www.grassroutetours.co.za

Bonani Our Pride Tours, Tel. 082-4467974, www.bonanitours.co.za.

Andulela, Hout Bay, Tel. 021-7902592, www.andulela.com. Veranstaltet sonntags ungewöhnliche Township-Touren, u.a. Gospel Tours.

Township Music Tours, Tel. 021-7908255

Siwe Tours, www.townshiptourscapetown.co.za. Trip zum ältesten Township Kapstadts, Langa.

Other Side of Cape Town Tours, Diep River, Tel. 021-7154740, www.andytours.co.za.

Nomvuyo's Tours, Handy 083-3729131.

WEINLAND
Malmesbury
Tulbagh
Tweede Tol Nature Camp
Tulbagh
Bain's Kloof Pass
490 m
R 45
R 44
R 303
Bain-Monument
Berg River
Wamakersvallei
Bovlei
Oude Wellington
Wellington
Hildenbrand
Ridgeback
R 45
Diemersfontein
Worces
R 44
R 303
R 101
Du Toitskloof Pass
Paarl Mountain Nature Reserve
Paarl
Palmiet Valley
N1
R 312
Du Toits Kloof Tunnel (Huguenot T.)
Ruitersvlei
Laborie
Seidelberg
KWV
Fairview
Taal Monument
Boschendal
= im Buch beschriebene Weingüter
= Fahrt-route
Glen Carlou
Wilderer
Cape Town
N1
Freedom Hill
Klap-muits
R 101
R 45
R 301
Mont Destin
Simondium
Kraai-fontein
R 44
Plaisir de Merle
Delheim
L'Avenir
Boschendal
R 45
La Motte
R 310
Neethlingshof
R 304
Anthonij Rupert
Franschhoek
Helshoogte Pass
Thelema
Môreson
Bergkelder
Cabrière
Fransch hoek Pa
Delaire
La Couronne
Drakenstein
1491 m
Neil Ellis
Stoney Brooks
R 310
Lanzerac
Stellenbosch
Hottentots Holland Nature Reserve
Spier u. Meerlust
Rust & Vrde
R 45
R 44
Theewaters-kloof Dam
Avontuur
0
10 km
©RKH VERLAG HERMANN
Villiers
Helderberg N.R.
R 102
Lourensford Rd
Vergelegen
Viljoens Pass
Cape Town
Somerset West
Monkey Town
R 321
Strand
N2
Sir Lowry's Pass
Grabouw
Gordon's Bay
Orchard Farm Stall
False Bay
Hermanus
R 44
Caledon

2

Weinland:
Reben und Leben

Eine Rundreise für Liebhaber erlesener Weine, delikater Gourmet-Menüs und grandioser Landschaften. Sie führt zunächst direkt ins Zentrum des Weinlands östlich von Kapstadt. Nach der „Pflicht" mit den bekannten Orten *Franschhoek*, *Stellenbosch* und *Paarl* folgt die „Kür", mit deutlich weniger häufig besuchten Orten wie *Wellington*, *Tulbagh*, *Riebeek-Kasteel* und *Riebeek-West*.

Route (ca. 330 km, 2–3 Tage)

Somerset-West – N 2 Sir Lowry's Pass – R 321 Grabouw – Theewaterskloof Dam – R 45 Franschhoek – R 310 Boschendal – Helshoogte Pass – Stellenbosch – R 44 Paarl – R 303 Wellington – R 303 Bain's Kloof Pass – Wolseley – Tulbagh – Nuwekloof Pass – Hermon – Bartholomeus Klip – Riebeek-Kasteel – Riebeek-West – Malmesbury – Durbanville – Weingüter Hazendal und Zevenwacht

Für den Ausgangspunkt der Weinland-Tour fährt man zunächst vom Zentrum Kapstadts etwa 40 km auf der N2 Richtung Somerset-West, vorbei am Flughafen und den Wellblechhütten der Cape Flats. An der Ausfahrt Nr. 43, „Helderberg/Broadway Boulevard", verlassen wir die N2 und halten uns links Richtung Somerset-

Zeit, um die erlesenen Trauben zu ernten

West auf der R 44. Nach einem Kilometer an der Ampel rechts fahren, Richtung Somerset-West (das Hotel Lord Charles liegt links). Nach der nächsten Ampel, etwa 1,5 km später, links in die Lourensford Road einbiegen. Etwa 3,5 km weiter steht rechts an der Wand ein Wegweiser zu unserem Ziel **„Vergelegen"**.

Auf diesem kapholländischen Weingut wird nicht nur sehr guter Wein angebaut, es gibt auch eines der schönsten Beispiele kapholländischer Baukunst zu besichtigen. Und einen riesigen Garten mit den ältesten Bäumen im südlichen Afrika! Ein schöner Einstieg in die Weinlandreise also.

Die vor dem Herrenhaus in den Himmel ragenden, mächtigen Kampher-Bäume wurden vom Weingut-Gründer *Willem Adriaan van der Stel* zwischen 1700 und 1706 gepflanzt. Alle fünf stehen seit 1942 unter Denkmalschutz. Am besten lassen sie sich von der großen Rasenfläche aus fotografieren. Dann bilden sie einen Rahmen für das historische Herrenhaus. Dahinter ragt, äußerst fotogen, die schroffe Bergkette der *Helderberg Mountains* auf.

Das zweite besuchenswerte Weingut bei Somerset-West ist **Avontuur Estate** (an der R 44 Richtung Stellenbosch). Seine Besonderheit: Der Wein wird ausschließlich von Frauen produziert. Mit großem Erfolg. Ihre Kreationen haben bereits etliche Auszeichnungen einheimsen können.

Die Stadt **Somerset-West** selbst bietet ansonsten nicht viel mehr, so fahren wir zurück zur N 2, Richtung Sir Lowry's Pass. Nach wenigen Kilometern, noch im Industrie-Gebiet von Somerset-West, weist ein Schild nach links zu **Monkey Town.** Ein lohnenswerter Stopp, nicht nur, aber vor allem wenn Kinder mit dabei sind. Es gibt Affen und Primaten in großen Freigehegen mit genauen Erklärungen ihrer Lebensweise. Entweder von einem Guide, der einen begleitet, oder von den informativen Farbtafeln vor den Gehegen. Zum Abschluss können noch ein Bauernhof-Streichelzoo, ein Schimpansen-Kinderzimmer und keksklauende Papageien besucht werden. Danach zurück auf die N2, um nun endgültig den knapp 400 Meter hohen *Sir Lowry's Pass* in Angriff zu nehmen.

Bitte schreiben oder mailen Sie uns (verlag@rkh-reisefuehrer.de), wenn sich in der Kap-Provinz Dinge verändert haben oder Sie Neues wissen. Vielen Dank!

Somerset West

Weingüter

Helderberg Wine Route, Tel. 021-8813714, info@wineroute.co.za, www.helderbergwineroute.co.za; Infos zu den über 40 produzierenden Weingütern der Helderberg-Region.

Nicht verpassen sollte man folgende Güter:

Avontuur Estate, R 44 zwischen Stellenbosch und Somerset-West, Tel. 021-8553450, www.avontuurestate.co.za. Weinproben und -verkauf Mo–Fr 8.30–17, Sa und So 9–16 Uhr, 20 Rand für fünf Proben. Probieren: *Baccarat. Shiraz Reserve, Brut Cap Classique.*

Vergelegen Wine Estate, Loursford Rd, Tel. 021-8471334, www.vergelegen.co.za. Weingut-Touren Nov.–April tägl. 10.30, 11.30 u. 15 Uhr, 20 Rand. Weinproben und -verkauf tägl. 9.30–16.30 Uhr, 30 Rand für sechs Proben. Probieren: *Cabernet Sauvignon, Cabernet Franc-Merlot, Vergelegen Red und White, Merlot, Chardonnay Reserve, Chardonnay, Sauvignon Blanc Reserve, Sauvignon Blanc.*

Restaurant

Lunch-Tipps

Vergelegen Restaurant (à la carte, RRR) serviert Lunch, Kaffee und Kuchen, sehr formelles Ambiente. Zu empfehlen ist das *geschnetzelte Eisbein mit Preiselbeeren, Meerrettich auf Penne.* Im Rose Terrace Bistro (RR) werden dagegen im Freien leichtere Gerichte serviert, tägl. 10–16 Uhr. Beide Restaurants liegen im Norden des Weingutes im Schatten von Bäumen. Bei schönem Wetter empfiehlt sich ein Tisch auf der Terrasse.

Die Alternative zum Restaurant-Besuch ist ein **Picknick** im gegenüber, auf der anderen Seite des Herrenhauses liegenden idyllischen Kampher-Wäldchen, wo Tische, Bänke und Sonnenliegen aufgestellt sind. Picknickkörbe-Verkauf nur in der Saison von November bis April, 12–13.30 Uhr, Tel. 021-8471346, www.vergelegen.co.za.

Sehenswert

Monkey Town, Mondeor Rd, 3 km außerhalb von Sommerset West auf der N2 Richtung Caledon, Tel. 021-8581060, www.monkeys.co.za; tägl. 9–17 Uhr, Eintritt 70 R, Kinder ermäßigt, große Affen-Freigehege und ein Streichelzoo für Kinder.

Der **Sir Lowry's Pass** hat den gleichen Ursprung wie viele andere Bergübergänge in den Kap-Provinzen auch: Ganz zu Anfang war es ein Wildpfad, dann nutzten ihn Buschmänner. Sehr viel später folgte eine staubige Kutschenpiste, und heute eine breit ausgebaute Asphaltstraße.

Wer zu schnell unterwegs ist, verpasst kurz darauf die Abzweigung nach links, auf die R 321 nach **Grabouw.** Direkt an der Kreuzung rechts liegt einer dieser für die Kap-Provinz typischen *Farm Stalls,* wo neben farmfrischen Produkten auch Kunstgewerbe, Cappuccino, kleine Gerichte, frisches Brot usw. verkauft werden.

Grabouw

Restaurant

Orchard Restaurant & Country Market (R-RR), Ecke N 2 u. R 321, Tel. 021-8592880, So–Do 7.30–18, Fr–So 7.30–18.30 Uhr; gemütliches Restaurant mit großem Farmladen (Picknick-Körbe, Bäckerei, Frischtheke) zu Beginn des Elgin-Apfel-Tales.

Grabouw liegt zentral im *Elgin-Tal,* einem der wichtigsten Apfelanbaugebiete Südafrikas. Die Straße R321 führt manchmal recht eng und kurvenreich über den *Viljoens Pass* bis zum *Theewaterskloof Dam,* der die umliegenden Farmen im Sommer mit Wasser versorgt. Eine Brücke führt über ihn, und an ihrem Ende geht es gleich nach links ab auf die R 45 zum **Franschhoek Pass.**

Zunächst am Ufer des Stausees entlang und dann stetig bergauf durch eine teilweise schroffe Berglandschaft schlängelt sich die Straße, die eindeutig zur Kategorie „Traumstrecke" gehört. Auf der Passhöhe ist ein Parkplatz, von dem aus das gesamte, idyllisch-liebliche *Franschhoek-Tal* überblicken lässt. Kein Wunder, dass sich die 1688 von Frankreich ans Kap geflohenen Hugenotten hier, in der „französischen Ecke", niedergelassen haben. Die Weinberge sind geschützt, es gibt genug Wasser und der Boden ist fruchtbar. Kühle Winter und heiße Sommer bringen größtenteils ausgezeichnete Weine hervor.

Franschhoek

Der kleine Ort entwickelt sich zu einem Gourmet-Mekka in Südafrika. Dutzende von stilvollen Übernachtungsmöglichkeiten laden zum Stopover ein, und so verwundert es nicht, dass gerade Franschhoek-Besucher ihren Aufenthalt häufig verlängern. Wer sich für die interessante Geschichte der Hugenotten interessiert, sollte nach der Pass-Abfahrt die beiderseits der Straße gelegenen zwei Gebäude des Huguenot Memorial Museum mit dem hohen Hugenotten-Monument besuchen. Sehr informativ.

Sightseeing in Franschhoek besteht ansonsten darin, die Hauptstraße mit ihren kleinen Geschäften, Restaurants und Bistros, die sich in teilweise sehr schön renovierten, historischen Gebäuden befinden, auf- und ab zu flanieren (die gutsortierte Tourist-Info befindet sich, von Stellenbosch/Kapstadt kommend, auf der rechten Seite). Um die weit auseinander liegenden Weingüter zu besuchen muss dann wieder ins Auto gestiegen werden. **Boschendal,** das wohl bekannteste und schönste von ihnen, liegt allerdings weit außerhalb Richtung Stellenbosch, so dass sich dessen Besuch erst auf dem weiteren Weg dorthin empfiehlt. Dabei das Abbiegen von der R 45 nach links auf die R 310 nicht verpassen. Kurz darauf taucht auf der linken Seite das 1855 erbaute, kapholländische Herrenhaus von Boschendal auf, Wegweiser zeigen die Richtung zum Parkplatz. Das Hauptgebäude ist heute ein Museum, wo es Broschüren und einen Lageplan des gesamten Komplexes gibt. Damit man ohne Umwege zu den Restaurants bzw. zur Weinprobe findet.

Huguenot Street in Franschhoek

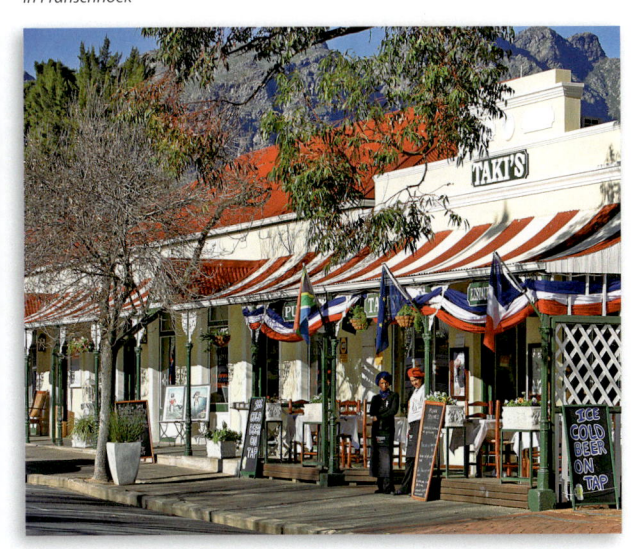

Information Franschhoek

Franschhoek Wine Valley & Tourist Association, 70 Huguenot Rd, Tel. 021-8763603 für allgemeine Infos und Tel. 021-8762861 für Auskünfte zum Weingebiet., info@franschhoek.org.za, www. franschhoek.org.za. Informative Karten und Broschüren, die netten Damen der Information buchen Unterkünfte und empfehlen Weingüter und Restaurants, an den Wänden sind mit Fotos Dutzende von B&Bs und Gästehäuser zu sehen, um die Entscheidung leichter zu machen.

Franschhoek Bastille Festival
Am Wochenende, das dem 14. Juli am nächsten liegt, findet dieses Festival zum Gedenken an den Sturm

der Bastille während der Französischen Revolution statt. Straßenparaden, Weinproben und Spezialitäten in den Restaurants. *Infos: Tel. 021-8763603.*

Restaurants

Da die meisten Übernachtungsplätze in Südafrikas kulinarischem Epizenturm Franschhoek exzellente Dinner (und natürlich Weine) servieren, werden viele Besucher dort zu Abend essen, wo sie später auch schlafen werden. Alternativen gibt es jedoch genügend, reservieren ist empfehlenswert.

Dinner-Tipps

The Tasting Room & The Common Room at Le Quartier Français (RR-RRRR), 16 Huguenot St, Tel. 021-8762151, www.lqf.co.za. Eines der Top 50 Restaurants weltweit. Innovative Küche von vielfach preisgekrönter Chefköchin Margot Janse, die täglich neue Gerichte kreiert. The Common Room bietet Tapas an – die homöopathisch kleinen Häppchen sind sehr lecker, aber teuer. Von der Terrasse aus lässt sich das bunte Treiben auf der Straße beobachten.

Haute Cabrière Cellar Restaurant (RRRR), Robertsvlei Rd, Tel. 021-8763688, www.hautecabriere.com, tägl. Lunch & Dinner. Vom Franschhoek Pass kommend rechts in den Berg gebauter Weinkeller mit Restaurant, Chefkoch Matthew Gordon ist über die Grenzen Südafrikas für seine feinen Kreationen bekannt, die frische Zutaten aus dem Tal (selbst die Schokolade zum Kaffee kommt von dort) mit den Weinen von Clos Cabrière-Gutsbesitzer Achim von Arnim kombinieren. Alle Gerichte gibt es auch als halbe Portionen.

Monneaux Restaurant (RRRR), Main Rd (westl. außerhalb, von der R 45 links), Franschhoek Country House and Villa, Tel. 021-8763386, www.fch.co.za. Guest House und Garten mit toskanischem Ambiente, interessante und ausgefallene Gerichte. Tägl. Lunch und Dinner.

Boschendal's Restaurant & Le Café (RR-RRR), Pniel Rd, an der R 310, Groot Drakenstein, tägl. Lunch, Reservierung notwendig, Tel. 021-8704274, www.boschendalwines.com. Das Hauptrestaurant (Büfett 240 Rand p.P.) befindet sich im historischen Herrenhaus und Le Café beim Eingang unter den Eichenbäumen. Vom 13. Okt. bis 11. Mai ist es überaus beliebt, man kann einen üppig bestückten Gourmet-Picknick-Korb (120 Rand ohne Getränke und Service; Kinder-Korb 59 Rand) kaufen.

Bread & Wine Vineyard Restaurant (RR), Môreson Wine Farm, Happy Valley Road, von Stellenbosch kommend vor Franschhoek rechts, Tel. 021-8763692, www.moreson.co.za. Wie der Name schon vermuten lässt, schmeckt bereits das ofenfrisch-dampfend an den Tisch gebrachte Brot mit seiner dicken Kruste ausgezeichnet; Foccacia gibt es mit verschiedenen Dips, wie Mandel-, Basilikum- und Tomatenpesto oder geröstete gelbe Paprika, Feta und Joghurt. Auch die Pasta und der Basilikum-Lachs (seared salmon scented with basil) sind prima.

Dutch East Restaurant (RR-RRRR), 42 Huguenot St, Tel. 021-8763547, www.dutcheast.co.za. Tägl. für Frühstück, Lunch und Dinner geöffnet. Mix aus traditionellen und asiatischen Speisen. Fisch- und Fleischgerichte werden in ungezwunger Atmosphäre serviert. Tipp: Hausgeräucherter Speck.

La Petite Ferme (RRR), Pass Rd, vom Franschhoek Pass kommend am Ortseingang links, Tel. 021-876 3016, www.lapetiteferme.co.za. Delikate, südafrikanisch und französisch angehauchte Gerichte, vor allem auf der Veranda mit Blick ins Franschhoek Valley ein Genuss; der hauseigene, im Eichenfass gereifte Chardonnay ist sehr empfehlenswert.

Mon Plaisir @ Chamonix (RRR), Uitkyk St, Tel. 021-8762393, www.monplaisir.co.za. Gutes Restaurant mit freundlichem Service und stilvollem Ambiente, täglich wechselnde Menüs, diverse Sushi-Gerichte, eigene Weine und selbstdestillierte Schnäpse in großer Auswahl. Zum Übernachten nach der Schnapsprobe gibt es 7 gemütliche, freistehende und vollausgestattete und auch preisgünstige Gästehäuschen für Selbstversorger (RR).

Lunch-Tipps

Col'Cacchio (RR-RRR), 66 Huguenot St, Tel. 021-876 4222, www.colcacchio.co.za. Die wohl beste Pizzeria im Franschhoek-Tal! Pizzen in 43 verschiedenen Sorten, natürlich vom Holzofen. Alternativen sind frische Pasta, leichte Salate und verführerische Desserts, bei schönem Wetter im Freien unter den Bäumen.

The French Connection Bistro (RRR), Ecke Huguenot/Bordeaux St, Tel. 021-8764056, www.frenchconnection.co.za. Tägl. Lunch und Dinner; simplifizierte und preiswerte französische Küche in einem umtriebigen Bistro mit ländlichem Ambiente. Kleine Veranda. Geheimnis des Chefkochs: beste Zutaten und limitierte Geschmacksrichtungen auf dem Teller. Die belegten Baguettes sind prima.

Unterkunft

Le Quartier Français Auberge (RRRRR), Ecke Berg- und Wilhelmina Street, Tel. 021-8762151, www.lequartier.co.za. Eine der luxuriösesten Übernachtungsmöglichkeiten in Franschhoek. Die Suiten gruppieren sich um einen Swimmingpool in einem idyllischen, dicht bewachsenen Garten. Günstiger ist das neue und angrenzende **Delicious Hotel** (RR-RRR), www.delicioushotel.com.

Mont Rochelle Hotel (RRRRR), Roberstvlei Rd – von der Main Road kommend in die Bordeaux, links in die Cabriere, Wegweiser nach La Rochelle, dann zum Hotel, Tel. 021-8762770, www.montrochelle.co.za. Luxuriöses Hotel etwas außerhalb des Ortes auf einer Anhöhe mit toller Aussicht, minimalistisch, mit zurückhaltendem afrikanisch-ethnischem Touch, beste Aussicht von Zimmer 18 im ersten Stock.

La Petite Ferme (RRRR), Pass Rd, zwischen Ort und Franschhoek Pass rechts der Straße gelegen, Tel. 021-8763016, www.lapetiteferme.co.za. Luxuriöse, separate Häuschen im Weinberg, jedes mit eigener Terrasse und Pool. Dank der exponierten Lage kommt hier noch das späte Nachmittagslicht hin, alle Zimmer mit offenem Kamin.

Dieu Donné (RRR), 2 km außerhalb von Franschhoek Richtung Stellenbosch, von der R 45 in die La Provence Road abbiegen, Tel. 021-8762131, www.dieudonne.co.za. Gästehaus mit 7 Zimmern inmitten der Weinberge mit Aussicht über das Tal. Pool und Jacuzzi. Wegen Renovierung bis Mitte 2014 geschlossen.

Clos Cabrière Estate: der Schaumwein muss regelmäßig gerüttelt werden

Bo la Motte (RR-RRR), Middagkrans Rd, Tel. 021-876 3067, www.bolamotte.com. In der Nähe des Huguenot Monuments und nur 10 Gehminuten vom Zentrum Franschhoeks entfernt liegt diese historische Weinfarm aus dem Jahre 1672. Fünf gemütliche Ferienhäuser für Selbstversorger stehen zur Auswahl.

Chamonix Guest Cottages (RR), Uitkyk St, Tel. 021-87 62488, www.chamonix.co.za. 13 voll ausgestattete, gemütliche Chalets für Selbstversorger mitten auf der gleichnamigen Weinfarm, umgeben von Weinbergen.

Einkaufen

La Cotte Wine Sales, Ecke Main Road/Louis Botha Street, Tel. 021-8763775, www.lacotte.co.za. Eine große Auswahl an Weinen der Region und ein außergewöhnlich umfangreiches Käse-Sortiment, einschließlich einiger leckerer Frankreich-Importe, zusammen mit frischem Brot eine gute Picknick-Grundlage.

Weingüter-Infos

Vignerons de Franschhoek, 68 Huguenot Rd, Tel. 021-8762861, www.franschhoekwines.co.za. Infos zu den 42 produzierenden Weingütern Franschhoeks (Weinproben, Öffnungszeiten, Übernachtungen, Restaurants).

Nicht verpassen sollte man:

Boschendal, das über 300 Jahre alte Weingut gehört zu den schönsten Beispielen kapholländischer Architektur im Weinland. Pniel Rd, Groot Drakenstein, an

Franschhoek, Huguenot-Monument

der R 310, zwischen Franschhoek und Stellenbosch, Tel. 021-8704200, www.boschendal.com und www.boschendalwines.co.za. Weinproben und -verkauf Mai–Okt tägl. 9–16.30 Uhr, Nov–Apr 10–18.30 Uhr, 15 Rand für 5 Weinproben. Kellertouren: 10.30 u. 11.30 Uhr (unbedingt reservieren). Museum und Restaurant, Picknicks. Probieren: *Grand Reserve, Shiraz, Sauvignon Blanc, Cabernet Sauvignon, Brut.*

Cape Chamonix Wine Farm, Uitkyk St, Tel. 021-8762494 o. 8762494, www.chamonix.co.za. Weinproben und -verkauf tägl. von 9.30–16.30 Uhr, 15 Rand p.P., auch Fruchtschnaps- und Eau de Chamonix Mineralwasser-Proben. Probieren: *Chardonnay Reserve, Chardonnay, Cabernet Sauvignon, Pinot Noir Reserve, Troika, Sauvignon Blanc.*

Cabrière, Tel. 021-8768500, www.cabriere.co.za. Weinverkauf Mo–Fr 9–17 Uhr, Sa 10–16 Uhr, So 11–16 Uhr, 20 Rand für 3 Weinproben. Kellertouren und Sabrage (Flaschenkopf-Abschlagen mit dem Säbel) mit Achim von Arnim jeden Samstag um 11 Uhr, 50 Rand p.P. Weinproben mit Tour: Mo–Fr 11 u. 15 Uhr, 50 Rand. Probieren: *Pinot Noir, Cuvée Belle Rose, Cuvée Reserve, Blanc de Blancs, Ratafia* (Aperitif).

Mont Rochelle Hotel & Mountain Vineyards, Tel. 021-8763000, www.montrochelle.co.za. Weinverkauf und -proben tägl. 10–18 Uhr, Kellertouren nach Vereinbarung. Probieren: *Chardonnay Sur Lie, Barrel Fermented Chardonnay, Sauvignon Blanc Reserve.*

La Motte, an der R 45 von Stellenbosch kommend links, Tel. 021-8763119, www.la-motte.com. Restaurant, Kunstgalerie, Weinverkauf und -proben Mo–Sa 9–17 Uhr, 30 Rand p.P. Probieren: *Shiraz, Millenium, Chardonnay, Sauvignon Blanc* (ökologischer Anbau).

Anthonij Rupert Wines (L'Ormarins), Tel. 021-874 9000, www.rupertwines.com. Weinverkauf und -proben Mo–Fr 9–16.30 Uhr, Sa 10–15 Uhr. Probieren: *Cabernet Frank, Chardonnay, Merlot, Sauvignon blanc reserve, Optima*. Tipp: Die schönste Oldtimer-Ausstellung Südafrikas, das Franschhoek Motor Museum (www.fmm.co.za), befindet sich auf dem Gelände der Weinfarm.

Môreson Soleil du Matin, Tel. 021-8763055, www.moreson.co.za. Weinproben und -verkauf tägl. 11–17 Uhr, 10 Rand p.P. Kellertouren nach Vereinbarung. Probieren: *Cabernet Sauvignon, Magia, Premium Chardonnay, Pinotage.*

Plaisir de Merle, Simondium (ca. 15 km außerhalb auf der R 45 Richtung Paarl), Tel. 021-8741071, www.plaisirdemerle.co.za. Weinproben (3 Optionen zu 20, 30 oder 50 Rand) und -verkauf Mo–Fr 9–17 Uhr, Sa 10–14 Uhr. Probieren: *Cabernet Sauvignon, Cabernet Frank, Sauvignon Blanc, Malbec, Grand Plaisier*.

Stoney Brook Vineyards, Tel. 021-8762182, www.stonybrook.co.za. Weingut mit ungewöhnlichen Weinen außerhalb, sehr ländlich an einem Damm gelegen. Fünf neue Selbstversorger-Unterkünfte mit offenem Kamin (RR). Weinverkauf und -proben: Mo–Fr 10–16 Uhr, Sa 10–13 Uhr, 20 Rand p.P. Probieren: *Syrah, Ghost Gum, Snow Gum, Semillon Reserve, The Max*.

Sehenswert

Huguenot Memorial Museum, Lambrecht St, Tel. 021-8762532, Mo–Fr 9–17, Sa 9–13 u. 14–17, So 14–17 Uhr, www.hugenoot.org.za. Eintritt (das Ticket aufheben, es gilt für beide Gebäude). An der Kasse sind interessante Broschüren erhältlich, auch in Deutsch. Im Gebäude über der Straße weitere Exponate und ein Souvenir-Laden. Vor dem Museum steht das **Huguenot Monument** in einem separaten Garten.

Aktivitäten

Paradise Stables, Tel. 021-8762160, www.paradisestables.co.za, bietet eine Weintour zu Pferd an. Der vierstündige Ausritt besucht die Weingüter *Rickety Bridge Winery* und *Mont Rochelle* und kostet inkl. Weinproben 600 R/p.P. Mo–Sa 8.45–13.15 u. 13.15–17.45 Uhr. Keine Kreditkarten, nur Cash.

Franschhoek – Stellenbosch

Kurz nach dem Verlassen von Boschendal, dem letzten Gut der Franschhoek-Weinroute, taucht rechterhand mit **Thelema Mountain Vineyards** bereits das erste der Stellenbosch-Weinroute auf. Direkt gegenüber, links der Straße, befindet sich **Delaire**, ein weiteres Weingut, dort ist das Restaurant *Graff* empfehlenswert. Die Aussicht von den Tischen im Freien ins Tal ist absolut fantastisch und auf dem Menü stehen Spezialitäten wie geräucherter Aal, Straußenfilet mit Portwein und Ochenzunge mit Wachteleiern.

Der früher als „höllisch steil" bezeichnete, 336 Meter hohe **Helshoogte Pass** ist mittlerweile völlig entschärft und vierspurig ausgebaut. In weit ausladenden Kurven, sonntags ein Mekka Kapstädter Motorradheizer, geht es hinunter nach **Stellenbosch**, der

1685 von Kap-Gouverneur *Simon van der Stel* gegründeten und damit zweitältesten Stadt im Land.

Stellenbosch

Im Gegensatz zu Franschhoek gibt es in Stellenbosch eine Fülle von historischen Gebäuden (insgesamt 122 Stück) zu besichtigen. Die mächtigen, von den ersten weißen Siedlern vor Jahrhunderten gepflanzten Eichen spenden willkommenen Schatten und ermöglichen so selbst in den sehr heißen Sommern weitgehend hitzschlagfreie Spaziergänge in der Stadt. Das Informationsbüro gibt kostenlose Broschüren und Stadtpläne (auch auf Deutsch) mit eingezeichneten Routen heraus.

Nicht verpassen sollte man:

Das Dorfmuseum, **Village Museum,** das vier verschiedene historische Gebäude umfasst, die innen und außen besichtigt werden können. Das Puppenmuseum, **Toy and Miniature Museum,** im alten Pfarrhaus hinter der Information. Und natürlich den 1904 eröffneten, viktorianischen Laden **Oom Samie se Winkel** in der historischen **Dorp Street.**

Ansonsten geht es in Stellenbosch wie schon zuvor in Franschhoek hauptsächlich um eines: um Wein. Während sich die Weingüter **Delheim** und **L'Avenir** prima auf dem weiteren Weg nach Paarl besichtigen lassen, liegen **Hazendal** und **Zevenwacht** so weit westlich außerhalb, dass sich ihr Besuch am besten am Ende der gesamten Weinlandtour empfiehlt (Beschreibungen finden sich dort).

Kapholländisches Schmuckstück: Weingut Boschendal vor Bergkulisse

Nach dem Besuch von Delheim und L'Avenir wird es etwas „wilder": Rechts der R 44 liegt der Eingang zum **Wiesenhof Game Park,** einem Freigehege mit Antilopen und Zebras, das im eigenen Wagen auf einem bergigen Rundkurs durchquert werden kann. Auf der R 101 ist es dann nur noch ein Katzensprung bis Paarl.

Stellenbosch Information

Stellenbosch Tourism & Information Bureau, 36 Market St, Tel. 021-8833584, boschtourism.co.za, www.stellenboschtourism.co.za; kostenlosen Stadtplan auf Deutsch besorgen und loslaufen. Die gut gemachte farbige Karte zur Stellenbosch-Weinroute ist ebenfalls empfehlenswert, speziell, um die im Anschluss empfohlenen Weingüter zu finden.

Restaurants

Lunch-Tipps Stellenbosch hat 2011 die meisten Auszeichnungen bekommen, vier der Top 10 Restaurants im gesamten Südafrika befinden sich hier.

Al Frascati (RR), Mill St, Tel. 021-8839623, Di–So, Lunch, Kaffee u. Dinner; strategisch günstiger Platz, um zu sehen, was in der Stadt abgeht; guter Cappuccino, hausgemachte Pasta, Salate, Sandwiches, und – Tiramisu.

D'Ouwe Werf (RR), 30 Church St, Tel. 021-8874608, www.ouwewerf.co.za, tägl. Frühstück, Lunch & Dinner. Populäres, historisches Hotel mit Restaurant, das vor allem im Sommer empfehlenswert ist, wenn man im schattigen Garten sitzen kann. Umfangreiche Speisekarte, von leichten Lunches bis zu deftigen, traditionellen südafrikanischen Gerichten.

The Bakery (RRR), Jordan Wine Estate, Stellenbosch Kloof Rd, Tel. 021-8813441. Neueröffnetes Bistro neben dem formalen Restaurant. Idealer Platz für einen leichten Lunch mit schöner Aussicht auf einen See und die Weinberge.

Dinner-Tipps

Moyo at Spiers (RRR-RRRR), Spier Wine Estate, Tel. 021-8091133, www.moyo.co.za. Erlebnisgastronomie trifft auf „1001 Nacht", eine der schönsten Möglichkeiten in Südafrika ein richtig afrikanisches Bankett zu erleben. Livemusik, wunderbares Dekor, fantasievolle Kostüme und äußerst attraktive Bedienungen, alles auf dem Rasen eines kapholländischen Weinguts (nur bei gutem Wetter zu empfehlen, sonst wird es, trotz der offenen Feuer und dem Glühwein, frostig).

De Volkskombuis (traditionell) & De Oewer (im Freien) (RRR), Aan de Wagenweg, von der Dorp Street abgehend, Tel. 021-8872121 (De Oewer Tel. 021-8865431), www.volkskombuis.co.za; Lunch Mo–So, Dinner Mo–Sa. Authentische Kap-Küche in einem von Südafrikas berühmtesten Architekten, Sir Herbert Baker, entworfenen Haus oder unter schattigen Bäumen im Garten am Ufer des Eerste River.

Terroir (RRRR), Kleine Zalze Wine Estate, Strand Road (R 44), Tel. 021-8808167, www.kleinezalze.com. In relaxter Atmosphäre unter alten Eichenbäumen zelebriert Chefkoch Michael Broughton Gerichte, die auf der Zunge zergehen. Täglich wechselnde Speisekarte, die auf einer Schiefertafel annonciert wird. Tipp: Von April bis September gibt es das günstige „Green Season Menue".

Unterkunft

Lanzerac Manor (RRRR-RRRRR), Jonkershoek Rd, Tel. 021-8871132, www.lanzerac.co.za. Historisches, kapholländisches Landgut mit sehr schönem Pub, der

Bier vom Fass serviert und wo im Winter ein offenes Feuer brennt. Früher haben hier die Studenten auf der Theke getanzt. Restaurant **Governor's Hall** (RRR) im Haus.

D'Ouwe Werf (RRR), 30 Church St, Tel. 021-8874608, www.ouwewerf.com. Stilvolles Hotel, angeblich das älteste Südafrikas in einem mit Antiquitäten eingerichteten, historischen Haus.

Bonne Esperance Guest House (RR-RRR), 17 van Riebeeck St, Tel. 021-8870225, www.bonneesperance.com. Viktorianische Villa von 1901 im Herzen Stellenboschs. 15 Zimmer und Pool.

Paradyskloof Guest House (RRR), Kabouterbos Farm, Paradyskloof, Tel. 021-8802538, www.paradyskloofguesthouse.co.za. Nur fünf Fahrminuten südöstlich des Stadtzentrums liegt das Gästehaus idyllisch inmitten der Weinberge. Es gibt fünf Zimmer mit privaten Terrassen. Bei schönem Wetter draußen frühstücken und den Blick auf die Berge genießen. Die benachbarten Weinfarmen sind zu Fuß erreichbar.

Weingüter

(**Hinweis:** *Weiter westlich von Stellenbosch liegende Weingüter finden Sie auf der Karte Seite 122/123.*)

Stellenbosch Wine Route, Tel. 021-8864310, info@wineroute.co.za, www.wineroute.co.za. Infos zu den über 150 produzierenden Weingütern Stellenboschs.

Nicht verpassen sollte man:

Amani, Tel. 021-8813930, www.amani.co.za. Weinverkauf und -proben Mo–Fr 9–16 Uhr, Sa 10–14 Uhr und So 11–15 Uhr. Galerie mit ganzjährigen Kunstausstellungen. In der Architektur des Weingutes werden die afrikanischen Wurzeln sichtbar: statt kapholländischem gibt es ethnisch-kontemporäres Design mit grobverputzten Wänden in wüstenhaften Erdfarben, dazu Wellblechdächer und Stahlfenster im Township-Look. Probieren: Chardonnay, Merlot, Cabernet Franc-Merlot, „I am 1".

Die Bergkelder Wine Centre, Tel. 021-8098280, www.bergkelder.co.za. Weinverkauf und -proben Mo–Fr 8–17, Sa 9–14 Uhr, 25 Rand p.P. Kellertouren Mo–Fr 10, 11, 15 Uhr, Sa 10, 11 und 12 Uhr, inkl. Diashow in sechs Sprachen. In den Papegaaiberg gegrabener, großer Weinkeller. Bergkelder vermarktet das Weingut Fleur du Cap. In der Vinoteque gibt es eine große Auswahl an perfekt temperierten Weinen zu erstaunlich günstigen Preisen. www.vinoteque.co.za

Delaire Graff Estate, Tel. 021-8858160, www.delaire.co.za. Weinproben und -verkauf Mo–Sa 10–17 Uhr, So 10–16 Uhr, Kellertouren nach Vereinbarung. Exklusives „State of the Art"-Hotel und Spa. Das Restaurant ist allerdings total überteuert. Probieren: *Botmanskop, Cabernet Sauvignon, Reserve, Chardonnay, Sauvignon Blanc, Coastal Cuvée Sauvignon Blanc.*

Delheim, Knorhoek Rd, von der R 44 gut ausgeschildert, Tel. 021-8884600, www.delheim.com. Weinproben und -verkauf tägl. 9–17 Uhr, 30 Rand p.P. Kellertouren plus Weinprobe tägl. 10.30 und 14.30, 35 Rand p.P. Gartenrestaurant (RR), tägl. 9.30–16.30 Uhr. Probieren: *Grand Reserve, Cabernet Sauvignon, Shiraz, Sauvignon Blanc, Edelspatz Noble Late Harvest.*

Lanzerac Farm & Cellar, Tel. 021-8865641, Jonkershoek Road, www.lanzeracwines.co.za. Weinverkauf und -proben tägl. 9–16 Uhr, 20 Rand p.P. (wird beim Weinkauf verrechnet), Kellertouren nach Vereinbarung. Sonntags Lunch im Freien. Probieren: *Pinotage, Merlot, Estate Red Blend, Rosé.*

L'Avenir Vineyards, Tel. 021-8895001, www.lavenir-south-africa.com. Weinverkauf und -proben Mo–Fr 9–17 Uhr, Sa 9–17 Uhr, 15 Rand p.P., Kellertouren nach Vereinbarung; die Weinproben finden im Freien auf einer Terrasse statt mit tollem Ausblick über das Weingut. Gute Atmosphäre und sehr freundliches Personal. Probieren: *Cabernet Sauvignon, Cabernet Franc, Pinotage, Chardonnay, Chenin Blanc, Grand Vin Pinotage, Grand Vin Chenin Blanc.*

Meerlust Estate, Tel. 021-8433587, www.meerlust.co.za. Weinverkauf und -proben Mo–Fr 9–17 Uhr, Sa

Südafrikas ältestes Hotel: Lanzerac Wine Estate

Weinprobe im Keller von Bergkelder in Stellenbosch

10–14 Uhr, 30 Rand p.P. die Meerlust-Weine gehören zu den besten und teuersten des Landes. Probieren: *Rubicon, Merlot, Pinot Noir Reserve, Chardonnay*.

Neethlingshof Estate, Tel. 021-8838988, www.neethlingshof.co.za. Bereits 1705 wurden auf diesem kapholländischen Weingut das erste mal Weine gekeltert. Weinverkauf und -proben Mo–Fr 9–17, Sa/So 10–16 Uhr 30 Rand. Kellertouren 40 Rand. Lord Neethling Restaurant mit Palmenterrasse. Probieren: *Cabernet Sauvignon, Gewürztraminer, The Owl Post, The Caracal, Maria*.

Neil Ellis Wines, Tel. 021-8870649, www.neilellis.com. Weinverkauf und -proben Mo–Fr 9.30–16.30, Sa 10–14 Uhr. Wunderschön in einem Seitental von Stellenbosch am Berg gelegenes Gut (Jonkershoek Road), ein Favorit der Autoren, praktisch alle Neil-Ellis-Weine sind Spitzenprodukte. Vineyard Selection: *Cabernet Sauvginon, Grenage, Pinotage, Syrah, Sauvignon Blanc*; aus der Premium Range: *Cabernet Sauvginon, Shiraz, Aenigma, Elgin Chardonnay, Stellenbosch Chardonnay, Groenekloof Sauvignon Blanc, Cabernet Sauvginon-Merlot*.

Rust & Vrede Estate, Tel. 021-8813881, www.rustenvrede.com. Weinverkauf und -proben Mo–Sa 9–17 Uhr. Historische Gebäude, Restaurant und ökologischer Weinanbau. Probieren: *Shiraz, Cabernet Sauvignon, Merlot, Singel Vineyard Syrah, 1694 Classification*.

Spier, Tel. 021-8091143, www.spier.co.za. Weinkauf und -proben tägl. 9–16.30 Uhr, 20–35 Rand, Kellertouren nach Vereinbarung. Spier ist so etwas wie das „Wein-Disneyland" mit Bahnhof für den alten Dampfzug aus Kapstadt, Geparden-Gehege, mehreren Restaurants und Geschäften sowie einem Amphitheater, wo regelmäßig Konzerte stattfinden. Ein Muss für Eltern, die mit Kindern reisen. Das Spier Hotel besteht aus mehreren kleinen und verschiedenartig gestylten Häuschen, was dem ganzen das Aussehen eines Straßenzuges in einer kleinen Stadt verleiht. Eine Kleinigkeit essen kann man sowohl beim Ladengeschäft als auch auf dem Picknick-Rasen Probieren: die Weine aus der „Private Collection" – *Cabernet Sauvignon, Sauvignon Blanc, Chenin Blanc, Shiraz* und den ausgezeichnete *Frans K. Smit Wein*.

Thelema Mountain Vineyards, Tel. 021-8851924, www.thelema.co.za. Weinverkauf und -proben Mo–Fr 9–17, Sa 10–15 Uhr; schön am Berg gelegen mit toller Aussicht, die Weine sind so beliebt, dass sie, obwohl sie nur in kleinen Mengen abgegeben werden, fast immer ausverkauft sind. Probieren: *Cabernet Sauvignon, The Mint Cabernet Sauvignon, Merlot, Chardonnay, Sauvignon Blanc, Rabelais*.

Sehenswert

Toy & Miniature Museum, Ecke Market- u. Herte Street, hinter dem Tourist Information Centre, Tel. 021-8872948, Mo–Sa 9.30–17 Uhr, So 14–17 Uhr. Historische Puppen-Kollektion, Automodelle, Puppenhäuser mit teilweise sehr detaillierter Innenausstattung, große Modelleisenbahn-Anlage mit Mini-Blue Train, der durch ein liebevoll gestaltetes Weinland-Diorama bis in die trockene Karoo fährt. Am „Horizont" ist Matjiesfontein einschließlich Lord-Milner-Hotel auszumachen.

Village Museum, 37 Ryneveld St, Tel. 021-8872948, www.stelmus.co.za, Mo–Sa 9.30–16.45, So 14–16.45 Uhr. Der Komplex besteht aus vier Original-Häusern verschiedener Stadt-Epochen – Schreuder-, Bletterman-, Grosvenor- und O.M. Bergh-Haus –, die alle besichtigt werden können.

Dorp Street, die historische, mit Eichen gesäumte Straße steht in ihrer gesamten Länge unter Denkmalschutz.

Oom Samie se Winkel, 82–84 Dorp Street, Tel. 021-8870797, Fax 8838621, Mo–So 9–17 Uhr. Ein alter Kolonialwarenladen in der historischen Dorp Street; ein Teil der viktorianischen Atmosphäre ist erhalten geblieben. Es gibt einen gut sortierten Weinhandel, der international verschickt, und ein günstiges Restaurant mit Garten.

Stellenbosch Fresh Goods Market, Oude Libertas Estate, Ecke Adam Tas/Oude Libertas Rd. Jeden Samstag von 9–16 Uhr. Hier treffen sich Hippies und Diven, um an den duftenden Marktständen Farmkäse, frischgebackene Croissants, Proteen, Kosmetik und Weine zu kaufen. Livemusik, Ess-Stände.

Open Air Oude Libertas Amphitheater, Ecke Adam Tas/Oude Libertas Rd, Tel. 021-8097380/021-8097 473, www.oudelibertas.co.za. Auf diesem historischen Weingut kann man im Sommer unter freiem Himmel Tanz- und Musikvorführungen erleben.

Paarl

Paarl ist die dritte Stadt im berühmten südafrikanischen Weindreieck, sie kann es vom Stadtbild her aber nicht mit Stellenbosch und Franschhoek aufnehmen. Zum einen ist der Ort sehr langgestreckt, was Spaziergänge praktisch unmöglich macht, zum anderen gibt es deutlich weniger historische Gebäude als in Stellenbosch oder Franschhoek. Dafür finden sich hier einige sehr schöne Weingüter, hervorragende Restaurants und stilvolle Übernachtungsmöglichkeiten.

An den südlichen Hängen des Paarlberges ragt das weiße **Taal Monument** (tägl. 9–17 Uhr) eindrucksvoll in den meist blauen Himmel. *Taal* ist Afrikaans und bedeutet „Sprache". Das Denkmal erinnert an den 8. Mai 1925, als Afrikaans nach Englisch die zweite, offizielle Sprache Südafrikas wurde. Die Säulen und Spitzen des Monuments symbolisieren die verschiedenen Einflüsse, die zur Entstehung der einzigen in Afrika entstandenen Sprache germanischen Ursprungs geführt haben: Einflüsse der westlichen Welt durch die Holländer und Deutschen, afrikanische Elemente durch die einheimischen Khoisan und asiatisches Wortgut durch die ans Kap gebrachten Sklaven aus Indonesien. In Paarl wurde hier die erste Zeitung in der neuen Sprache gedruckt, *Die Afrikaanse Patriot*.

Mehr darüber im **Afrikaans Language Museum** (Afrikaans Taal Museum, Pastorie Ave, Tel. 021-872-3441, www.taalmuseum.co.za. April–Sept. tägl. 8–17 Uhr, Okt–März tägl. 8–20 Uhr. Regelmäßige Live-Konzerte. Tipp: Vollmond- Picknick (Infos und Termine auf der Website unter „Diary").

Paarl Information

Paarl Publicity Association, 216 Main St, Tel. 021-8723829 o. 8724842 o. 8729376, www.paarlonline.com; Mo-Fr 8–17 Uhr, Sa 9–14 Uhr, So 10–14 Uhr. Freundliches Personal, das Unterkünfte in Paarl buchen und Restaurants empfehlen kann.

Restaurants

Dinner-Tipps

Bosman's (RRRR), The Grande Roche Hotel, Plantasie St, Tel. 021-6835100, tägl. Frühstück, Lunch & Dinner. Die Tatsache, dass die Lokalität das einzige Relais Gourmand Hotel-Restaurant in Afrika ist, spricht für sich – exzellente Küche, Weinkeller mit über 6000 erlesenen Weinen – ein Besuch im Bosman's ist etwas für besondere Anlässe!

The Restaurant at Pontac (RRR), 16 Zion St, Tel. 021-8720445, in der Saison Mo–So Lunch & Dinner. Das kleine, gemütliche Restaurant mit afrikanisch-ethnischem Design ist in den ehemaligen Stallungen des historischen Landgutes, von den Tischen im Freien hat man eine großartige Aussicht auf die berühmten Granitfelsen der Stadt. Die Speisekarte glänzt durch einfallsreiche und raffinierte Gerichte.

Freedom Hill Restaurant, R 301, Wemmershoek Road, Tel. 021-8670963, www.freedomhillrestaurant.co.za. Sept.–April tägl., Mai–Aug. Mi–So. Lunch, Tapas, Sundowners und Dinner. Gourmet Restaurant im Grünen, spektakuläre Aussicht über das Berg Valley. Asiatische und italienische Küche.

Lunch-Tipps

The Goatshed (R-RR), Fairview Wine Estate, Suid-Agter Paarl Rd, Tel. 021-8633609, www.fairview.co.za. Top-Außenrestaurant, tgl. Frühstück & Lunch 9–17 Uhr. Benannt nach den 750 Schweizer Bergschafen, die auf dem Weingut leben und u.a. zur Produktion von 25 verschiedenen Käsesorten beitragen, die zusammen mit herrlich-frischgebackenem Brot auf den Tisch kommen. Natürlich gibt es nach der Wein- und Käseprobe beides auch im Laden zu kaufen.

Ristorante Papa Grappa (RR), Wilderer's Distillery an der R 45 Richtung Franschhoek, Tel. 021-8633555, pappagrappa@wilderer.co.za, www.wilderer.co.za, Montag Ruhetag. Wer gerne mal einen guten Schnaps trinkt, kommt nicht um Helmut Wilderers Brennerei herum. Er destilliert bekannt Edles wie Grappa, Trester, Williams, Aprikose, Pflaume und Obstler. Reminiszenz an Südafrika ist der Cape Fynbos Herb-Bitter, ein erdiger Digestif. Die Brände werden in attraktive Flaschen abgefüllt und in stilvoll afrikanisch dekorierte Holzkistchen verpackt – ideale Souvenirs. Und zu essen gibt es fantastische Flammkuchen nach elsässischem Rezept, Pizzen und Pastagerichte.

Unterkunft

Pontac Manor Hotel (RRR), 16 Zion St, Tel. 021-8720445, www.pontac.com. Stilvoll renoviertes, kapholländisches Anwesen, erbaut 1723; schöne Aussicht auf die Felsen von Paarl, ausgezeichnetes Restaurant.

De Wingerd Wijnland Lodge (RRR), 7 Waltham Cross St, Tel. 021-8631994, www.wingerd.co.za. Fünf nette, freundliche Zimmer und ein Selfcatering-Apartment am Hang des Paarl Mountain Nature Reserves, oberhalb von Paarl, die belgischen Besitzer sprechen auch Deutsch. Dinner nach Voranmeldung.

Kleinplaas Country House (RR), 39 Upper Bosman St, Tel./Fax 021-8631441, www.stayinsa.co.za/1929.htm. Drei geschmackvoll-rustikal eingerichtete B&B-Zimmer mit offenen Kaminen und ein renoviertes Cottage im Wald für Selbstversorger, am Hang des Paarl Mountains, über der Stadt.

Weingüter

Paarl Vintners, 216 Main St, Tel. 021-8634886, www.paarlwine.co.za. Infos zu ausgesuchten Weingütern Paarls.

Nicht verpassen sollte man:

Fairview, Tel. 021-8632450, www.fairview.co.za. Weinverkauf und -proben tägl. 9–15 Uhr, Weinprobe 25 Rand, kombinierte Käse- und Weinprobe 60 Rand, bekannt gute Käserei. Probieren: *Primo Pinotage, Eenzaamheid Shiraz, The Beacon Shiraz, Cyril Back Shiraz, Oom Pagal Semillon, Pegleg Carignan*.

Glen Carlou Vineyards, Tel. 021-8755528, www.glencarlou.co.za. Weinverkauf und -proben Mo–Fr 8.30–17 Uhr, Sa/So 10–14 Uhr, 25–50 Rand, eigene Käserei. Wieder ein Weingut, wo der Name für Qualität steht, egal, welche Rebsorte man wählt. Probieren: *Pinot Noir, Grand Classique, Quartz Stone Chardonnay Gravel Quarry Cabernet Sauvignon Blanc*.

KWV Holdings & Wines, Tel. 021-8073911, www.kwv-wines.com. Weinverkauf und -proben Mo–Sa 9–16.30 Uhr im Wine Centre, Kellertouren um 10.15 Uhr (Deutsch), in Englisch um 10, 10.30 u. 14.15

Uhr. Weinprobe 15 Rand, Brandy- und Schokoladenprobe 35 Rand, Kellertour 30 Rand. Die ehemalige, gigantisch große Weingenossenschaft wurde privatisiert. Der 1930 erbaute, domänhafte Weinkeller, einer der größten weltweit mit seinen riesigen Fässern, verziert mit Weinbau-Schnitzereien, ist einen Besuch wert. Probieren: *Abraham Perod Shiraz, Cabernet Sauvignon, Petit Verdot, Pinotage, Canvas, Chenin Blanc, Sauvignon Blanc, Sauvignon Blanc-Semillon.*

Laborie Cellar, Tel. 021-8073390, www.laboriewines.com. Weinverkauf und -proben Mo–Fr 9–17, Sa 10–15 Uhr, 5 Weinproben 15 Rand / 8 Weinproben 25 Rand. Weinprobe inkl. Kellertour 25 Rand. Restaurant und Weinhaus, Picknick nach Vorbestellung. Probieren: *Jean Taillefert, Pineau de Laborie.*

Freedom Hill Wines, Tel. 8670085, www.freedomhill.co.za. Weinverkauf und -proben Mo–Sa 10–17 Uhr, So 11–15 Uhr. Von der Weinfarm aus sieht man das ehemalige Victor Verster Gefängnis, von hier hat Nelson Mandela am 11.2.1990 den ersten Schritt zurück in die Freiheit getan. Probieren: *Pinotage, Freedom Walk.*

Ridgeback Wines, Tel. 021-8698068, www.ridgebackwines.co.za. Weinverkauf und -proben tägl. 10–16 Uhr, 5 Weinproben 15 Rand. Mit Deck-Restaurant, tägl. 9.30–15 Uhr, wunderschön auf einem Holzdeck direkt an einem Damm gelegen. Während des Essens Vögel beobachten. Probieren: *Cabernet Franc, Shiraz, Journey.*

Villiera Wines, Tel. 021-8652002, www.villiera.com. Weinverkauf und -proben Mo–Fr 8.30–17, Sa 8.30–15 Uhr, Kellertouren in Eigenregie während der Probierzeiten. Im Villiera Wildlife Sanctuary Pirschfahrten nach Vereinbarung. Probieren: *Shiraz, Cru Monro, Chenin Blanc, Cellardoor Reserve Chenin Blanc, Monro Brut Natural, Inspiration, Traditional Barrel Fermented Chenin Blanc, Traditional Bush Vine Sauvignon Blanc, Reserve Brut Rosé.*

Bitte schreiben oder mailen Sie uns (verlag@rkh-reisefuehrer.de), wenn sich in der Kap-Provinz Dinge verändert haben oder Sie Neues wissen. Vielen Dank!

Wellness-Urlaub in Südafrika
Very well.
Reise Know-How-Autor Dieter Losskarn erlebte Wellness in Südafrika. Erster Eindruck: Für verheiratete Männer eine einzigartige Gelegenheit, von fingerfertigen Frauen ohne ernsthafte Eheprobleme verwöhnt zu werden ...

Gewürznelken, Ingwer, Zimt, Koriander, Gelbwurz, Muskatnuss mit einem Mörser verreiben, dann mit etwas Wasser und gemahlenem Reis zu einer Paste verrühren. Was im ersten Moment wie ein appetitanregendes Rezept zu einem exotischen Curry-Gericht klingt, ist nur für den äußerlichen Gebrauch bestimmt. Ich liege in einem wunderbar nach Blumen und Gewürzen duftenden Raum auf einer bequemen Liege, eingehüllt in flauschig-dicke, weiße Badetücher. Mein Blick fällt durch ein Loch in dem Himmelbett nach unten, in eine mit Wasser, Blütenblättern und Schwimmkerzen gefüllte Porzellanschüssel. Das gedimmte Licht ist warm und gelb. Neben mir dampft ein Whirlpool, in dem Rosenblütenblätter treiben. Enya säuselt mir *Storms in Africa*, einen ihrer melodischen Ohrwürmer in die Lauscher. Die irische Sängerin muss eine Art Wellness-Schutzheilige sein. Sie wird fast überall gespielt, wo massiert wird.

Bronwen, mein Spice Girl, ist gerade mit dem Anrühren der oben erwähnten Paste fertig. Sie beginnt, mir die würzige Masse in die Haut zu reiben, *body scrub* heißt das im Wohlfühl-Vokabular. Der gemahlene Reis hilft tote Hautpartikel abzuraspeln, der Ingwer dringt tief ins Gewebe ein, regt die Durchblutung an. Das „haut" rein ...

Ginger Bali Spa Ritual ist eine Behandlung, die speziell für Männer im Programm ist, erfahre ich zuvor von Camelot Spa-Managerin Lientjies van der Vyver. Ein ideales *treatment* gegen Jetlag, Flugmüdigkeit oder bei einer sich gerade im Anflug befindlichen Erkältung. Und ich gehöre wider Erwarten nicht zu einer Minderheit. „Mittlerweile sind über 50 Prozent unserer Gäste Männer."

Offensichtlich ein Erfolg männlicher Emanzipation, die sich auf das gesamte Wellness-Angebot erstreckt. Selbst Pedi- und Man(n)iküren, kosmetische Gesichtsbehandlungen und Fußreflexzonen-Massagen sind keine Tabu-Themen mehr. Wellness ist ganz eindeutig nicht „Softies" und „Weicheiern" vorbehalten.

Meine Haut ist mittlerweile marzipanschweinrosa und prickelt vor Durchblutung. Bronwen bittet mich in den Whirlpool. Der kleine Freund, so weist ein Merkblatt im Umkleideraum hin, bleibt übrigens bei allen Behandlungen bedeckt. Zu Beginn der Massage hat mir Bronwen hierzu einen Wegschmeiß-G-String gereicht und kurz den Raum verlassen, um mir Zeit zu geben, alles einzupacken.

Jetzt sitze ich im heißen, brodelnden Wasser. Meine Therapeutin hat mir ein Tässchen Ingwer-Tee gebracht, das ich die nächsten zehn Minuten schlürfen darf, während sie mich alleine lässt. Außerdem hat sie mir ein märchenhaft duftendes Badegel zum Abwaschen der Gewürzpaste gegeben. Die Blumenblätter im Bad streichen um meine Beine, kitzeln an den Zehen. Krönung der Wohlfühlbehandlung ist die Massage. Eine Mischung aus Streicheln, Tätscheln, Verhätscheln – himmlisch entspannend. Leider endlich. Kaum zu glauben, wie schnell zwei Stunden vergehen können.

Szenenwechsel. Weg von der pulsierenden Kapstädter Waterfront, raus aufs Land. In **Caledon,** etwa 120 Kilometer östlich von Kapstadt, entstand kürzlich ein Casino-Hotel mit Spa. Das Besondere an dem Wellness-Zentrum ist, dass es direkt an sieben heißen Quellen errichtet wurde, die über eine Million Liter Wasser pro Tag produzieren. Vor Tausenden von Jahren machten sich hier bereits die Ureinwohner der San und Khoi die Heilkraft des Wassers zunutze. Gegen Ende des 17. Jahrhunderts stießen die Holländer auf die Thermalquellen und bauten das erste Heilbad Südafrikas. Die alten Mosaikböden sind zum Teil freigelegt worden. Archäologen sind noch immer mit den Ausgrabungen beschäftigt.

Ein spiritueller Platz denke ich mir, als mir Rasheeda die Hände auflegt. *Reiki,* so erklärt sie, beruht darauf, Lebenskraft-Energie im Körper zu mobilisieren und sie zu bestimmten Organen und Drüsen zu kanalisieren. Dabei kommen die *Chakras,* die Energiezentren im Körper, wieder ins Gleichgewicht. Ich fühle mich jedenfalls nach einer Stunde – sorry für das Klischee – wie neu geboren. Zum Tagesausklang lege ich mich in einen der vielen übereinander liegenden Pools, die vom Thermalwasser gespeist werden. Ganz oben ist es so heiß, dass ich mir nur eine Fünfminuten-Terrine gönne, nach unten hin nimmt das Wasser erträglichere Temperaturen an. Und über allem steht das Kreuz des Südens. Ich fühle mich richtig wohl, *very well,* sozusagen.

... einfach die Seele baumeln lassen (Caledon Spa)

Kaum zu glauben, aber es geht noch luxuriöser. Die Spa im *Western Cape Hotel* an der Bot River Lagune dürfte die aufwendigste im ganzen Land sein. Selbst dekadente Römer haben zu Asterix-Zeiten nicht stilvoller gebadet. Alleine die wunderschönen Mosaiken im Rassoul-Dampfbad sind schon einen Besuch wert. In der Wohlfühlliste wähle ich diesmal die einstündige Version der *Swedish Body Massage*. Bianca ertastet zunächst Reflexzonenpunkte in meinem Körper. Als mittlerweile „erfahrener" Wellness-Besucher fühle ich die Energie schon nach wenigen Minuten durch meinen Körper pulsieren. Bei der Massage schwebe ich dann einige Zentimeter über der Liege. Und Bianca bestätigt mein Gefühl: „Ich habe selten so einen relaxten Körper massiert. In deinem Job scheinst du keinen Stress zu haben." Well, ganz bestimmt nicht, wenn ich Wellness-Plätze ausprobiere …

Zum Abschluss gibt es wieder etwas Neues. Bianca berührt mit einer vibrierenden Stimmgabel einige meiner Energie- und Chakra-Punkte. Ich verwandle mich in einen Resonanzkörper – ein irres Gefühl. Mit dieser Therapie wurde bereits erfolgreich Krebs bekämpft, sagt Bianca und zeigt mir Aufnahmen von Krebszellen, die wochenlang auf diese Art und Weise beschallt wurden. Auf dem letzten Bild sieht man, wie sich eine Mörderzelle selbst zerstört. Well, well, well.

Die drei entspannendsten Reise Know-How-Tipps:

Camelot Spa at the Table Bay Hotel, Waterfront, Tel. 021-4065904, www.camelothealth.co.za, täglich 8–21 Uhr, Tagesbesucher willkommen. Das erwähnte *Bali Spice Ritual* dauert zwei Stunden, die kürzere Version 50 Minuten. Ebenfalls top ist die einstündige *Hot Stone Massage* mit chakra-regulierendem Kristallauflegen.

The Caledon Casino Hotel & Spa, Caledon, Tel. 028-214 5100, www.thecaledoncasino.co.za. Empfehlenswert ist die einstündige *Reiki-Behandlung,* Tagesbesucher willkommen.

Arabella Spa, Kleinmond, Tel. 028-2840036, www.www.africanpridehotels.com/arabella-hotel-spa. Einer der luxuriösesten Wellnesstempel im Land.

Wellness-Wörterbuch:

Spa – Heil- oder Mineralbad
Facial – kosmetische Gesichtsbehandlung
Scrub – Defoliation (Hautabrubbeln)
Mud or Seaweed Wrap – Schlamm- oder Meeresalgen-Packung
Chakras – Energiezentren im Körper (insgesamt sieben)
Jacuzi – Whirlpool

Paarl – Wellington

Wer mehr Zeit hat, sollte die typische Weinlandtour mit Franschhoek, Stellenbosch und Paarl etwas nach Norden und Westen erweitern: Von Paarl aus ist **Wellington** auf der R 303 ganz schnell zu erreichen. Die Städte sind eigentlich schon fast zusammengewachsen. Wellington ist ein hübscher, kleiner Ort, der deutlich weniger auf Touristen eingestellt ist. Die netten Damen im Informationsbüro gleichen das mit viel Freundlichkeit aus. Neben Wein werden in Wellington auch hervorragende Oliven angebaut. Vorreiterin ist hier Reni Hildenbrand. Das von ihr auf ihrem **Hildenbrand Estate** produzierte Olivenöl, sowohl das Tropföl als auch die erste Pressung sind von ausgezeichneter Qualität. Auf der R 303 stadtauswärts rechts liegt **Oude Wellington.** Neben dem Weinanbau wird hier auch ein „atemberaubender" Grappa destilliert.

Wellington

Information

Wellington Tourism Bureau, Tel. 021-8734604, www.wellington.co.za; ausgesprochen freundliches und hilfreiches Personal, Empfehlungen zu Übernachtungen, Restaurants und Weingütern.

Restaurants

Oude Wellington (RR), Tel. 021-8732262, www.kapwein.com, an der Bain's Kloof Road, im Oude Wellington Guest House, Di–Sa Dinner u. Nachmittagstee, sonntags Lunch. Die Köchin Susanna dos Santos serviert leichte, mediterrane Küche, dazu die Weine des Guts und nach dem Essen einen hausgebrannten Grappa.

Seasons Restaurant at Diemersfontein (RR), R 301, Jan van Riebeeck Road, Tel. 021-8645060, www.diemersfontein.co.za. Gemütliches Restaurant, gute Küche zu erschwinglichen Preisen.

D'Olives Restaurant & Tea Garden (RR), 41d Church St, Tel. 021-8643762, Mo–Sa 8–22 Uhr, So 9–15 Uhr. Nettes Restaurant in einer ruhigen Nebenstraße; wie der Name bereits andeutet, dreht sich alles um Oliven, die in der Gegend angebaut werden, sie gibt es im Brot, Pesto, Salat und natürlich im köstlichen *Beef buttanesca*.

Unterkunft

La Rochelle Guesthouse (RR), 13 Jan van Riebeek St, Tel. 021-8734771/082-8028875, www.larochelleguesthouse.co.za. Ein 3-Sterne-Gästehaus in einem 100-jährigen viktorianischen Haus im Herzen Wellingtons. Die Zimmer sind mit viel Liebe zum Detail eingerichtet, einige auch mit Kochnische. Günstiges Abendessen auf Vorbestellung, schöne Gartenanlage mit Pool.

Oude Wellington (RR), Bain's Kloof Pass Road, Tel. 021-8732262, www.kapwein.com. Gemütliche Zimmer in einem kapholländischen Weingut von 1790, Swimmingpool, Spielplatz, großes deutsches Frühstück.

Weingüter

The Wellington Wine & Brandy Route, Tel. 021-873 4604, www.wellington.co.za. Infos zu ausgesuchten Weingütern Wellingtons.

Nicht verpassen sollte man:

Bovlei Winery, R 303, Tel. 021-8731567, www.bovlei.co.za. Außerhalb Wellingtons auf dem Weg nach Tulbagh befindet sich die zweitälteste Wein-Cooperative Südafrikas. Probieren: Shiraz-Mourvèdre.

Diemersfontein Wines, Tel. 021-8645050, www.diemersfontein.co.za. Weinverkauf und -proben tägl. 10–17 Uhr, 15 Rand. Kellertouren nach Vereinbarung. Seasons Restaurant, Guesthouse, Reiterhof, Golf, Wandern. Probieren: *Cabernet Sauvignon, Pinotage, Shiraz, Summer's Lease, Heaven's Eye.*

Hildenbrand Wine & Olive Estate, Tel./Fax 021-8734115, www.wine-estate-hildenbrand.co.za. Wein-, Oliven- und Olivenölverkauf sowie Proben, tägl. 10–16 Uhr. Historische Weinfarm mit herzlicher deutscher Besitzerin. Probieren: *Cabernet Sauvignon Barrique, Shiraz, Shiraz Rosé.*

Wamakersvallei Cellars, Distillery Road, Tel. 021-873 1582. Direkt übersetzt im „Tal der Kutschen", hier wurden in alten Zeiten Kutschen repariert, die den weiten Weg von Kapstadt zurückgelegt hatten. Das Weingut ist bekannt für seine Rotweine. Weinproben Mo–Fr 8–17 Uhr und Sa 8.30–12.30 Uhr.

Aktivitäten

Auf einer gemütlichen, drei bis viertägigen und geführten Wanderung von Weingut zu Weingut das Wellington Weingebiet zu Fuß kennenlernen: www.winewalk.co.za

Wellington – Tulbagh

Als nächstes steht das landschaftliche Highlight der Weinland-Tour, der wunderbar enge und kurvenreiche, historische **Bain's Kloof Pass** auf dem Programm. Hier wünscht man sich einen offenen Klassiker oder eine Harley, aber selbst mit normalen Mietwagen macht die Strecke Spaß. Mit Wohnmobilen kann es an manchen Ecken recht eng werden.

Ein lohnenswerter Stopp ist einige Kilometer nach der Passhöhe erreicht. Bei **Tweede Tol** kann gegen Bezahlung in herrlichen, natürlichen Felsenbecken im Fluss gebadet werden. Hierzu fährt man mit dem Auto links in den Campingplatz auf einen Parkplatz und läuft dann unter der Straße durch, hinunter zum Fluss.

In **Tulbaghs** Main Street steht jedes der historischen Gebäude unter Denkmalschutz. Einige von ihnen können besichtigt werden. Wer sich für die Geschichte des Ortes interessiert, sollte sich das **Old Church Museum** ansehen.

Tulbagh

Information

Tulbagh Information, 4 Church Street, Tel. 023-230 1348, www.tourismtulbagh.co.za. Ausführliche Infos zu Weingütern, Restaurants und Übernachtungsmöglichkeiten auf www.sa-venues.com/attractionswc/tulbagh-wine-route.

Restaurants

The Belgian Kitchen (RR-RRR), 23 Church St, Tel. 023-2300242, www.belgiankitchen.wozaonline.co.za. Lunch Di–So 11–15 Uhr, Dinner Di–Sa 18–22 Uhr. In einem 1821 erbauten, riedgedeckten und denkmalgeschützten Gebäude untergebrachtes Restaurant. Hier werden Klassiker, wie Chateaubriand und Beef Stroganoff, serviert. Lauschiger, weinrebenüberwachsener Innenhof. Unbedingt reservieren.

Readers Restaurant (RR), 12 Church St, Tel. 023-23 00087, Mi–So Frühstück, Lunch & Dinner. Kleines, charaktervolles Restaurant in zwei Räumen im 1754 erbauten und damit ältesten Haus der Church Street; kleine Terrasse, tägl. wechselnde Gerichte, sowohl typisch südafrikanische als auch internationale Küche. Vorher reservieren.

Weinland

Que Sear at Rijk's Country House (RRR), Main Rd, Tel. 023-2301006, www.rijks.co.za, tägl. Frühstück, Lunch & Dinner, entweder drinnen oder draußen auf der Terrasse mit Aussicht; beliebte Gerichte sind hier Rumpsteak. Ochsenschwanz-Ragout und Coq au vin.

Plum (R-RR), 10 Church St, Tel. 023-2308005, tgl. 8-17 Uhr. Leckere Frühstücke und Lunches, Dinner nur bei vorheriger Reservierung. Die Speisekarte bietet fast ausschließlich Gerichte aus ökologisch angebauten Zutaten und die Weinkarte listet die guten Tropfen von Tulbagh und andere. Hübscher Garten, um bei schönem Wetter im Freien zu essen.

The Olive Terrace Bistro (RR-RRR), The Tulbagh Hotel, 22 Van der Stel St, Tel. 023-2300071, www. tulbagh hotel.co.za. Täglich Frühstück, Lunch und Dinner. Beliebtes Restaurant in einem kapholländischen Gebäude mit schattiger Terrasse. Zum Frühstück gibt es Eier von freilaufenden Hühnern. Zum Lunch oder Dinner u.a. Straußencarpaccio, Kudu-Filet und biologisch angebautes Gemüse.

Unterkunft

Villa Tarantal (RRR), Extension Van Der Stel St, Tel. 074-1948202, www.villatarentaal.com. Am Stadtrand Tulbaghs im Grünen gelegen, in Gehweite zur historischen Church Street. Herzlicher Empfang, großzügige Zimmer, Pool und Massagen auf Wunsch.

De Oude Herberg (RRR), 6 Church St, Tel. 023-230 0260, www.deoudeherberg.co.za. Wie in der Church Street nicht anders zu erwarten, ein historisches Haus mit vier gemütlichen Zimmern; Country-Restaurant mit Hausmannskost im Hause; Swimmingpool.

Rijk's Country Hotel & Private Cellar (RRR), 2 km außerhalb von Tulbagh an der R 44, Tel. 023-2301006, www.rijks.co.za. Neu im alten Stil gebauter Komplex auf einem Weingut, zwölf Zimmer und drei Cottages für Selbstversorger. Pool, Wanderwege, Weinproben.

Vindoux Guestfarm & Spa (RRR) Tel. 023-2300635, www.vindoux.com. Gemütliche Holzchalets auf einer Obstfarm fünf Kilometer nordwestlich von Tulbagh mit tollem Blick auf die Saronsberge. Kleines Restaurant, Wellnessbereich und Pool.

Weingüter

Tulbagh Wine Route, Tel. 023-2301348, www.tul baghwineroute.com. Infos zu ausgesuchten Weingütern Tulbaghs.

Nicht verpassen sollte man:

Twee Jonge Gezellen Estate, Tel. 023-2300680, www.tjwines.co.za. Weinverkauf und -proben Mo–Fr 9–15 Uhr, telef. anmelden. Kellertouren Mo–Fr 11 u. 15 Uhr, Sa 11 Uhr. Historisches Weingut, seit 1710 im selben Familienbesitz. Berühmt für den exzellenten Sekt, genannt *Krone Borealis Brut,* der im Geschmack und Geruch verblüffend nah an Champagner heranreicht und deshalb unbedingt probiert werden sollte. Außerdem probieren: *Nicolas Charles Krone Marque 1, Rosé Cuvée Brut.*

Saronsberg Cellar, Tel. 023-2300707, www.saronsberg.com. Weinverkauf und -proben Mo–Fr 8.30–17 Uhr, Sa 10–14 Uhr. 2002 eröffnetes, modernes Weingut, das berühmt für seine Rotweine ist. Kunstgalerie und Kleinkunstbühne. Probieren: Shiraz und Full Circle.

Sehenswert

Old Church Museum (Oude Kerk Volksmuseum), 4 Church St, Tel. 023-2301041, Mo–Fr 9–17, Sa 9–16, So 11–16 Uhr. Eine der ältesten Kirchen im Lande, Teil eines Museumskomplexes, der aus drei Gebäuden besteht.

Tipp: Moniki Chocolates probieren, handgefertigte belgische Schokolade mit Kaffee oder Wein auf einer der schönsten Farmen in Tulbagh. Tel. 023-2300673.

Typisches Tulbagh-Haus

Veranstaltung

Jedes Jahr wird Ende Juni in Tulbagh Weihnachten gefeiert. Die Church Street wird festlich geschmückt und die Restaurants bieten Weihnachtsmenüs an. Und mit etwas Glück sind die Bergspitzen mit Schnee bedeckt. Infos auf www.tourismtulbagh.co.za.

Tulbagh – Riebeek-Kasteel

Der **Nuwekloof Pass,** wo fast immer Paviane am Straßenrand herumtollen, verbindet Tulbagh mit der R 44 auf der anderen Seite der Berge. Von dort ist es nicht mehr weit nach **Bartholomeus Klip.** Die einstige Weizen- und Schaffarm bietet heute eine exklusive Übernachtungsmöglichkeit. Es gibt ein mehrere tausend Quadratmeter großes Naturschutzgebiet, das sich bis zu den zerklüfteten Bergen erstreckt, in dem Gäste unter Führung eines erfahrenen Rangers viel über die Flora und Fauna der Region erfahren. Unter anderem über die extrem seltene geometrische Schildkröte, die nur hier in den Restbeständen des sogenannten Renosterbusches vorkommt. Es gibt außerdem zwei interessante und auch erfolgreiche Aufzuchtprogramme. Bei dem einen ziehen friedvolle Jerseykühe oft „halbstark" sich aufführende Büffel auf. Da viele südafrikanische Büffel an der Maul- und Klauenseuche leiden, helfen die gesunden Bartholomeus-Büffel, Genbestände in anderen Gebieten des südlichen Afrika aufzufrischen.

Das zweite Projekt ist erheblich schwieriger. Die Rückzüchtung des ausgestorbenen *Quaggas,* ein nahezu streifenloses Zebra, dessen DNA nur noch in Hautform im Museum existiert. Wissenschaftler haben jedoch herausgefunden, dass das Quagga-Gen in einigen Bergzebras „versteckt" erhalten geblieben ist. Und so werden immer wieder vielversprechende Zebras, also jene mit möglichst wenig Streifen, miteinander gekreuzt, was bis dato einige am Hintern komplett streifenfreie Exemplare zur Folge hatte.

Unterkunft

Bartholomeus Klip Farmhouse (RRRRR), von der Wellington/Tulbagh Road, der R 44, Abfahrt Bo-Hermon, dann 5 km unbefestigte Straße; Tel. 022-448 1820, www.bartholomeusklip.com. Die historische Weizen- und Schaffarm bietet in ihrem stilvoll renovierten viktorianischen Farmhaus eine der schönsten Möglichkeiten auf dieser Route zu übernachten. Im Haupthaus gibt es nur vier Zimmer und eine Suite.

Die Zimmerpreise beinhalten ein üppiges Frühstücksbüfett und ein ebenfalls absolut ausgezeichnetes, viergängiges Kerzenlicht-Dinner. Neu ist das Deck House und Olive House für Selbstversorger. Die einstige Farm ist heute ein viele Hektar großes Naturreservat, wo vom offenen Landrover aus Herden von Elen-, Oryx- und Kuhantilopen, Gnus, Springböcke, Rehböcke und Bergzebras beobachtet werden können. Der ehemalige Farmwassertank ist in einen willkommenen Swimmingpool umfunktioniert worden.

Wer in Bartholomeus Klip übernachtet, wird, wie erwähnt, mit einem der besten Frühstücke Südafrikas belohnt. Die Auswahl ist überwältigend, und man sollte sich Zeit lassen.

Die beiden Schwester-Dörfer **Riebeek-Kasteel** und **Riebeek-West** liegen nicht weit von Bartholomeus Klip entfernt und nahe beieinander, in dem Tal vor den Kasteelberg Mountains haben sich viele Aussteiger, vor allem aus Kapstadt, niedergelassen. Jedes Wochenende sind in Riebeek-Kasteel Tage der offenen Tür bei den über 20 Malern, Töpfern, Juwelieren und Metallskulpturen des Ortes – *Artist Route* nennt sich das dann. Eine gute Quelle für einzigartige Souvenirs und eine prima Gelegenheit, Südafrikaner der etwas skurrileren Art kennenzulernen.

Riebeek-West/Riebeek-Kasteel

Information

Riebeek Valley Tourism, Tel. 022-4481545, www.riebeekvalley.info. Mo–Sa 9–16 Uhr, So 10–14 Uhr. Übernachtungs- und Restaurant-Tipps zu Riebeek-Kasteel und Riebeek-West.

Restaurants

Café Felix @ The Old Oak Manor (RR), Riebeek-Kasteel, 7 Church St, Tel. 022-4481170, www.cafefelix.co.za. Di–Sa Frühstück, Lunch & Dinner. So/Mo nur Frühstück und Lunch. Frisches Landessen, französisch-italienisch beeinflusst, in einem historischen Guest House.

Kasteelberg Country Inn & Bistro (R-RR), 13 Fontein St, Riebeek-Kasteel, Tel. 022-4481110, www.kasteelberg.com; Mi–Mo Lunch & Dinner, So nur Lunch. Mediterrane Gerichte, ausführliche Weinliste, schöne Terrasse, guter Espresso und Cappuccino. Die Speisekarte wechselt saisonal.

The Royal Hotel (RR), 33 Main St, Riebeek-Kasteel, Tel. 022-4481378, www.royalinriebeek.com. Stilvolles, koloniales Restaurant mit guten Gerichten im komplett renovierten, historischen Royal Hotel.

The Cook & Gardener (RR), 48 Main Rd, Riebeeck West, Tel. 022-4612713, www.cookandgardener.co.za, Di 16 Uhr–spät, Mi–Sa 11 Uhr–spät, So 11-16 Uhr. Typischer, gemütlicher Pub, der nicht nur zum Essen einlädt, sondern auch gleich zum Übernachten in einem der charmanten Zimmer. Sowohl im Winter am Kamin als auch im Sommer draußen im Garten empfehlenswert.

Unterkunft

Riebeek Valley Hotel (RRR-RRRR), 4 Dennehof Street, Riebeek-West, Tel. 022-4612672, www.riebeekvalley hotel.co.za. Komfortables Hotel mit großem Swimmingpool, Wellness-Bereich, gute Küche; 28 Zimmer, fünf Suiten.

The Royal Hotel (RRRR), 33 Main St, Tel. 022-4481378, www.royalinriebeek.com. Das über 150 Jahre alte koloniale Hotel wurde aufwendig restauriert und ist jetzt mit seinen 10 Zimmern (mit Minibar, SAT-TV, DVD, Aircon) ein Schmuckstück im Ort.

Shades of Provence, 24b Fontein St, Tel. 021-913 4626, www.shadesofprovence.com. Hübsches B&B, vier Zimmer und ein Apartment für Selbstversorger. Massagen im Haus. Tipp: Nacken- und Schultermassage mit Olivenöl aus der Region.

Weingüter

Swartland Wine Route, Swartland Wine Route, Tel. 022-4871133, www.swartlandwineroute.co.za; Infos zu ausgewählten Weingütern der Swartland-Region.

Nicht verpassen sollte man:

Allesverloren Estate, Tel. 022-4612320, www.alles verloren.co.za. Weinverkauf und -proben Mo–Fr 8.30–17, Sa 8.30–14 Uhr, Kellertouren nach Vereinbarung, Familienrestaurant. Probieren: *Cabernet Sauvignon, Shiraz, Tinta Barocca, Port.*

Meerhof Private Cellars, R 46, Tel. 022-4872524, www.meerhof.co.za. Weinverkauf und -proben Mo–Fr 8.30–16.30. Kleines Weingut, das auf Rotweine und biologischen Weinanbau spezialisiert ist. Probieren: *Reserve.*

Swartland Wine Cellar, Tel. 022-4821134, www.sw wines.co.za. Weinverkauf und -proben Mo–Fr 8–17, Sa 9–14 Uhr; derzeit „das" Weingut in der aufstrebenden und viel zukünftiges Potential versprechenden Weinregion Swartland. Probieren: *Cabernet Sauvignon, Idelia, Shiraz*

Veranstaltungen

Das Riebeek Valley Olive Festival ist eines der besten Festivals im Western Cape. Anfang Mai verwandelt sich der pittoreske Ort in einen großen Markt mit Livemusik, Ess-Ständen und guter Stimmung. Infos auf www.riebeekvalley.info

Weiterfahrt

Die beiden bereits bei Stellenbosch erwähnten Weingüter **Hazendal** und **Zevenwacht** liegen bereits sehr dicht an Kapstadt, sind deshalb auch nicht ganz so einfach zu finden: Von Malmesbury kommend auf der R 302 bleiben, bis Durbanville, von dort auf die R 300, bis die M 23, die Bottelary Road heißt, nach links abgeht. 7 km weiter liegt links Hazendal (zweite Einfahrt).

Um zu Zevenwacht zu gelangen, zurück auf die R 300 bis Kuilsrivier, weiter auf der R 102, bis es links nach Zevenwacht abgeht.

Restaurants

Lunch-Tipps

Starlite Diner, 15 Mispel St, Bellville, Tel. 021-949 6864. Neben dem Tygervalley Shopping Centre. Wer sich jetzt fragt, was ein gewöhnlicher Diner auf einem Trip durchs Weinland „verloren" hat, dem sei gesagt,

Ganz nah an Kapstadt: Das Weingut Hazendal mit Fabergé-Ei Museum

dass ein Hamburger mit Pommes so zwischendurch, nach vielen raffinierten Gourmet-Gelagen, gar nicht so schlecht schmeckt, speziell hier, im einzigen täglich rund um die Uhr geöffneten Original American Diner in der Region Kapstadts (andere Starlite-Diner-Filialen finden sich in Florida, Hollywood und Russland). Natürlich gibt es hier auch Happy Hour (zwei Drinks zum Preis von einem), Cheap Beer Nites und Ladies Nites.

Hazendal Hermitage Restaurant (RRR), Hazendal Wine Estate, Tel. 021-9035112, www.hazendal.co.za. Renoviertes historisches Weingut, Museum, bei schönem Wetter im Garten oder im Innenhof essen, oder Rasen-Picknick machen (Nov–April, einen Tag vorher den Picknick-Korb bestellen). Im Winter stehen die Tische im geräumigen Probierraum mit Deckenmalerei. Hazendal-Besitzer Mark Voloshin stammt ursprünglich aus Russland, was natürlich die Speisekarte beeinflusst hat. Leger-elegante Atmosphäre, nette Bedienungen und gutes Preis-/Leistungsverhältnis. Alle Estate-Weine auch im Glas erhältlich. Leider ist das Weingut in letzter Zeit etwas vernachlässigt worden und stellenweise blättert die Farbe von den Wänden.

Zevenwacht Country Restaurant (RRR), Zevenwacht Wine Estate, Langverwacht Rd, ausgeschildert von der Kuils River Main Road, Tel. 021-9035123, www.zevenwacht.co.za, tägl. Frühstück, Lunch & Dinner. Internationale Küche in ländlicher Umgebung mit Blick auf den parkähnlichen Garten und den See – eine echte Bilderbuch-Idylle; Picknick- und Braai-Körbe erhältlich.

Weingüter

Hazendal, Bottelary Rd, Kuils River, Tel. 021-9035112, www.hazendal.co.za. Weinproben und -verkauf tägl. 9–16.30 Uhr, 10 Rand für 5 Weinproben, Kellertouren Mo–Fr 11 u. 15 Uhr, russisches Kultur- und Kunstmuseum. Probieren: *Shiraz-Cabernet-Sauvignon, Shiraz, The last Straw.*

Zevenwacht Estate, Tel. 021-9035123, www.zevenwacht.co.za. Weinverkauf und -proben Mo–Fr 8.30–17, Sa/So 9.30–17 Uhr, 17 Rand p.P., Kellertouren nach Vereinbarung. Picknick-Körbe, eigene Käserei, gemütliche Häuschen zum Übernachten für Gäste. Probieren: *Primitivo, Gewürztraminer, 360° Sauvignon Blanc.*

194   Walküste

Walküste
Von Muizenberg nach Witsand

Zwischen Muizenberg an der False Bay und Witsand an der St. Sebastian Bay (südöstl. von Swellendam) sind zwischen Juli und November häufige Walsichtungen garantiert. Ein Trip entlang der Walküste Südafrikas lohnt sich allerdings auch außerhalb der Meeressäuger-Saison.

Route (ca. 520 km, 2–4 Tage)

Muizenberg – R 310 – Gordon's Bay – R 44 – Rooi Els – Pringle Bay – Hangklip – Betty's Bay – Kleinmond – R 43 Hermanus – Stanford – De Kelders – Gansbaai – Pearly Beach – Elim – Bredasdorp – R 319 Cape Agulhas – Bredasdorp – R 316 Arniston – Bredasdorp – De Hoop Nature Reserve – Malgas – Witsand

Die Strandpromenade von **Muizenberg** mit ihrer Artdéco-Fassade wurde in den letzten paar Jahren renoviert und ist mit ihren Cafés, Restaurants und Surfer-Läden wieder zum Leben erweckt worden, vor allem am Wochenende. Wunderschön lässt es sich nach einem leckeren Frühstück bei Knead (s.S. 134) in der Morgensonne direkt zwischen Meer und Bahnlinie auf dem „Muizenberg St James Catwalk" der Küste entlang bis nach St James gehen. Danach mit dem Zug nach Muizenberg zurück.

Die R 310 folgt dem Verlauf der False-Bay-Küstenlinie. In der Ferne sind deutlich die gezackten Gipfel der Hottentots Holland Mountains zu sehen, die das Weinland dahinter beschützen.

Die attraktive, kurvenreiche und sehr gut ausgebaute Küstenstraße R 44 führt von **Gordon's Bay** ins Dörfchen **Rooi Els** mit sicherem Sandstrand und ideal zum Sonnenbaden. In den Parkbuchten entlang der Küstenstrecke stehende Autos mit fernglasbestückten Menschen dahinter sind ein sicheres Indiz für Wale, die sich in der False Bay oft sehr nahe an der Küste tummeln.

Von hier aus geht die Straße ins Landesinnere. Eine kleine Piste führt allerdings nach **Pringle Bay** weiter und von dort um das **Cape Hangklip** herum. Der portugiesische Name des charakteristischen Felsens war *Cabo Falso* – falsches Kap. Beim Herumfahren erkennt man, was die frühen Seefahrer damit gemeint haben: Cape Hangklip hat eine verblüffende Ähnlichkeit mit

An der Lagune in Kleinmond

Cape Point. Was dazu geführt hat, dass viele Schiffe zu früh „abgebogen" sind, in der Überzeugung, bereits das Kap der Guten Hoffnung umrundet zu haben …

Die Hangklip-Piste trifft wieder auf die R 44 und kurz darauf geht es links zu den **Harold Porter National Botanical Gardens.** Zwischen Meer und 370 Meter hohen Felswänden, geteilt von zwei Bergströmen, präsentiert sich hier Fynbos „vom Feinsten" – mit Königsproteen, Ericas und Restios. Am Eingang ist genauestens notiert, was gerade wo blüht.

Bei Stony Point in **Betty's Bay** befindet sich eine der beiden Festland-Brillenpinguinkolonien in der Nähe von Kapstadt. Diese Kolonie ist wesentlich weniger von Touristen frequentiert als die in Simonstown auf der Kaphalbinsel. Der Eintrittspreis ist ebenfalls viel günstiger.

Wenige Kilometer hinter Betty's Bay geht es links zu einem lohnenswerten Abstecher. Der staubige Weg führt in das aus zerklüfteten Bergen und abgelegenen Tälern bestehende, 300 km² große, von *Cape Nature Conservation* betreute **Kogelberg Biosphere Reserve** mit vielen Wanderwegen, 1600 Fynbosarten und 70 verschiedenen Säugetieren.

Betty's Bay

Restaurant

Lunch-Tipp   **Leopard's Kloof Restaurant** (R-RR) im Harold Porter National Botanical Gardens an der R 44, Ecke Clarence Drive/Broadwith Road, Tel. 028-2729961; tägl. Frühstück, Lunch sowie Kaffee und Kuchen. Ein modernes Restaurant mit großen Fenstern mitten in einem wunderschönen Garten vor fynbosbedeckten Bergen.

Sehenswert

Harold Porter National Botanical Gardens, R 44, Ecke Clarence Drive/Broadwith Road, Tel. 028-272 9311, Mo–Fr 8–16.30, Sa/So 8–17 Uhr; Rundwanderwege und kleine Wasserfälle.

Kogelberg Biosphere Reserve, kurz nach Betty's Bay von der R 44 links abbiegen. Tel. 028-271479, www.kogelbergbiosphere.org.za. Das erste *Unesco Biosphere Reserve* im südlichen Afrika! Ein Paradies für Naturliebhaber. Wanderungen in den zerklüfteten Hottentots Holland Mountains und Schwimmen im Palmiet River.

Pinguin-Kolonie, Stony Point, Tel. 082-4168683. Öffnungszeiten tägl. 9–17 Uhr, Eintritt 10 Rand.

Kleinmond

In Kleinmond lohnt ein Abstecher in die Harbour Road, hier reihen sich Tante-Emma-Läden, Fish & Chips-Buden, Boutiquen und Strandkneipen aneinander. Ein paar Kilometer weiter kann man am wunderschönen, einsamen Sandstrand spazierengehen und mit etwas Glück eine seltene Nautilus-Muschel finden. Mit einem Kanu lässt sich die Lagune erkunden und das von der Sonne erwärmte Lagunenwasser ist zum Baden angenehmer als der kalte Atlantik.

Information

Hangklip-Kleinmond Tourism Bureau, Shop 1, Protea Centre, Main Rd, www.ecoscape.org.za. Mo–Fr 8.30–17 Uhr, Sa 9–14 Uhr, So 10–14 Uhr.

Restaurant

Lunch-Tipp

Europa Restaurant and Coffee Bar (RR-RRR), 18 Harbour Rd, Tel. 028-2715107. Tägl. 9–22 Uhr. Rustikale Strandkneipe direkt am Meer, hier kommt Urlaubsstimmung auf. An Wochenenden lange Wartezeiten.

The Potters's Garden Restaurant (RR-RRR), 14 Harbour Rd, Tel. 028-2715505. Tägl. 8–17 Uhr. Eine Töpferei mit Garten, hier gibt es leckere Hühnerpastete, traditionelle Bobotie, Quiche, Salate, Kaffee und Kuchen.

Unterkunft

Arabella Hotel & Spa (RRRRR), Bot River Lagoon, R44 zwischen Kleinmond und Hermanus, Tel. 021-4305302, www.africanpridehotels.com. Luxus vom Feinsten mit 18-Loch-Golfplatz. 117 Zimmer, 28 Suiten. Mit Mosaikarbeiten dekoriertes Wellness-Zentrum.

Oudebosch Mountain Camp (RR-RRRR), Kogelberg Biosphere Reserve, Tel. 021-4830190, www.capenature.co.za, zwischen Betty's Bay und Kleinmond. 5 geschmackvoll eingerichtete Eco-Holzhäuser für Selbstversorger mit je 2 Schlafzimmern (die Hütte „Everlasting" hat den tollsten Blick in die Berge). Pool, Wandern, Schwimmen im Fluss.

Aktivitäten

Pleasure Boats, Strand St, Kleinmond Lagune, Tel. 082-9648550. Auswahl an Kanus und Booten zur Erkundung der Lagune.

Weiterfahrt

Dort wo die R 44 auf die R 43 trifft nach rechts abbiegen, Richtung Hermanus. Kurz vor Hermanus, auf der Höhe des Vorortes Onrus, geht es links auf die R 320, die, abschnittsweise unbefestigt, über den 366 m hohen *Shaw's Mountain Pass* bis nach Caledon an der N 2 führt. Das Tal heißt *Hemel-en-Aarde Valley*. Von dort stammen die edlen Hermanus-Weine, u.a. von Hamilton-Russell und Bouchard-Finlayson. Direkt an der Kreuzung, wo es auf die R 320 abgeht, liegt linkerhand das **Hemel-en-Aarde Village** mit Geschäften und Restaurants. Und wer **Hermanus** und die davorliegende Walker Bay aus der „Vogelperspektive" erleben möchte, biegt ganz kurz vor dem Ortsschild von Hermanus noch einmal nach links ab, auf den **Rotary Way Uitsig Pad,** der hoch ins **Fernkloof Nature Reserve** führt.

Hermanus

Der Ort rühmt sich gerne als die Wal-Metropole Südafrikas und unterstreicht das gleich mit einem festangestellten „Walschreier" *(Whale Crier),* der in der Saison durch die Straßen zieht. Auf einer Tafel sind die letzten Walsichtungen notiert, und wann immer ein neuer „Kommunal"-Wal in der Bucht „entdeckt" wird, bläst er in sein Seetanghorn (da mittlerweile sehr viele Wale kommen, ist der Walschreier häufig aus der Puste ...). Wer Wale in ruhigerer Umgebung beobachten will, muss dem Küstenverlauf weiter nach Süden folgen.

Das einst verschlafene Städtchen Hermanus ist mittlerweile ein typischer Touristenort geworden, in der Saison mit einem erheblichen Besucherandrang. Zahlreiche Souvenirläden, Boutique-Hotels und Restaurants aller Preisklassen „zieren" die Straßen.

Wal-Bekanntschaft

In den letzten Jahren kamen mehr und mehr Wale an die Küsten Südafrikas, vor allem an die rund ums Kap.

Jedes Jahr zwischen April und Dezember zieht es vor allem **Glattwale** *(Southern right whales)* an die Küsten der Kap-Provinz, um zu kalben und ihre Jungen aufzuziehen. **Buckelwale** *(Humpback whales)* sieht man von Mai bis November auf ihrem Weg zu den Futter- und Paarungsgründen vor Mosambik und Angola. *Bryde's Whales* sind schwieriger zu beobachten, da sie sich meist weiter von der Küste weg in der False Bay aufhalten. Ein echter Glücksfall sind Sichtungen der wunderschönen, schwarzweißen **Killerwale** *(Orcas)*, die auch schon vor Bantry Bay gesehen worden sind. Die **beste Zeit** zum Walebeobachten liegt generell **zwischen Juli und November,** sowohl vom Land als auch vom Boot aus.

Die besten Beobachtungspunkte an der Kaphalbinsel sind:

- vom Chapman's Peak Drive, quasi aus der Vogelperspektive, über der Bucht von Hout Bay, in der sie sich oft tummeln;
- von Kommetjie entlang der Main Road nach Scarborough;
- in Smitswinkel Bay vom Parkplatz an der Straße aus;
- Miller's Point, Simon's Town und Glencairn von der Küstenstraße aus ganz nahe am Strand
- in Fish Hoek vom Jager's Walk entlang der Küste aus;
- von Clovelly von der Küstenstraße aus
- vom Boyes Drive aus vor Kalk Bay und St. James
- in Muizenberg vom Küstenwanderweg nach St. James aus

Zwischen Gordon's Bay und Hermanus kommen die Wale sehr nahe an Küste heran und können von den vielen Parkbuchten aus beobachtet werden. In Hermanus gibt es einen befestigten Klippenpfad mit Bänken. *Die Kelders, Gansbaai* und *Witsand* haben sehr gute Walbeobachtungsmöglichkeiten. **Der beste** und schönste **Platz** zum Wale-Gucken **ist das De Hoop Nature Reserve.**

Da die Delfine und Wale häufig ihre Positionen wechseln, ist es sinnvoll, sich vorher zu erkundigen, wo die Chancen am größten sind. Die MTN Whale Hotline meldet unter der gebührenfreien Telefonnummer 080-0228222 ständig aktuell Walsichtungen. Genauere Infos zu Walen, ihrem Verhalten und zur Walbeobachtung gibt es auf der sehr gut gemachten Website: **www.whaleroute.com**

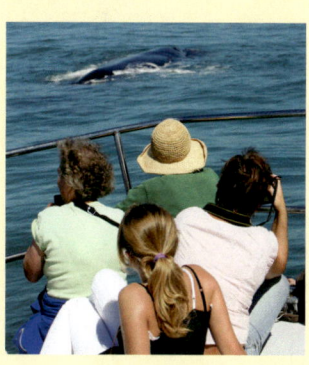

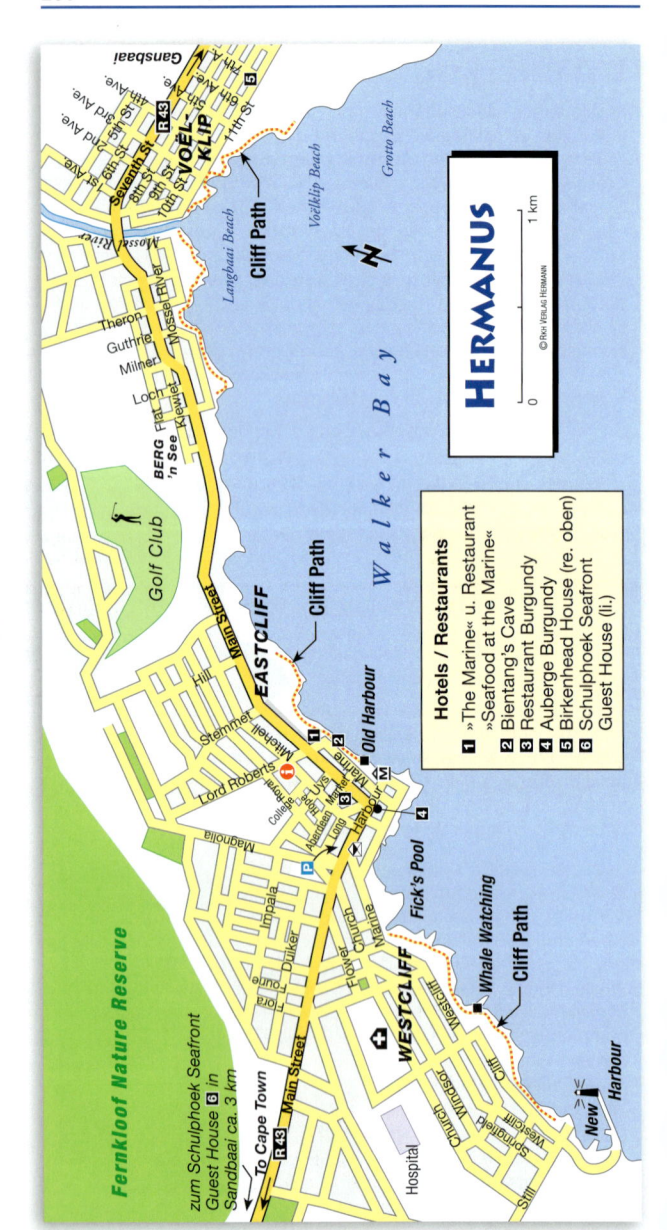

Walküste

Hermanus Information

Hermanus Tourism Bureau, Old Station Building, Mitchell St, Tel. 028-3122629, www.hermanus.co.za. Infos und Reservierungen für Unterkünfte und Walbeobachtungs- bzw. Haitauch-Touren; es gibt sehr viele B&Bs aller Preisklassen, Bilder der Unterkünfte können angesehen werden. Das nette Personal des Info-Zentrums checkt sofort, ob noch Zimmer frei sind und bucht auf Wunsch; Internet-Café.

Infos zum jährlichen Walfestival: Tel. 028-3130928, www.whalefestival.co.za.

Restaurants

Lunch-Tipps

B's Steakhouse & Grill (RRR), Hemel- und Aarde Valley, vor Hermanus links, dort wo die Straße zu den Hermanus-Weingütern abgeht, Tel. 028-3163625, Dinner Di–So. Mehrfach preisgekröntes Steakhaus, Preise nach Gewicht der Fleischbrocken, exzellente Weinliste.

Bientang's Cave (RR), unterhalb vom Marine Drive, Tel. 028-3123454, www.bientangscave.com. Über eine steile Treppe erreicht man das rustikale, in einer Grotte in den Klippen befindliche Fischrestaurant. Aussicht und Essen ergänzen sich gut. Vor allem in der Walsaison speist man unglaublich nahe an den Ozeanriesen.

Dinner-Tipps

Seafood at the Marine (RRR), The Marine Hotel, Marine Drive, Tel. 028-3131000, www.marine-hermanus.co.za/seafood-at-the-marine, tägl. Lunch & Dinner. Im Gegensatz zum ebenfalls im Marine Hotel befindlichen elegant-vornehmen „Pavillon Restaurant" ist das „Seafood" die deutlich relaxtere Angelegenheit; nichtsdestotrotz sind die angebotenen Gerichte ausgezeichnet zubereitet und *die* Adresse in Hermanus für Fisch- und Schalentiergerichte.

Burgundy Restaurant (RRR), Market Square, Harbour Road, Tel. 028-3122800, www.burgundyrestaurant.co.za. Leichte, mediterrane Küche mit Schwerpunkt auf Fischgerichten; von den Tischen im Freien lassen sich die Wale in der Bucht beobachten.

Unterkunft

The Marine (RRRRR), Marine Drive, Tel. 028-3131000, www.marine-hermanus.co.za. Das luxuriöseste Hotel vor Ort direkt am Meer, große Zimmer, jene mit Meerblick sind natürlich die Schönsten; bei offenem Fenster hört man in der Nacht die Gesänge der Wale.

Auberge Burgundy (RRR), 16 Harbour Rd, Tel. 028-313 1201, www. auberge.co.za. Das stilvolle, pastellfarbene Gästehaus ist zwar nach dem Burgunder benannt, sieht aber so nach Provençe aus, dass es einer Filmkulisse entnommen zu sein scheint; schattige Innenhöfe, kleine Steinbalkone, 17 Zimmer und eine Penthouse-Suite. Das nicht weit entfernte, historische Burgundy-Restaurant gehört den gleichen Besitzern.

Schulphoek Guest House (RRR), 44 Marine Drive, Tel. 028-3162626, www.schulphoek.co.za. An der Schulphoek-Bucht mit tollem Meerblick gelegen; Dinner auf Wunsch, entweder mit Wild oder Fisch; Weinkeller mit über 2000 Flaschen!

Birkenhead House (RRRRR), 7th Ave, Voelklip, Tel. 028-3148000, www.birkenheadhouse.com. Eine der schönsten und exklusivsten Übernachtungsmöglichkeiten in der Western Cape Province. Direkt auf die Felsen an der Küste gebaut. Ethnische und Beach House-Elemente wurden geschickt und mit viel Stil gepaart. Perfekter Luxus. Gourmet-Menus am Abend. Fitness- und Wellnessbereich.

Weingüter

Hamilton Russell Vineyards, Tel. 028-3123595, www.hamiltonrussellvineyards.com. Weinverkauf und -proben Mo–Fr 9–17, Sa 9–13 Uhr, Keller- und Weinbergtouren nach Vereinbarung. Auch kann Olivenöl verkostet und gekauft werden, schöne Aussicht ins pittoreske Hemel-en-Aarde-Tal.

Das Gut produziert nur zwei Weine, einen *Chardonnay* und einen *Pinot Noir*, was die Weinprobe überschaubar macht. Beide Weine sind mehrfach national und international preisgekrönte Fünfsterne-Produkte. Dafür verantwortlich ist neben dem kühlen Walker-Bay-Klima der steinige, wenig nährstoffreiche und kalkhaltige Boden.

Bouchard Finlayson, Tel. 028-3123515, www.bouchardfinlayson.co.za. Weinverkauf und -proben Mo–Fr 9.30–17, Sa 9.30–12.30 Uhr. Fynbos-Touren nach Vereinbarung. Ebenfalls ausgezeichnete Weine; die *Pinot Noirs* konnten bereits mehrfach erfolgreich gegen Top-Burgunder bestehen. Probieren: *Galpin Peak Pinot Noir, Tête de Cuvée Galpin Peak Pinot Noir, Missionvale Chardonnay, Kaaimansgat Chardonnay, Sans Barrique Chardonnay, Pinot Blanc-Chardonnay, Hannibal, Sauvignon Blanc Reserve*.

Sehenswert

Fernkloof Nature Reserve, Rotary Way Uitsig Pad, Tel. 028-3138000; einheimischer Fynbos und Super-Aussicht auf Hermanus und die Walker Bay.

Walbeobachtung vom Katamaran: www.southern rightcharters.co.za oder, etwas abenteuerlicher, von einem Kajak aus: www.walkerbayadventures.co.za.

Hermanus – Bredasdorp

Hermanus scheint sich ewig hinzustrecken. *Kleinriviersvlei* bietet einen schönen langen Sandstrand. Dann wird **Stanford** erreicht, von wo die R 43 nach **De Kelders** führt. Dort steht mit **Grootbos** eine der schönsten Lodges der Gegend. Im privaten, traumhaft gelegenen Naturreservat gibt es begleitete Fynbos-Touren zu Fuß oder zu Pferde.

De Kelders bietet von seinen Klippen aus mindestens genausoviele Walsichtungen wie Hermanus, mit dem Unterschied, dass hier praktisch kein Rummel herrscht. In der Klipgat Höhle im Walker Bay Naturreservat wurden Artefakte aus der Steinzeit gefunden. Bei Ebbe kann man die vielen Stufen zur Höhle hinuntersteigen und die spektakuläre Aussicht über die Walker Bay genießen. Ein weiteres Highlight ist das Beobachten der Weißen Haie in Gansbaai vom Boot aus, für Mutige auch unter Wasser aus einem Käfig heraus.

Begegnung mit Kindern im deutschen Missionsdorf Elim

De Kelders / Gansbaai

Unterkunft

Grootbos Private Nature Reserve (RRRRR), auf der R 43, 13 km hinter Stanford links ab, Tel. 028-3848000, www.grootbos.com. Zur Auswahl stehen die ethnische Garden Lodge oder die ultramoderne Forest Lodge in einem 1500 Jahre alten Melkbos-Wald . Alle Suiten mit Aussicht über die False Bay, Preise inkl. aller Mahlzeiten und Aktivitäten.

Kleinzee Oceanfront Guesthouse (RRR) 59 Cliff St, De Kelders, Tel. 083-6505156, www.sa-venues.com/visit/kleinzeeoceanfront. Gästehaus direkt am Wasser, alle drei Zimmer haben Meerblick. Sogar von der Dusche in der Honeymoon-Suite sieht man das Meer ...

Sea Star Lodge (RRR-RRRR), 19 Ingangstr, De Kelders, Tel. 028-3840012, www.gansbay.de. Ultramodernes Gästehaus direkt an der Küste. Tipp: Vom „Rooftop"-Zimmer mit 40 qm großer Dachterrasse bietet sich ein 360 Grad Rundumblick über den Ort und den Atlantik.

Die südwestlich von De Kelders liegende, äußerste Kapspitze heißt hier nicht umsonst **Danger Point.** Hier liefen schon einige Schiffe auf Grund. Das wohl berühmteste ist die *HMS Birkenhead,* die 1852 mit 600 englischen Soldaten auf dem Weg nach Algoa Bay war, um dort im 8. Grenzkrieg gegen die Xhosa zu kämpfen. Am 26. Februar lief sie auf den versteckten Klippen auf. Die Soldaten standen auf Deck Spalier und ließen die sieben Frauen und 13 Kinder zuerst in die beiden kleinen Rettungsboote. Die Zivilisten überlebten, 445 Soldaten kamen ums Leben. Und der Seenotspruch „Frauen und Kinder zuerst!" war geboren.

Die gefährlich zerklüftete Küste setzt sich bis zu Afrikas südlichstem Punkt **Cape Agulhas** fort, der Bau einer durchgehenden Küstenstraße ist geplant. Von **Pearly Beach** führt eine staubige Piste ins Landesinnere an verschiedenen Weingütern vorbei und über das 1824 von Deutschen gegründete Missionsdorf **Elim** mit seinen hübschen, weißverputzten und riedgedeckten Häuschen bis nach **Bredasdorp**. Im dortigen, hochinteressanten *Shipwreck Museum* ist die Geschichte der Birkenhead eindrucksvoll beschrieben. Zahlreiche Fundstücke von Wracks machen die Schiffskatastrophen greifbar.

Sehenswert

Bootsausflüge oder Tauchgänge mit den Weißen Haien in Gaansbaai. Infos siehe s.S. 22.

Bredasdorp

Information

www.theoverberg.com

Unterkunft

Firland House (RR-RRR), 5 Fir Lane, Tel. 028-4252808, www.firlanehouse.co.za. Geschmackvoll eingerichtetes und zentral gelegenes Gästehaus im Kolonialstil.

Restaurant

Lunch-Tipp **Bredasdorp Square** (RR) Ecke Lang St/Claredon St, Tel. 028-4251420. Frühstück und Lunch von montags bis samstags. In diesem gemütlichen Restaurant gibt es die leckersten Waffeln und Pfannkuchen in der Region Overberg. Von der Veranda aus überblickt man den Garten und den Marktplatz.

Sehenswert

Shipwreck Museum. Independent Street, Tel. 028-4241240, Mo–Fr 9–16.45 Uhr, Sa 9–14.45, So 10.30–12.30 Uhr; viele Fundstücke von havarierten Schiffen.

Shopping

Kapula Candles, Patterson Road/1st Avenue im Industriegebiet, Tel. 028-4242829, www.kapula.net. Riesiger Laden mit handgemachten Kerzen in allen erdenklichen Farben und Formen. Nettes Café.

Julian's, 22 All Saints Rd, Tel. 028-4251201, www.juliankeysceramics.co.za. Mo–Sa 9–21 Uhr. Textilien, Keramik und vieles mehr. Toller Laden mir Café, Restaurant und Biergarten.

Von Bredasdorp führt die R 319 direkt nach Süden über Struisbaai mit seinem pittoresken alten Hafen und weiter zum südlichsten Punkt Afrikas, **Cape Agulhas.** Sehenswert ist der Leuchtturm mit Museum und Café. Nach einigen Kilometern erreicht man den Aussichtspunkt, wo sich der Indische und Atlantische Ozean treffen. 5 km weiter sieht man das 1982 gestrandete taiwanesische Schiffswrack *Meisho Maru,* das immer mehr zerfällt.

Cape Agulhas

Information

L'Agulhas Tourism Information, im Leuchtturm, Tel. 028-4357185, www.discovercapeagulhas.co.za.

Restaurants

Dinner-Tipp **Agulhas Country Lodge** (RRR), Marine Drive, tägl. Frühstück, Lunch u. Dinner, Tel. 028-4357650. Fleisch und Fischgerichte; unbedingt einen Tisch direkt am Fenster buchen. Nach dem Dinner am besten in einem der schönen Zimmer übernachten.

Zuidste Kaap, 99 Main Rd, Tel. 028-4357838, tägl. Frühstück, Lunch u. Dinner. Auf der Speisekarte des südlichsten Restaurants Afrikas stehen unter anderem fangfrischer Fisch und Eisbein.

Unterkunft

Agulhas Country Lodge (RRR-RRRR), Marine Dr, Tel. 028-4357650, www. agulhascountrylodge.com. Attraktives, am Hang gelegenes Gästehaus aus Natursteinen der Umgebung, tolle Sicht aufs Meer; sehr gute Küche mit Schwerpunkt auf frisch gefangenem Fisch; Bar mit marinem und Luftfahrt-Thema; deutsche Besitzer.

Agulhas Ocean Art House (RRR), 4 Main Rd, Tel. 028-4357503, www.capeagulhas-arthouse.com. Modernes Gästehaus direkt am Meer. Die ideale Unterkunft für Kunstliebhaber, deutsche Besitzer. Auch für Tagesbesucher gibt es Kaffee und Kuchen sowie Abendessen auf Vorbestellung.

Pebble Beach B&B (RR-RRR), Vlei Ave, Suiderstrand, Tel. 028-4357270, www.pebble-beach.co.za. Wildromantisches, riedgedecktes Gästehaus mit nur drei Zimmern und einem separaten Ferienhaus (max. 6 Pers.) direkt am Meer, 5km westlich vom Leuchtturm.

Aghulas Rest Camp (RR-RRR), Tel. 028-4356222, www.sanparks.org/parks/agulhas. Das Rest Camp besteht aus 8 riedgedeckten Holzhäusern (2-6 Pers.) und dem historischen und renovierten Lagoon House (8 Pers.). Beide sind direkt an der Küste, etwa 10 km vom Leuchtturm entfernt. Verpflegung mitbringen.

Sehenswert

Cape Agulhas Lighthouse, Tel. 028-4356222, www.sanparks.org, Mo–Sa 9–16.15, So 9–14 Uhr. Interessantes Museum zur Geschichte der Leuchttürme. Dieser 1848 erbaute Leuchtturm ist neben dem im Kapstädter Stadtteil Green Point der älteste im Land.

Sehenswert ist der **historische Hafen** von Struisbaai.

De Mond Nature Reserve, www.capenature.co.za. Ein Paradies für Naturliebhaber. Ein Tipp ist der 7 km lange *Sterna Hiking Trail* bis zur Flussmündung des Heuningnes River. Einsamer Sandstrand.

Cape Agulhas Lighthouse

Der **längste Sandstrand** der südlichen Hemisphäre (24 km) liegt zwischen Struisbaai und Arniston.

Weiterfahrt

Um in den nächsten Küstenort zu gelangen, gilt es, die R 319 wieder zurück nach Bredasdorp zu fahren und dann auf der R 316 Richtung Südosten, nach **Waenhuiskrans,** das auch **Arniston** genannt wird. „Arniston", weil ein Schiff gleichen Namens vor der Küste gesunken ist, „Waenhuiskrans", weil das Afrikaans-Wort „Ochsenwagenhöhle" bedeutet und sich auf die Grotte in der Felsenküste zwischen den Sandstränden bezieht, die so groß ist, dass sie einen solchen Wagen locker hätte aufnehmen können.

Arniston ist Stranderlebnis pur. Da sich der Ort östlich des Cape Agulhas befindet, ist das Wasser deutlich wärmer als um Kapstadt. Ausgedehnten Badefreuden steht also nichts im Weg. Im Ort sehenswert sind die alten, weißverputzten und riedgedeckten Häuschen der Coloured-Fischermänner, deren über 200 Jahre alte Siedlung **Kassiesbaai** genannt wird. Das Arniston Hotel veranstaltet Kerzenlicht-Dinner für seine Gäste in den historischen Häuschen. Die Coloureds kochen dann traditionelle Gerichte.

Wer Glück hat, die Fischer dabei zu beobachten, wie sie ihre Boote ins Meer lassen, erlebt ein besonderes Schauspiel. Ein Traktor schiebt die bunten Schiffe mit Vollgas die betonierte Rampe hinunter, die Fischermänner halten es rechts und links, und wenn es in die Wellen schießt, springen sie auf, und dem Traktorfahrer spült die Welle über den Kopf.

Arniston

Unterkunft

The Arniston Spa Hotel (RRRR-RRRRR), Beach Rd, Tel. 028-4459000, www.arnistonhotel.com. Wunderbares Hotel am Meer, unbedingt die Balkonzimmer mit Meerblick im ersten Stock *("luxury seafacing")* wählen, sie sind nach vor der Küste gesunkenen Schiffen benannt; gutes Restaurant im Haus.

Arniston Seaside Cottages (RR), Harbour St, Tel. 028-4459772, www.arniston-online.co.za. Riedgedeckte Häuschen mit offenem Kamin für Selbstversorger.

Arniston Lodge (RR-RRR), 23 Main Road, Tel. 028-4459175, www.arnistonlodge.co.za. Traditionelles, riedgedecktes Haus im Ort, Besitzer Erwin Brigl spricht Deutsch.

Und wieder geht es zurück nach Bredasdorp. Von dort 6 km auf der R 319, dann nach rechts auf die Piste zum **De Hoop Nature Reserve.** Vorsicht ist angeraten! Die Staubstraße verleitet zum Schnellfahren, was in den Kurven leicht zum Verlust des Bodenkontakts führen kann. Nach 31 km Staub und Schotter geht es kurz vor *Ouplaas,* wo es einen kleinen Laden gibt, rechts ab zum **De Hoop Nature Reserve.** Am Eingangstor wird ein kleines Eintrittsgeld fällig. Das 360 km² große Gebiet gehört zu den schönsten Nature Reserves der Kap-Provinz. Einsame Sandstrände mit weichem, weißen Sand, von der Sonne aufgeheizte Felsenpools in den Klippen, Buntböcke, Zebras, Elen-Antilopen und mit Sicherheit die besten **Walsichtungen** an der gesamten Küste! Vor den Felsenklippen in De Hoop finden sich oft bis zu 50 Wale gleichzeitig ein – und das vor einem meist sehr kleinen Publikum und völlig ohne „Walschreier" ...

Am Strand von De Hoop

De Hoop Nature Reserve

Unterkunft

De Hoop Nature Reserve (RR-RRRRR) Tel. 028-5421253, www.dehoopcollection.co.za. Im Reservat gibt es vom Campingplatz über einfache Selbstversorger-Hütten bis hin zum luxuriösen Gästehaus für jeden Geldbeutel etwas.

Diverse Wanderwege, geführte Mountainbike- und Vogelbeobachtungs-Touren, Tennisplatz und Pool. Der Park ist auch für Tagesbesucher geöffnet. Das Fig Tree Restaurant serviert täglich Frühstück, Lunch, Kaffee, Kuchen und Dinner.

Zurück auf der Piste wird nach weiteren 15 km **Malgas** erreicht, wo der breite *Breede River* den Weg versperrt. Südafrikas einzige handgezogene Fähre *(pont)* überquert ihn. Sie operiert nur tagsüber und solange es hell ist.

Kurz darauf trifft die Piste auf die ebenfalls nicht asphaltierte R 324, wo es rechts nach **Witsand** weitergeht. Der Ort ist gleichermaßen berühmt für seinen langen, schönen Sandstrand und für die hervorragenden Walbeobachtungsmöglichkeiten.

Witsand

Information

www.witsandtourism.co.za, Tel. 028-5371010

Unterkunft

Breede River Lodge (RRR), Breede River Mouth, Tel. 028-5371631, Fax 5371650, breederiver@relais.co.za, Neue Website: www.breederiverlodge.co.za. Paradies für Angler, die ihren Fang in den Selbstversorger-Apartments (Nr. 201 bis 208) mit Grill im Freien zubereiten können; für Nicht-Angler empfiehlt sich die gleiche Unterkunftsart.

Ansel House, Tel. 042-2840993, www.witsandtourism.co.za/anselhouse. Holzhaus am Meer für Selbstversorger (max 6 Pers.), zum Strand zwei Minuten zu Fuß.

Weiterfahrt

Anschluss an die **Karoo-Tour** von Witsand auf die N 2 und über den Tradouw Pass nach Barrydale. Oder Anschluss an die **Garden Route,** ebenfalls von Witsand auf die N 2, aber in die Gegenrichtung nach Osten Richtung Mossel Bay.

Immobilienkauf in Südafrika

Ich habe eine Farm in Afrika ...

Viele Leser werden sich jetzt wohl fragen, was ein solcher Exkurs in einem Reiseführer verloren hat. Ganz einfach: Kapstadt begeistert Reisende aus Mitteleuropa. Und im Weltvergleich gibt es derzeit bei gleichem Lebensstandard nirgendwo günstiger Häuser und Grundstücke in grandioser Landschaft zu kaufen.

Da sich die Bedingungen zum Grunderwerb in Südafrika schnell ändern können, sind die nachfolgenden Tipps eher als erste Informationen gedacht. Im konkreten Falle sollte ein deutschsprachiger Anwalt in Kapstadt konsultiert werden.

Beim Generalkonsulat der Bundesrepublik Deutschland in Kapstadt (Triangle House, 19. Stock, 22 Riebeeck St, Tel. 021-4053000/23, www.kapstadt.diplo.de) ist sowohl eine aktuelle kostenlose Anwaltsliste als auch ein „Merkblatt zum Immobilienerwerb in der Republik Südafrika" erhältlich. Floor, Triangle House ... Telefon: +27 (0)21 - 4053023

Grundsätzlich gilt, dass es für Ausländer derzeit keine Beschränkungen beim Erwerb von Immobilien gibt. Grundstücksübertragungen erfolgen in Südafrika durch die Umschreibung beim Grundbuchamt, dem *Registrar of Deeds*. Nur Rechtsanwälte (*attorneys*), die gleichzeitig die Zusatzqualifikation zum Grundbuchanwalt (*conveyancer*) besitzen, können derartige Umschreibungen veranlassen.

Kaufverträge über den Grundstückskauf bedürfen in SA nicht der notariellen Form. Ausreichend ist vielmehr der schriftliche Abschluss des Vertrages und dessen Unterzeichnung durch Verkäufer und Käufer. Vorvertrag und Vormerkung sieht das südafrikanische Recht nicht vor.

Das Umschreibungsverfahren dauert in der Regel drei Monate. Im Normalfall wird der Reisende zunächst einmal an den bunten Bildchen in den Schaufenstern der zahlreichen Makler (*real estate agents*) hängenbleiben. Kurz darauf sitzt man bereits in deren Auto und schaut sich unverbindlich passende Objekte an. Beim Kauf übernehmen die Makler alle Formalitäten. Die Maklergebühren von derzeit 5% (oder frei verhandelbar) bezahlt der Verkäufer einer Immobilie. Der Käufer zahlt bei Unterzeichnung des Kaufvertrages 10% des Kaufpreises als Anzahlung, der Restbetrag wird unmittelbar vor der Umschreibung an den Grundbuchanwalt entrichtet.

Weitere Hinweise für den Käufer: Der Käufer der Immobilie zahlt zusätzlich maximal 8% des vereinbarten Kaufpreises, der sich folgendermaßen zusammensetzt:

O die *transfer duty*, die Steuer für die Übertragung des Grundstücks, die in etwa der deutschen Grunderwerbssteuer entspricht.

O die *transfer fee* ist eine gestaffelte Übertragungsgebühr, die der Käufer an den Grundbuchanwalt des Verkäufers zu zahlen hat.

Von 1994–2004 konnte jeder Südafrikaner und Ausländer für 10 Euro eine Firma anmelden und im Namen dieser Firma eine Immobilie kaufen, mit dem Vorteil, die anfallende *transfer duty* nicht bezahlen zu müssen. Wurde diese Immobilie inklusive Firma dann weiterverkauft, hatte der Käufer wiederum die *transfer duty* gespart. Seit der Gesetzesänderung 2004 ist dieses Verfahren nicht mehr möglich. Deshalb ist es sehr wichtig, lediglich die Immobilie einer Firma (*out of the cc*) zu kaufen, und nicht die Immobilie samt eingetragener Firma. Da hat schon so mancher ahnungsloser ausländischer Käufer die Katze im Sack gekauft. Zum Glück wurde im April 2011 ein neues Gesetz verabschiedet, der *"Consumer Protection Act"*. Sollte der Käufer kalte Füße bekommen, kann er innerhalb von fünf Tagen vom unterschriebenen Kaufvertrag zurücktreten.

Online-Immobilienangebote verschiedener Makler:

www.jawitz.co.za   www.pamgolding.co.za
www.seef.co.za   www.rawson.co.za
www.engelvoelkers.co.za www.harcourts.co.za
www.privateproperty.co.za www.sothebys.co.za

Die englischsprachigen Tageszeitungen in Kapstadt, Cape Times (erscheint morgens) und Cape Argus (erscheint nachmittags), legen ihren Auflagen mittwochs und samstags ausführliche Immobilien-Sonderteile bei.

Sonntags gibt es überall in der Kap-Provinz sogenannte Show Houses, d.h., die Besitzer räumen ihr Haus für einen Nachmittag und die Makler zeigen Interessenten die Immobilie, also eine Art „Tag der offenen Tür". Einfach den Show House-Schildern folgen (auch für Reisende interessant, die einfach mal gucken wollen, wie Südafrikaner so leben). Wenn die Makler einen deutschen Akzent hören, werden sie besonders wach ... Deutsche gelten als kapitalkräftig und gehören neben Briten zu jenen Ausländern, die am häufigsten Immobilien am Kap erwerben.

Tipp: Bevor Sie anfangen nach einer Immobilie Ausschau zu halten: Auswanderin Elke Losskarn, die seit 1994 in Kapstadt lebt, hat bereits mehrere Immobilien gekauft und verkauft, bringt viel Erfahrung durch die journalistische Tätigkeit mit und steht gerne zu einem persönlichen Gespräch zur Verfügung, um Fragen vor dem Immobilienerwerb zu beantworten.

Tel. 072-3721047 · info@elke-losskarn.com

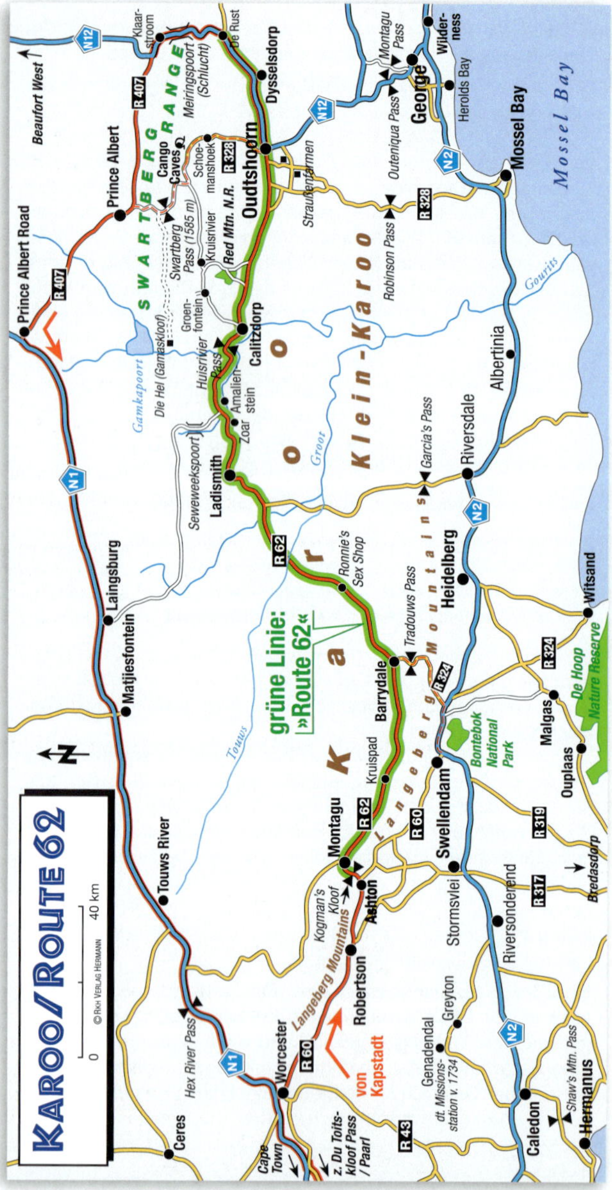

KAROO/ROUTE 62
0
40 km
© RKH VERLAG HERMANN
grüne Linie: »Route 62«
Beaufort West
Prince Albert Road
Prince Albert
Klaarstroom
De Rust
Dysselsdorp
Meiringspoort (Schlucht)
SWARTBERG RANGE
Cango Caves
Schoemanshoek
Swartberg Pass (1585 m)
Kruisrivier
Red Mtn. N.R.
Oudtshoorn
Straußenfarmen
Groenfontein
Die Hel (Gamkaskloof)
Gamkapoort
Huisrivier Pass
Calitzdorp
Amalienstein
Zoar
Seweweekspoort
Ladismith
Groot
Klein-Karoo
Laingsburg
Matjiesfontein
Touws River
Touws
Ronnie's Sex Shop
Tradouws Pass
Barrydale
Kruispad
Montagu
Kogman's Kloof
Ashton
Langeberg Mountains
Robertson
Hex River Pass
Worcester
Ceres
Cape Town
z. Du Toitskloof Pass / Paarl
von Kapstadt
Genadendal
dt. Missionsstation v. 1734
Greyton
Stormsvlei
Riversonderend
Swellendam
Bontebok National Park
Langeberg Mountains
Heidelberg
Garcia's Pass
Riversdale
Albertinia
Robinson Pass
Outeniqua Pass
George
Montagu Pass
Wilderness
Herolds Bay
Mossel Bay
Mossel Bay
Gourits
Witsand
De Hoop Nature Reserve
Malgas
Ouplaas
Bredasdorp
Caledon
Shaw's Mtn. Pass
Hermanus
N1
N2
N12
R 43
R 60
R 62
R 317
R 319
R 324
R 328
R 407

Karoo

Route (ca. 1100 km, ca. 3–5 Tage)

Kapstadt – N 1 Paarl – Du Toitskloof Pass – Worcester – R 60 Robertson – Ashton – Route 62 Montagu – Barrydale – (Abstecher über den Tradouws Pass nach Swellendam) – Ronnies Sex Shop – Ladismith – Amalienstein (Abstecher: Seweweekspoort) – Huisrivier Pass – Calitzdorp – Oudtshoorn – N 12 Meiringspoort – (Alternative: Swartberg Pass) – Prince Albert – R 407 Prince Albert Road – N 1 Matjiesfontein – Touws River – Hex River Pass – Worcester – Kapstadt

Um die Karoo-Tour gleich mit einem landschaftlichen Highlight zu beginnen, fährt man von Kapstadt auf der N 1 kommend die letzte Paarl-Ausfahrt, kurz vor dem mautpflichtigen Tunnel, von der N I herunter. Ein Schild weist zum **Du Toitskloof Pass,** von hier oben hat man eine tolle Aussicht auf das Weinland und das in der Ferne liegende Kapstadt. Mit etwas Glück sieht man sogar Paviane.

Von der N 1 in Worcester dann auf den Highway R 60 Richtung Robertson abbiegen, und nach dem Passieren einiger verlockender Weingüter um Robertson hinter Ashton links in die Route 62 abbiegen.

Robertson

Information

Robertson Tourism Bureau, Ecke Vortrekker/Reitz Street, Tel. 023-6264437, www.robertsonr62.com; Infos zu Übernachtungsmöglichkeiten und Weingütern der Region.

Weingüter

Robertson Winery, Tel. 023-6263059, www.robertsonwinery.co.za; Weinproben/-verkauf Mo–Do 8–17, Fr 8–17.30 Sa/So 9–15 Uhr. Eine Cooperative, der über 40 Winzer angehören. Probieren: *No. 1 Constitution Road Shiraz, Prospect Hill Cabernet Sauvignon, Phanto Ridge Pinotage, Kings River Chardonnay.*

De Wetshof Estate, Tel. 023-6151853, www.dewetshof.co.za. Weinproben/-verkauf Mo–Fr 8.30–17, Sa 9.30–13 Uhr, Kellertouren nach Vereinbarung, Berg- und Weinbergblick. Probieren: *Bateleur Chardonnay, Danie de Wet Limestone Hill Chardonnay, Rhine Riesling, Edeloes, Danie de Wet Cape Muscadel.*

Excelsior Estate, Tel. 023-6151980, www.excelsior.co.za. Weinproben/-verkauf Mo–Fr 10–16 Uhr, Sa 10–15 Uhr. Pittoreskes Weingut mit Gästehaus und Restaurant. Weinproben auf dem Holzdeck direkt am Stausee mit den Langeberg Mountains im Hintergrund. Probieren: *Evanthuis Cabernet Sauvignon und Shiraz Reserve.*

Viljoensdrift Wines, Tel. 023-6151901, www.viljoensdrift.co.za. Weinproben und -verkauf Mo–Fr 9–17 und Sa 10–15 Uhr. Weinproben direkt am Flussufer oder auf dem Boot „Uncle Ben". Picknickkörbe können im Deli-Laden zusammengestellt werden. Probieren: *Serenity, Villion.*

Springfield Estate, Tel. 023-6263661, www.springfieldestate.com. Weinproben und -verkauf Mo–Fr 8–17, Sa 9–16 Uhr, Kellertouren nach Vereinbarung, Picknickplätze, Kinderspielplatz. Probieren: *Méthode Anciènne Chardonnay, Méthode Anciènne Cabernet Sauvignon, Life from Stone Sauvignon Blanc, Wild Yeast Chardonnay, The Work of Time.*

Unterkunft

Fraai Uitzicht 1798 (RRR-RRRR), Klaas Voogds East, an der R 60, zwischen Robertson und Ashton, Tel. 023-6266156, www.fraaiuitzicht.com. Am Fuß der Langeberg Mountains liegt diese historische Wein- und Gästefarm in friedvoller Ruhe; Farmspaziergänge, alle Gästehäuschen haben offene Kamine, einen Grillplatz und große Verandas; Swimmingpool, Bambus-Wald, deutsche Besitzer.

Rosendal Wellness Retreat (RRR) Tel. 023-6261570, www.rosendalwinery.com. Kleines romantisches kapholländisches Weingut mit Gästehaus, Restaurant und Rosendal Spa. Genießen: Die Reiki Massage und den Black-Eagle-Rotwein.

Pat Busch Private Nature Reserve (RR), Tel. 023-6262033, www.patbusch.co.za. Weitab „vom Schuss" liegt dieses private Naturreservat für Selbstversorger. Von der Hängematte in die Ferne blicken und im Damm schwimmen.

Mo & Rose (RRR-RRRR), Tel. 023-6264134, www.moandrose.co.za. 7 km südlich von Robertson an der Straße R60 Richtung Ashton, links nach Klaasvoogds Wes abbiegen, 1,5 km Piste. Ein echter Geheimtipp, das Haus hat sechs Zimmer, einen Pool und liegt umgeben von herrlicher Landschaft am Fuß der Langeberg Mountains. Minibar, iPod docking station,

Internet, TV und DVD-Player mit einer Auswahl an kostenlosen DVDs. Im Bistro werden Frühstück, Lunch und Abendessen serviert. Deutsch-italienische Besitzer.

Restaurant

Fraai Uitzicht 1798 (RRR), zwischen Robertson und Ashton an der R 60, Tel. 023-6266156, www.fraaiuitzicht.com. Ländliche Gourmetküche, die frischen Produkte kommen direkt aus dem Gemüse- und Kräutergarten. Tipp: das siebengängige *„Fine Wine and Dine Menu"* mit sieben ausgewählten Weinen einschließlich Kaffee und Brandy. Im Winter wärmt drinnen der offene Feuerplatz, im Sommer bietet die Veranda eine schöne Aussicht über das Breede-River-Tal.

„Route 62"

Bevor Montagu erreicht wird, passiert man den **Kogman's Kloof.** Vor allem im letzten Nachmittagslicht, wenn die spektakulären, roten Felsformationen aussehen als würden sie von innen heraus leuchten, ist die Fahrt durch das Felsentor besonders spektakulär. Der Mini-Tunnel gilt als das Portal zur **„Route 62".**

Die Straße ist genauso alt wie ihr berühmtes amerikanisches Pendant, die „Route 66". Die R 62 ist Südafrikas „Route 66" – mit einem entscheidenden Unterschied: Die Afro-Variante wurde erst in den letzten paar Jahren „wiederentdeckt". Sie hat viele Gemeinsamkeiten mit der US-Version: Beide sind wichtige Ost-West-Arterien, die kleinen Städten Zugang zu einer Hauptdurchgangsstraße verschaffen sollten.

Abendstimmung in Montagu

Die Route 66 verbindet Chicago mit Los Angeles, die R 62 Kapstadt mit Port Elizabeth. Ihr **schönstes Stück** liegt **zwischen Montagu** und **Oudtshoorn.** Beide wurden durch nationale Highways ersetzt. In den USA killte die Interstate I-40 die Route 66, in Südafrika versetzte die N 2 der R 62 fast den Todesstoß. Glücklicherweise liegen die Dörfer an der südafrikanischen Straße in relativ reichen Farmgemeinden. Die Orte sind deshalb nicht zu Geisterstädten verkommen, sondern teilweise wunderbar erhalten geblieben, wurden vom Schnellverkehr der N 2 die letzten 40 Jahre einfach nur links liegengelassen. Statt *„Get your kicks on Route 66"* heißt der Slogan in Südafrika *„See the Karoo on Route 62".*

Schon das erste Gebäude in **Montagu,** der *Kloof Farm Stall,* weist mit einem frisch auf die weiße Hauswand gepinselten „Route 62"-Emblem im Stil der US-amerikanischen Interstate-Schilder auf den Highway hin. Kaffee und Kuchen im Restaurant sind hier, im Gegensatz zu ländlichen US-Regionen, sehr empfehlenswert.

Montagu selbst ist ein ruhiger, fast verschlafener Ort mit typischem Kleinstadt-Flair. Verkehrsschilder warnen vor Katzen, die die Straße überqueren könnten. Die Kirche wurde cremefarben gestrichen, weil die ursprüngliche weiße Farbe bei Sonnenschein (was hier fast immer vorkommt) die Leute geblendet hat.

Wem das noch nicht beruhigend genug ist, der sollte die heißen Quellen beim *Avalon Hotel* besuchen.

Die um die radioaktiven Hot Springs gebaute Herberge ist zwar an altmodischer Schrecklichkeit kaum zu überbieten, aber die Becken mit unterschiedlich temperiertem Heilwasser sind schön angelegt. Tagesgäste können hier wohlig entspannen. Und eine Bar gibt es auch.

Mit dem Motorrad unterwegs auf der Route 62

Montagu Country Hotel

Montagu

Information

Montagu Tourism Bureau, 24 Bath St, Tel./Fax 023-6142471, www.tourismmontagu.co.za; Infos zu Übernachtungen, Restaurants und Aktivitäten in und um Montagu.

Restaurants

Jessica's (RRR), 47 Bath St, Tel.023-6141805, www.jessicasrestaurant.co.za. Ein Restaurant in einem viktorianischen Haus von 1890 mit lauschigem Innenhof. Romantische Dinner bei Kerzenlicht.

Ye Olde Tavern (RR-RRR), Church St, 023-6142398. Tägl. 18–21.30 Uhr. Gemütliches Familienrestaurant in einem historischen Gebäude gegenüber der Kirche. Zur Auswahl stehen traditionelle Gerichte, wie Bobotie, Butter Fish, Cape Malay Chicken Curry und Spare Ribs.

Unterkunft

Montagu Country Hotel (RRR), Bath St, Tel. 023-6143125, www.montagucountryhotel.co.za. 110 Jahre altes Stadthotel mit Swimmingpool, zum Abendessen im Restaurant Klaviermusik, attraktiver, gut bestückter Pub aus altem Teakholz. Hotelbesitzer Gert Lubbe bietet in seinem 1956er Cadillac de Ville Touren durchs Weinland an. Wellness-Zentrum im Hause.

Guano Cave Guest Farm (R-RR)6 km außerhalb von Montagu an der R 62, Tel. 084-5534187, www.montaguguanocave.co.za. Rustikale Zelthäuser für Selbstversorger, warme Pools. Ausflug zur Guano-Höhle per Pferd oder Traktor.

Les Hauts de Montagu (RRR), an der Route 62, 3 km außerhalb von Montagu Richtung Barrydale, Tel. 023-6142514, www.leshautsdemontagu.co.za. An den Ausläufern der Langberge liegt diese 1865 erbaute Farm, deren Gebäude von dem belgischen Besitzerpärchen Eric und Myriam Brillant stilvoll restauriert worden sind. Absolut ruhige Lage mit gigantischer Aussicht.

Mimosa Lodge (RRR-RRRR), Church St, Tel. 023-6142351, www.mimosa.co.za. Stilvoll restauriertes historisches Haus; die Garden Suites sind die schönste Übernachtungsmöglichkeit. Prima Küche vom Schweizer Chefkoch und Mimosa-Besitzer Bernhard Hess.

Montagu – Barrydale

Dann ist wieder „Gleitzeit" angesagt. Eine Straße wie aus dem Bilderbuch, auf und ab, mal nach rechts, dann wieder sanft nach links swingend. Flankiert auf beiden Seiten von beeindruckenden Bergketten. Felder und Farmen erstrecken sich bis zu den Hängen. Große, silberne Windräder pumpen das kostbare Nass zur Bewässerung aus dem Boden.

Der nächste, größere Ort, 60 km von Montagu, hat sich bereits auf die ständig wachsende Zahl der Route-62-Befahrer eingestellt. **Barrydale** ist kleiner und noch ruhiger als Montagu. In den letzten Jahren hat der attraktive Karoo-Ort mit seinen etwa 400 Einwohnern Dutzende von „Aussteigern" aus dem In- und Ausland angezogen. Gründe gibt es viele: Die trockene, klare Luft, die schöne Berglandschaft und eine spürbare spirituelle Energie des Platzes. Menschen kommen – und bleiben einfach. Viele verlassene und teilweise verfallene Häuser und Farmgebäude wurden renoviert und sehen heute besser aus als je zuvor. Das einst spießig-konservative Dorfhotel, heute das *Barrydale Karoo Hotel,* zieren Gemälde im Art-déco-Stil. Um während der Renovierung etwas Geld in die Kasse zu bekommen, eröffneten die Vorbesitzer gleich nach dem Kauf des Hotels einen mit alten Kinoplakaten dekorierten Pub, der sofort zu einem beliebten Treffpunkt im Ort wurde – und zum Glück bis heute geblieben ist. Hier diskutieren weiße Farmer mit ihren farbigen Arbeitern, schwule Newcomer mit eingesessenen Heteros, Englischsprachige mit afrikaanssprachigen Südafrikanern und „Lesben mit allen ..."

Trotzdem ist nicht alles freizügig und paradiesisch in Barrydale. Die verhärmten Gesichter der ausgemergelten Menschen vor dem *Bottle Store,* der gegenüber vom Hotel billig Alkohol verkauft, sprechen für sich. Die Arbeitslosigkeit auf dem Land ist sehr hoch. Und wie in fast allen Karoo-Orten gibt es noch immer kein einziges Geschäft, das einem Schwarzen gehört.

Hoffnung bringen die Neuankömmlinge. Sie schaffen mit ihren Kunstgewerbe-Betrieben und Marmelade-„Fabriken" mehr und mehr Arbeitsplätze, binden die lokale Bevölkerung in ihre Geschäfte mit ein. Vielleicht wird der Andrang vor dem *Bottle Store* bald geringer.

Das, was *Meyer Joubert* herstellt, steht dort übrigens nicht im Regal. Der Merlot Cabernet Sauvignon-Verschnitt seines kleinen Weingutes außerhalb des Ortes ist nach der Straße, die ihn durchquert, benannt.

Der *Joubert Tradouw R 62* hat bei seiner Vorstellung in Weinkreisen nicht unerhebliches Aufsehen erregt. Der sympathische Mittvierziger studierte Weinbau in Stellenbosch und praktizierte im Anschluss längere Zeit im kalifornischen Napa Valley. „Highways und Straßen", erklärt er die Namenswahl, „finden sich häufig auf den Etiketten amerikanischer Winzer, warum nicht auch hier zu Hause?"

Weinlese bei Joubert Tradouw

Barrydale

Information

www.caperoute62.co.za, Tel. 023-6163563, www.barrydale.co.za, Tel. 028-5721572

Weingut

Joubert-Tradauw Winery, Tel. 028-5721619, www.Joubert-tradauw.co.za. Weinproben und -verkauf Mo–Fr 10–16, Sa 10–14 Uhr, Kellertouren nach Vereinbarung. Frühstück, Tapas und Lunch im Freien. Weitab von Kapstadt haben hier draußen in der Karoo die Weine noch ein gutes Preis-/Leistungsverhältnis. Probieren: Syrah, Chardonnay, R 62.

Unterkunft

Lentelus (RR-RRR), an der Route 62, von Montagu kommend 11 km vor Barrydale, Tel. 028-5721636 www.lentelus.co.za. Liebevoll dekorierte Zimmer, nette, freundliche Besitzer. Kinder sind willkommen. Ferien auf dem südafrikanischen „Bauernhof", sprich einer Wein- und Fruchtfarm. Großer Swimmingpool, Farm- und Kellertouren, Weinproben, Obstpflücken in der Saison. Restaurant nebenan auf der Joubert-Tradauw Winery. (Siehe oben)

Barrydale Karoo Hotel (RRR), Barrydale, 30 Van Riebeeck St, Tel. 028-5721226, www.barrydalekaroohotel.co.za. Der Werbeslogan deutet es bereits an: „Das schönste Boutique-Hotel der Karoo". Das alte Dorfhotel ist 2011 von einem Geschäftsmann aus Kapstadt gekauft und gründlich renoviert worden und präsentiert sich heute elegant und in ursprünglicher Pracht. Die Bar, in der auch musikalische Events stattfinden, ist einen längeren Besuch wert.

Aussicht auf den Breede River im Bontebock National Park

Abstecher nach Swellendam

Von Barrydale kann man über den grünen, landschaftlich sehr schönen *Tradouws Pass* nach **Swellendam** fahren. Südafrikas drittälteste Stadt (nach Kapstadt und Stellenbosch) bietet eine Fülle an historischen Gebäuden.

Unterkunft

Herberg Roosje Van De Kaap (RR), 5 Drostdy St, Tel. 028-5143001, www.roosjevandekaap.com. Charmante kleine Herberge, 13 mit Antiquitäten eingerichtete Zimmer, üppige Frühstücke; die Kerzenlicht-Dinner im gemütlichen Bistro sind sehr zu empfehlen. Pool.

Schoone Oordt Country House (RRRR), 1 Swellengrebel St, Tel. 028-5141248, www.schooneoordt.co.za. Ein wunderbar restauriertes viktorianisches Haus voller Charme. Großer Garten mit Salzwasser-Pool. Im Wintergarten-Restaurant werden exzellente Gerichte serviert und das Frühstück ist einmalig lecker.

Bontebock National Park (RR), Tel. 028-5142735, www.sanparks.org/parks/bontebok. Nur 6 km südöstlich von Swellendam mitten in der Natur und direkt am Breede River in Holzchalets mit Grillplatz für Selbstversorger übernachten. Tipp: Chalets Nr. 4 und 7 haben die schönste Aussicht.

Weiter auf der Route 62 von Barrydale nach Ladismith

Ronnie Price geht es ähnlich wie Meyer Joubert. Er muss sich ebenfalls keine Sorgen um seine Zukunft machen. Sein Geschäft brummt, und das, obwohl er eher zufällig dazu kam. Wer nicht aufpasst, fährt, 27 Kilometer nach dem Verlassen von Barrydale, an dem kleinen, weißen Gebäude rechts der Straße und mitten im Nichts vorbei. **„Ronnies Sex Shop"** steht da in großen, roten Buchstaben auf den weißverputzten Wänden.

Sex in the Country? Wer hier ein südafrikanisches Beate-Uhse-Sortiment erwartet, wird allerdings enttäuscht.

Im Halbdunkel des kleinen Gebäudes steht eine lange Theke, dahinter ein üppig mit Flaschen bestücktes Regal, diverse Kühlschränke mit viel Bier und wenig Softdrinks. Hinter dem Tresen hebt ein bärtiger Typ mit langen blonden Haaren, durch die sich ein paar vereinzelte graue Strähnen ziehen, grüßend seine Hand. Offensichtlich Ronnie. Und was ist mit Sex?

„Ich hatte vor, einen Laden an der Straße aufzumachen", erzählt Ronnie, „wollte frische Früchte und

Route 62 und Ronnies Sex Shop

so'n Zeug von meiner Farm verkaufen". Und so fing er an, die ehemalige Arbeiter-Unterkunft zu renovieren und den roten Schriftzug „Ronnies Shop" anzubringen. Dann waren seine Freunde an der Reihe.

„Ich kam eines Nachts nach Hause, und da stand plötzlich ‚Sex' hinter ‚Ronnie'. Wahnsinnig witzig. Ich war stinksauer, hab' das dann einfach stehenlassen und weiter renoviert."

Mehr und mehr Leute hielten an. Ronnie gab ein Bier aus. Ab und zu legte er ein paar Würste auf den Grill. Irgendwann sagte dann jemand: „Mensch, Ronnie, warum machst du eigentlich keine Kneipe auf?" Seither steht „Ronnies Sex Shop" praktisch synonym für die Route 62 und ist einer der bekanntesten und beliebtesten Pubs in Südafrika. Und ein willkommenes „Wasserloch" am ausgetrocknetsten und texasähnlichsten Teil der Strecke ...

Das einzige, was ein bisschen an „Sex" erinnert, ist leicht angestaubte, schwarze Damenunterwäsche, die von der Decke baumelt, sowie einige Spielkarten mit unbekleideten Damen (und Herren), die hinter der Theke hängen. Alle Wände sind mit Kommentaren angeheiterter Gäste vollgeschrieben und mit deren Visitenkarten zutapeziert. Weniger mit Sex zu tun, aber bei der Hitze trotzdem orale Verzückung versprechend, ist das, was Ronnie auf die Theke stellt: eiskaltes Bier – ein himmlischer Genuss, wenn draußen die heiße Karoo-Sonne herunterbrennt ...

Ronnies Sex Shop, an der Route 62, zwischen Barrydale und Ladismith, Tel. 028-5721153, www.ronniessexshop.co.za.

Nach dem Verlassen von Ronnies Sex Shop wird die Gegend immer trockener, und je mehr sich die Farbe Grün reduziert, desto mehr kommt dieses wüstenhafte Road-Movie-Gefühl auf. Am Horizont tauchen die beiden Gipfel des *Toorkop* auf, des verhexten Berges. Eine Legende besagt, dass eine Hexe hier vorbeikam und sie der Berg, der ihren Weg versperrte, so nervte, dass sie ihn kurzerhand mit ihrem Zauberstaub in der Mitte durchschlug.

Am Fuße des Toorkop liegt **Ladismith.** Wieder ein Ort, wo man annehmen könnte, dass das Trinkwasser regelmäßig mit nicht unerheblichen Mengen von Valium versetzt wird. Die Tankstelle ist willkommen, da es an der Route 62 nicht viele gibt, und der Farmladen in der Ortsmitte ist erstaunlich gut sortiert.

Immer häufiger stehen nun größere Gruppen von **Straußen** in der Landschaft herum. Sobald ein Auto kommt, macht sich das flugunfähige Großgeflügel panisch aus dem Staub, was überaus komisch aussieht.

Abstecher:

21 km nach Ladismith, kurz vor Amalienstein, geht es nach links auf die staubige Piste in die spektakuläre Schlucht des **Seweweekspoort** – ein guter Platz für ein Picknick.

Zurück auf der R 62 und nur ein paar hundert Meter weiter, Richtung Calitzdorp, weist ein Schild mit der Aufschrift **„Amalienstein"** nach rechts. Deutsche Missionare haben die schöne und überraschend große Kirche für die einheimische farbige Bevölkerung vor über 100 Jahren erbaut. Den Schlüssel hat der Pfarrer, der gegenüber wohnt.

Amalienstein-Info: Tel. 028-5611000, Auskünfte zur Missionsstadt und zu Bed & Breakfast-Unterkünften im Ort.

Ebenfalls „göttlich" ist der **Huisrivier Pass,** der in ein tiefgelegenes Flusstal und in zahlreichen Kurven durch eine Felsenlandschaft weiter nach **Calitzdorp** führt. Und wo wir gerade beim Thema „göttlich" sind: Calitzdorp ist das Portwein-Zentrum Südafrikas, und der weiße Port schmeckt einfach himmlisch.

Calitzdorp

Information

Calitzdorp Tourism Bureau, Tel. 044-2133312, www. calitzdorp.co.za; Auskünfte zu Übernachtungen und Sehenswürdigkeiten der Umgebung.

Weingüter

Klein Karoo Wine Route, Tel. 028-5721284, www.klein karoowines.co.za. Infos zu 20 Weingütern und zur Region.

Nicht verpassen sollte man:

Boplaas Family Vineyards, Tel. 044-2133326, www.boplaas.co.za. Weinproben und -verkauf Mo–Fr 8–17, Sa 9–15 Uhr, Kellertouren nach Vereinbarung, permanente Ausstellung mit San-Artefakten. Probieren: *Muscadel, Cape Vintage Reserve Port, Cape Tawny Port, Haneppot Reserve, Chocolate Cape Vintage Port, Ring of Rocks.*

De Krans, Tel. 044-2133314, www.dekrans.co.za. Weinproben und -verkauf Mo–Fr 8–17, Sa 9–15 Uhr. Lunch wird Mitte Februar bis Mitte März samstags u. mittwochs während der Traubenlese serviert, und wer will, kann selber Trauben pflücken. Ende Nov. bis Anfang Dez.: Selbstpflücken von Aprikosen. Olivenölverkauf. Probieren: *Touriga Nacional, Red Stone Reserve, White Muscadel Jerepigo, Cape Vintage Reserve Port, Cape Tawny Port, Cape Ruby Port.*

Unterkunft

Red Mountain Nature Reserve (RRR), www.redmountain.co.za, Tel. 083-4404040. 14 km hinter Calitzdorp Richtung Oudtshoorn folgen Sie einer Staubpiste von der R 62 nach links, nach weiteren 4 km liegt die Lodge linker Hand abgelegen zwischen bizarren Sandsteinfelsen. Fünf wunderschöne Suiten mit Kochnische, sagenhafter Pool, Restaurant. Der ideale Ort, um die Seele baumeln zu lassen.

The Port Wine Guest House (RR), 7 Queen St, Tel. 044-2133131, www.portwine.net. Stilvolles, mit Antiquitäten eingerichtetes Haus, sehr engagierte und freund-

In den Red Mountains zwischen Calitzdorp und Oudtshoorn

liche Besitzer, die auch selbst Strauße aufziehen und diese ihren Gästen zeigen; Dinner auf Wunsch.

Seweweekspoort Guest Farm (R), Tel. 023-5815005, www.seweweekspoortguestfarm.co.za. Zwei rustikale und einfache Häuschen für Selbstversorger inmitten grandioser Landschaft. Auf Wunsch werden landestypische Mahlzeiten serviert.

Zwischen Calitzdorp und Oudtshoorn leben weit über 90 Prozent der Weltstraußen-Population. Straußensteak oder -carpaccio sollte deshalb unbedingt einmal auf dem Speiseplan stehen. Das Fleisch ist fest, rot und nahezu cholesterinfrei, erinnert im rohen wie im gegrillten Zustand eher an Rind, das in Südafrika übrigens „wahnsinnsfrei" genossen werden kann.

Ein Straußenei entspricht in der Menge etwa 24 Hühnereiern, allerdings schmeckt es nicht besonders gut und ist im Gegensatz zum Fleisch eine wahre Cholesterin-Bombe. In der Stabilität sind sie dann wieder echte Überraschungseier: Ein Erwachsener kann ohne weiteres auf ihnen stehen, ohne sie zu zerbrechen.

Wer eine der vielen Straußen-Schaufarmen besucht, erfährt noch mehr. Die Augen der Vögel sind unheimlich scharf, dafür ist das Gehirn nur so groß wie ein Augapfel. Dass sie unheimlich schnell rennen können, wissen die meisten Besucher bereits, aber dass sie mit einem gekonnten Kickboxer-Fußtritt selbst Löwen ausknocken können, dürften viele nicht wissen. Und auch, dass der kräftige Fußnagel schärfer ist als das Messer des Ripper. Der Grund, warum viele männliche Strauße hier Jack heißen.

Während die Farmer früher mit den Federn der Strauße Millionen gemacht haben – die Straußenpaläste in Oudtshoorn zeugen davon –, geht es ihnen heute hauptsächlich um die Haut der Tiere. Das narbige Straußenleder steht hoch im Kurs – selbst für texanische Cowboystiefel.

Oudtshoorn

Oudtshoorn Tourism Bureau, Baron von Reede St, Tel. 044-2792532, www. oudtshoorn.com. B&B und Hotelbuchungen, Infos über Aktivitäten und Straußenfarmen in der Umgebung.

Klein Karoo National Arts Festival, Tel. 044-272 7771, www.kknk.co.za. Auskünfte zum mittlerweile über die Landesgrenzen hinweg berühmten Kunstfestival in Oudtshoorn.

226　Karoo

OUDTSHOORN

0　© RKH Verlag Hermann　500 m

Cango Wildlife Ranch

Swartberg Pass
Cango Caves (30 km)
Schoemanshoek
Cango Ostrich Farm
Altes Landhaus (13 km)
Montana Guest Farm (14 km)

R 328

Kleinplaas Holiday Resort

North
Scheepers

Shades of Africa
Adley House

Victoria

1 Shades of Africa
2 Adley House
3 Queens Hotel

Grobbelaars

Hope

Park
Buitekant
Jan van Riebeek

N.A. Smit Camp

Van der Riet
Rest. Jemimas's
Dorphuis

Arbeidsgenot
St. Saviour

Church
Church / Kerk

Baron van Reede

St. Johns
High / Hoogh
Adderley
St. Georgs
Oxford

Htl. Queens/Rest. The Colony
C.P. Nel Museum

Voortrekker
De Rust / Beaufort West
Voortrekker　N12

Calitzdorp (R 62)
Safari Ostrich Farm
Highgate Ostrich Farm (beide über R 328)

Vrede
Oranje

Langenhoven

Airport
Oranje

Cango Caves / Swartberg Pass　R 328
De Hoop / Calitzdorp 50 km
Oudtshoorn
De Rust / Beaufort West　N12
R 62
2 km
Jamstreet Farm
6 km
Safari Ostrich Farm
Volmoed
7 km
Friesland
Highgate Ostrich Farm
R 328
Mossel Bay 77 km (via Robinson Pass)
George 62 km

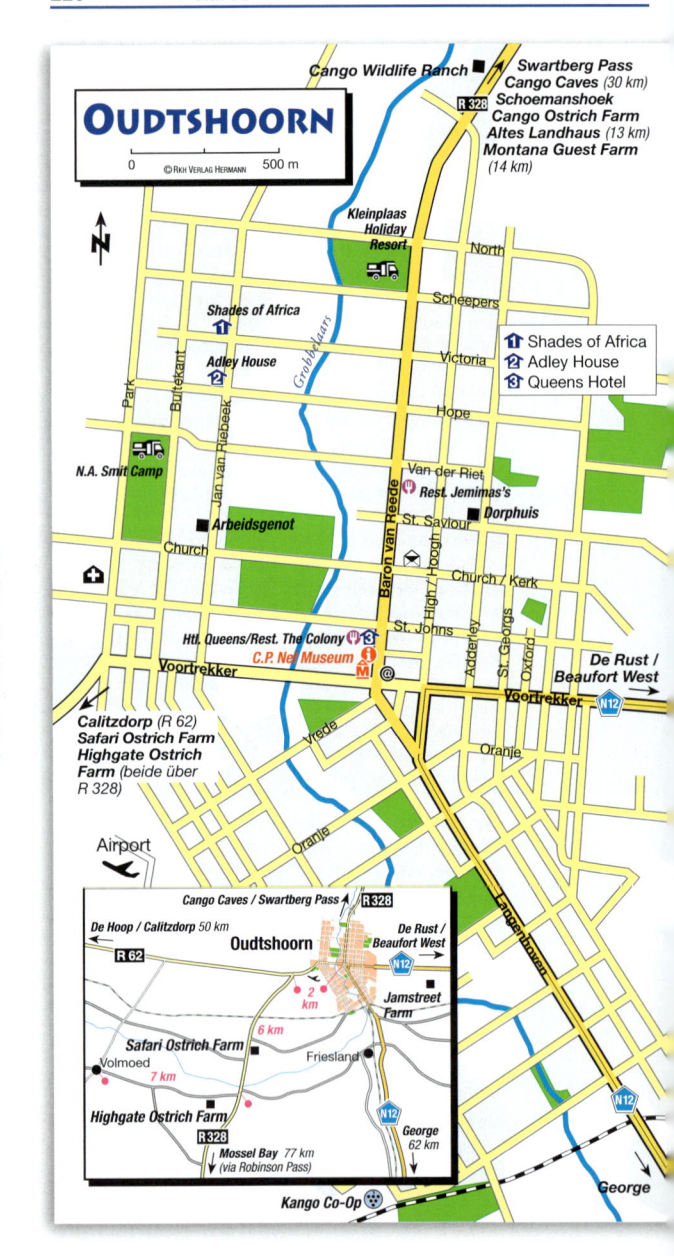

Kango Co-Op
N12
George

Flugunfähiges Großgeflügel in der Karoo: die skurrilen Strauße

Unterkunft

Altes Landhaus (RR-RRRRR), Tel. 044-2726112, Fax 2792652, www.alteslandhaus.co.za, an der R 328, 13 km von Oudtshoorn, bei Schoemanshoek links, den Schildern folgen. Altes kapholländisches Farmhaus, von seinem deutschen Besitzer Heinz Meyer sehr schön renoviert; die Ausstattung bis hin zu den Matratzen und Bettzeug ist von erster Qualität; großer Pool mit geräumigen Pool-Suiten. Auf Wunsch wird ein Dinner (ländliche Küche, guter Wein) serviert, bei gutem Wetter (also fast immer) im Freien; eigene Straußenzucht. Alle Zimmer verfügen über Klimaanlage, Telefon und Fernseher. Kinder ab 12 Jahre.

Queen's Hotel (RRR), Baron van Reede St, Tel. 044-2722101, Fax 2722104, www.queenshotel.co.za. Schön restauriert und mitten im Zentrum, oft von Gruppen gebucht, 40 Zimmer.

Montana Guest Farm (RR-RRR), an der R 328 nach Schoemanshoek, 14 km von Oudtshoorn, Tel. 044-272 7774, www.montanaguestfarm.co.za. Liebevoll restaurierte und von Deutschen geführte, hundertjährige Straußenfarm. Die 12 luxuriösen Chalets haben alle eigene Terrassen und gruppieren sich um eine parkähnliche Gartenanlage mit Salzwasserpool. Kinder willkommen. Der gesellige Gastgeber Wolfgang Beitz unterhält seine Gäste gerne beim Abendessen mit amüsanten Geschichten. Im Sommer wird auf der Veranda gefrühstückt.

Jamstreet Farm (RR), Rooiheuwel Rd, Tel. 082-510 0516, www.jamstreet.co.za (4 km östlich außerhalb von Oudtshoorn, in Richtung George fahren, links in die Rooiheuwel Rd). Zwei Kapstädter Grafikdesigner haben diese ehemalige Molkerei in ein Ferienhaus, ein Café und eine kleine Freilichtbühne verwandelt.

Adley House (RR), 209 Jan van Riebeeck Rd, Tel. 044-2724533, www.adleyhouse.co.za. Klassisches Bed & Breakfast mit zehn gemütlichen Zimmern in einem historischen Haus, das in einem ruhigen Garten liegt; zwei Pools, Zimmer mit allem Komfort; Besitzerin Hilda ist bekannt für ihre üppigen, südafrikanischen Frühstücke; Dinner auf Wunsch, natürlich auch mit Strauß.

Shades of Africa (RR), 238 Jan van Riebeeck Rd, Tel. 044- 2726430, www.shades. co.za. B&B mit einem afrikanischen Touch, der gelungen ist, die Farben sind erdig und afrikanische Artefakte sind organisch integriert; vier Zimmer, schöner Pool.

Restaurants

The Colony (RR-RRR), im Queens Hotel, Baron Van Reede Street, Tel. 044-2722101, tägl. Lunch & Dinner. Traditionell-südafrikanisches Essen mit internationalem Touch in elegantem Ambiente mit Silberbesteck, Stoffservietten und weißen Tischdecken, sehr gute Weinliste.

Jemima's (RRR), 94 Baron van Reede Street, Tel. 044-2720808, Mo–Fr Lunch, tägl. Dinner. Für die ländliche Gegend außergewöhnlich gutes Restaurant, wo immer frische Zutaten von lokalen Zulieferern verwendet werden. Es befindet sich in einem schön renoviertem Haus in drei miteinander verbundenen Zimmern; es gibt auch Plätze im Freien. Ländliche Gourmet-Küche mit verschiedenen Menüs oder à la carte, traditionelle und internationale Gerichte, wie Entenleberpastete oder die mit nordafrikanischen Gewürzen eingeriebene Karoo-Lammkeule; Reservierung notwendig.

Baden unterhalb des glasklaren Meiringspoort Wasserfalls – eine willkommene Abkühlung in der sonst staubtrockenen Karoo

Besichtigen

Cango Wildlife Ranch, an der R 328, nördlich der Stadt Oudtshoorn, Tel. 044-2725593, www.cango.co.za; in Freigehegen können Krokodile und Raubkatzen aus nächster Nähe beobachtet werden.

Zwei große Straußen-Show-Farmen:
Highgate Ostrich Show Farm, Tel. 044-2727115, www.highgate.co.za und **Safari Ostrich Farm** Tel. 044-2727311, www.safariostrich.co.za, beide südlich von Oudtshorn an der R328 Richtung Mossel Bay. Etwas weniger Touristenandrang herrscht bei der **Cango Ostrich Farm**, 14 km nördlich Oudtshoorns auf dem Weg zu den Cango Höhlen. Tel. 044-2724623, www.cangoostrich.co.za.

Oudtshoorn – Prince Albert

Über Dysselsdorp geht es nach De Rust und dann durch die gewaltige **Meiringspoort-Schlucht.** Eine fantastische Straße mit sanft geschwungenen Kurven und vielen Brücken zieht sich durch den Canyon. Die Nachmittagssonne schafft es fast nicht mehr, seinen Boden zu erreichen. Hunderte von Metern ragen braune, rote und gelbe, von tektonischen Kräften wild verformte Gesteinsschichten nach oben. Dort wo die Sonne nicht hinkommt haben sich Moose und Flechten breit gemacht. Die Schlucht verbindet die Kleine mit der Großen Karoo. Die Straße, der wir jetzt hinter Klaarstroom westlich nach Prince Albert folgen, gehört wieder zur „Traumstrecken-Kategorie".

Alternativ-Strecke

Alternativ-Strecke von Oudtshoorn nach Prince Albert (R 328): Oudtshoorn – Cango Caves – Swartberg Pass (nicht asphaltiert) – Prince Albert.

Die Fahrt über den 1888 eröffneten **Swartberg Pass** ist auch heute noch ein kleines Abenteuer. Dieser Bergübergang ist der spektakulärste im Land, eine Meisterwerk des „Straßenkünstlers" Thomas Bain.

Mit Hilfe von 220 Sträflingen, Schießpulver und Spitzhacken wurden die zwei Kilometer dem Berg abgewonnen. Die Passhöhe liegt bei immerhin 1585 Metern Höhe. Die Mühe wird durch fantastische Blicke belohnt.

Zuvor erreicht man, 27 km nördlich von Oudtshoorn, die Zufahrtsstraße zu den berühmten **Cango Caves** (Caves Road, Tel. 044-2727410, 8.30–16.30 Uhr, www.cango-caves.co.za. Touren von 9–16 Uhr; zwei Touren stehen zur Auswahl: Die einstündige Standard-Tour und die anderthalbstündige „Abenteuer-Tour". Die Cango Caves sind die älteste und eine der beliebtesten Attraktionen in der Kleinen Karoo. Es gibt drei Kalkstein-Systeme mit beeindruckenden Tropfsteinhöhlen. Cango One ist 760 m lang, Cango Two, die Wunderhöhle, 260 m, und die erst kürzlich entdeckte Cango Three hat eine Länge von 1600 m. Die Standard-Tour führt durch die ersten sechs, leicht zugänglichen Räume der Tropfsteinhöhle. Die Adventure-Tour folgt einer 1200 m langen Route durch die Unterwelt und ist nur sportlichen Besuchern zu empfehlen. Zum Teil geht es sehr eng zu, am Ende der Tour kriecht man durch einen 27 Zentimeter breiten Spalt – also absolut nichts für Klaustrophobe!

Prince Albert

Das 250 Jahre alte Dorf Prince Albert, umgeben von Bergen und Bächen, ist von allen verschlafenen Karoo-Orten der schönste. Auch hier gibt es viele Aussteiger, denen das Leben in den großen Städten zu hektisch geworden ist. Künstler, Feinschmecker, Investoren und internationale Touristen können sich dem Charme des Ortes einfach nicht entziehen und bleiben hier hängen. Zum Beispiel Charles Roux, dessen Hugenotten-Vorfahren vor 14 Generationen von Frankreich ans Kap kamen, ist einer der vielen Aussteiger in P.A. Er hat sein Gästehaus in Kapstadt verkauft und lebt seither in seiner Bergkant Lodge in Prince Albert, die er mit viel Liebe zum Detail restauriert hat.

Information

Prince Albert Tourism, 42 Church Street, Tel. 023-5411366, www.patourism.co.za

Unterkunft

De Bergkant Lodge (RRR-RRRR), 5 Church St, Tel. 023-5411088, www.debergkant.co.za. Das ehemalige Pfarrhaus in der Main Street wurde von Besitzer Charles Roux liebevoll renoviert. 15 Meter langer Salzwasser-Pool, neun großzügige Zimmer mit herrlich geräumigen Bädern und Doppelduschen, schöner Garten, leckeres Frühstück. Charles spricht etwas Deutsch.

Lah-Di-Dah Petit (RR) 6a Church St, Tel. 023-5411846 yvettebreedt@mweb.co.za. Hübsch eingerichtetes Ferienhäuschen mit Küche und Veranda, direkt neben dem Lah-Di-Dah Farmstall.

Karoo View Cottages (RR), Magrieta Prinsloo Pad, Tel. 023-5411929, www.karooview.co.za. Am nördlichen Ende von Prince Albert auf einer Anhöhe in ruhiger

Straße in Prince Albert

Umgebung. Ferienhäuschen mit Grillplatz im typischen Karoo-Stil für Selbstversorger. Schöner Blick auf die Swartberge, Frühstück auf Wunsch.

Restaurants

Gallery Cafe (RR), 57 Church St, Tel. 082-7492128, Frühstück und Lunch Mo–Sa, Dinner tägl. Brent zaubert mit frischen Zutaten leckere Gerichte auf die wenigen Tische in einer interessanten Kunstgalerie.

Lah-di-dah (RR), 6 Church St, gegenüber der De Bergkant Lodge, Tel. 023-5411846. Ungewöhnlicher Farmstall mit außergewöhnlichem Dekor, kein Wunder, die Ex-Johannesburger Besitzer kommen aus dem Filmbusiness und haben ihr Requisitenlager für die Restaurant-Einrichtung geräumt.

The Olive Branch (RR), unter den Einheimischen auch Bokkie Botha's Restaurant genannt. Mark Street, Tel. 023-5411821. Der Besitzer Bokki öffnet nur ein bis zwei mal wöchentlich seine Türen zu einer Art Besenwirtschaft, er kocht selbst. Nicht weil er muss, sondern weil es seine Passion ist. Als Gast fühlt man sich wie auf eine private Dinnerparty eingeladen. Exzellentes Essen und hervorragende Weinkarte. Unbedingt telefonisch reservieren.

Cafè Albert (R), 44 Church St, Tel. 023-5411175. Kleines Cafè, vor allem bei den Einheimischen beliebt. Leckere hausgemachte Chicken Pies und mit Kudusteak gefüllte Tortillas.

Andrew Geddes und Thomas Bain: Die Highway Stars

Die spektakulärsten Straßen und Pässe der Kap-Provinz stammen allesamt von zwei Männern: Andrew Geddes Bain und seinem Sohn Thomas Bains

Der Schotte Andrew kam 1816 ohne formelle Ausbildung ans Kap, wo er zunächst als Sattler arbeitete. Später versuchte er Handelsverbindungen mit den Tswana an der Grenze zu Botswana zu etablieren. Danach kämpfte er in einem der Grenzkriege 1834/35 gegen die Xhosa. Sein Interesse am Bau von Straßen, für das er ein natürliches Talent zu besitzen schien, führte dazu, dass er 1836 eine Verdienstmedaille für die Projektleitung des Van Ryneveld's Passes erhielt.

Danach farmte er ein paar Jahre, zwischendurch baute er Straßen fürs Militär. Schließlich folgten weitere zivile Projekte. Die teilweise spektakulären Straßen über den Mitchell's und Gydo Pass (bei Ceres) entstanden. Der *Karoopoort,* eine Piste in der Karoo, wurde von ihm rekonstruiert. Der steile Katberg Pass bei Fort Beaufort entstand kurz vor seinem Tod 1864.

Wie der Vater, so der Sohn. Doch Thomas übertrumpfte seinen Papa noch. Von ihm stammen die schönsten und bekanntesten Straßen und Bergübergänge am Kap. Zu seinen Highlights gehören: Der heute denkmalgeschützte **Swartberg Pass,** der noch immer unbefestigt auf einigen atemberaubenden Abschnitten Oudtshoorn mit Prince Albert verbindet; der **Prince Alfred's Pass** bei Knysna; der **Robinson Pass** und der **Garcia's Pass** nordwestlich von George; **Kogman's Kloof,** das Eingangstor zur Route 62 zwischen Ashton und Montagu; die alte, teilweise noch immer nicht asphaltierte **George – Knysna Road** sowie die wunderschöne, bis heute mehrfach modernisierte Küstenstrecke von Sea Point über Camps Bay bis Hout Bay. Er baute 24 Pässe, dreimal soviel wie sein Vater.

Swartberg Pass

Prince Albert Country Store (R), 46 Church St, Tel. 023-5411077. Im Garten eines urigen Trödelladens serviert Colleen geräucherten Fleisch, leckeren Apfelkuchen und hausgemachte Limonade.

Sehenswert

Off-Road-Ausflug nach Die Hel. Für Reisende mit Zeit und Geländewagen bietet sich ein Ausflug in „die Hölle" an. Die fantastische Piste dorthin zweigt von der Swartberg-Pass-Straße ab. Das Tal, das seinen Namen aufgrund der dort im Sommer herrschenden höllischen Hitze bekam, ist nach 47 staubigen Kilometern erreicht. Die Häuser der ehemaligen Farmer sind heute Unterkünfte für Selbstversorger. Es gibt außerdem einen schönen Campingplatz. Buchung über **Cape Nature Conservation** in Oudtshoorn, Tel. 044-2791739 oder 2791829, www.capenature.org.za.

Sterne beobachten mit Astro Tours, Tel. 072-732 2950, www.astrotours.co.za. Die äußerst klare Luft in der Karoo ist ideal, um die Sterne der Südhalbkugel mit Teleskopen zu bestaunen.

Samstagsmarkt. Neben dem Museum bieten jeden Samstagvormittag Bauern aus der Umgebung Obst, Gemüse, frisch gebackenes Brot, hausgemachte Marmeladen, Oliven, Pfannkuchen und Kaffee an.

Olive Festival. Jedes Jahr Ende April wird die Hauptstraße für drei Tage gesperrt und verwandelt sich in einen großen Markt mit Ess-Ständen, Weinproben, Kunsthandwerk und Livemusik.

Prince Albert – N 1

Von Prince Albert sind es auf der R 407 ca. 45 km zur N 1. Auf ihr ist dann wieder deutlich mehr los, und die mächtigen Trucks, die die 1600 Kilometer lange Strecke zwischen Johannesburg und Kapstadt hin und her pendeln, lassen trotz Linksverkehr wieder amerikanische Freeway-Gefühle aufkommen.

Der nächste Pflichtstopp ist das kleine **Matjiesfontein.** Ein unglaublich englischer Ort, mitten in der weiten Breite der Karoo. Komplett mit altehrwürdigem Hotel, dem *Lord Milner*, einem viktorianischen Pub, dem *Laird's Inn* und einem Bahnhof, an dem ab und zu mal der berühmte Blue Train oder der Rovos Rail hält. Die wunderschönen alten Shell-Zapfsäulen stehen noch, der Sprit kommt allerdings aus den neueren Pumpen direkt daneben. Im **Matjiesfontein Motor Museum** liegt der Schwerpunkt der Exponate offensichtlich auf Leichenwagen.

Um Matjiesfontein richtig zu erfahren, sollte man eine Nacht bleiben und die vierminütige, geführte Stadtrundfahrt im roten Londoner Doppeldecker-Bus mitmachen. Das von mit Rüschenhäubchen ausgestatteten Bedienungen präsentierte, fürchterlich schlechte englische Abendessen ist ein weiteres „Highlight". Szenen, bei denen eigentlich nur noch Mr. Bean fehlt ...

John Theunissen ist nicht nur der Busfahrer, er ist außerdem Tourguide, Gepäckträger, Kellner, Pianospieler und Straßenkehrer. „Und sonntags", ergänzt er, „predige ich in der Kirche." Der ebenso gut gebaute wie gelaunte John weiß unheimlich viel über die Geschichte des Ortes. Nicht nur er, auch seine Mutter wurde bereits hier geboren, und beide haben ihr ganzes Leben hier verbracht. Er ist nicht nur einer der beliebtesten Menschen im Ort, er ist auch ein prima Entertainer. Seine Mandela-Imitationen klingen verblüffend echt.

Unterkunft

Lord Milner Hotel (RR), Matjiesfontein, Tel. 023-5613011, www.matjiesfontein.com; eine der skurrilsten Übernachtungen im Land, die beste Wahl sind die Balkonzimmer im ersten Stock des Haupthauses.

Zurück zur N 1 und nach links abbiegen. Weiterfahrt über Worcester und Paarl nach Kapstadt. (Entfernung Matjiesfontein – Kapstadt 230 km.)

Herbe Schönheit Karoo (Karoo National Park)

Garden Route
Zwischen Bergen und Meer

Südafrikas berühmteste Touristenstrecke führt zwischen Mossel Bay und Port Elizabeth fast immer an der Küste entlang. Um ihre landschaftlichen Reize wirklich richtig zu erleben, sollte die N 2 möglichst oft verlassen werden. Denn die „Garden Route" ist keine Route durch Gartengebiete, wie der Name vermuten lassen könnte, sondern eine durch die häufigen Niederschläge üppig grüne Landschaft mit dichten Wäldern, idyllischen Flüssen und Seen.

Route (ca. 480 km, 1–3 Tage)

Mossel Bay – George (Abstecher Montagu Pass) – Victoria Bay – N 2 Wilderness – Knysna – Plettenberg Bay – Keurboomstrand – Tsitsikamma N.P. – Jeffrey's Bay – Port Elizabeth (Alternativstrecke für die Rückfahrt nach Knysna (ca. 400 km, 2–3 Tage): Von Port Elizabeth R 331 Hankey – Patensie – Baviaanskloof-Schlucht – Willowmore – Prince Alfred's Pass – Knysna; siehe Exkurs „Tal der Affen", s.S. 256).

Dort, wo die ersten Europäer 1488 südafrikanischen Boden betraten, liegt heute das inoffizielle „Eingangstor" zur Garden Route, **Mossel Bay.** Der kleine Ort an der gleichnamigen Bucht besitzt natürlich auch ein Museum, das den berühmten, portugiesischen Seefahrer **Bartolomeu Diaz** würdigt. Der Museums-Komplex umfasst u.a. das **Maritime Museum,** dessen Prunkstück der Nachbau von Bartolomeu Diaz' Karavelle ist. Das in Portugal hergestellte Schiff segelte 1987 von Lissabon nach Mossel Bay und ankerte dort rechtzeitig zum 500. Jahrestag von Diaz' Landung. Neben dem erstaunlich kleinen Schiff gibt es noch alte Landkarten und etliche andere maritime Exponate aus der Zeit der Entdecker zu sehen – unbedingt sehenswert!

Im **Shell Museum** gibt es Muscheln aus aller Welt zu bewundern. Aber zwischen den beiden Museen steht noch eine Besonderheit, der **Old Post Office Tree.** Ein buschiger Baum, in dessen hohlen Stamm die frühen Seefahrer Nachrichten und Briefe für nachfolgende Schiffe hinterlassen haben. Heute ist passenderweise ein Briefkasten angebracht. Ansonsten ist Mossel Bay eine eher hässliche Industriestadt.

Mossel Bay

Information

Mossel Bay Tourist Office, Ecke Market- u. Church Street, Tel. 044-6912202, www.visitmosselbay.co.za, tägl. 8–18 Uhr (im Süd-Winter Mo–Fr 9–17, Sa/So 9–13 Uhr). Auskünfte zu Übernachtungen, Restaurants und zum Haitauchen.

Restaurants

Café Gannet (RRR), Bartolomeu Diaz Museum Complex, Ecke Church/Market Street, Tel. 044-6911885; tägl. Frühstück, Lunch & Dinner, rustikal-afrikanisches Ambiente, Seafood (empfehlenswert die in der Bucht heimische Scholle, sole).

The Santos Express Restaurant and Pub (R-RR), direkt am Strand, Tel. 044-6911995, www.santosexpress.co.za. Tägl. geöffnet, Frühstück, Lunch und Dinner. Ein umgebauter Zug, der nur 30 Meter vom Strand entfernt steht, dient heute als Familienrestaurant. Günstiger frischer Fisch und südafrikanische Spezialitäten. Super Aussicht. Für wenig Geld kann man im Erste-Klasse-Zugabteil übernachten.

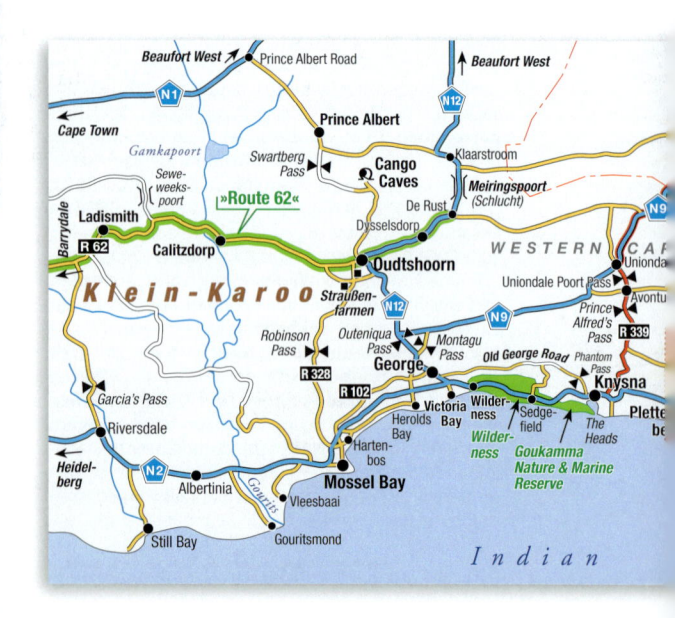

Garden Route

Unterkunft

Protea Hotel Mossel Bay (RRR), Ecke Church- u. Market Street, Tel. 044-6913738, www.oldposttree.co.za; modernes Hotel direkt am Meer, fast alle Zimmer mit Aussicht über die Bucht.

b@Home Guest House (RRR), 94 Long St, Tel. 044-6905385, www.b-at-home.co.za. Attraktives Gästehaus mit Blick auf die Bucht.

Aktivitäten

White Shark Africa, Prince Vincent Building, Ecke Church St/Bland Street, Shop 22, Tel. 044-6913796, www.whitesharkafrica.com. Der Ausflug zu den Weißen Haien dauert etwa vier Stunden, die Haie werden angelockt und es gibt genügend Möglichkeiten, sie vom Boot aus oder unter Wasser mit Taucherausrüstung zu beobachten. Am Ende der Tour werden Zertifikate ausgehändigt.

Romonza Whale Watching, Vincent Quay, Mossel Bay Harbour, Tel. 044-6903101, Walbeobachtung vom Boot aus, zwischen Juni und Oktober, die Wale kommen oft bis 50 Meter an das Schiff heran.

Die Diaz-Karavelle im Maritime Museum

Sehenswert

Maritime Museum, 1 Market Street, Diaz Museum Complex, Tel. 044-6911067, www.diasmuseum.co.za. Mo–Fr 9–16.45, Sa/So 9–15.45 Uhr, kleines Eintrittsgeld; wer auf das Diaz-Boot möchte, zahlt noch einmal, was sich lohnt. Die Holzarbeiten der portugiesischen Bootsbauer, die das Schiff mangels Originalplänen nach zeitgenössischen Skizzen und Gemälden konstruiert haben, sind sehr schön.

Shell Museum & Aquarium, 1 Market Street, Diaz Museum Complex, Tel. 044-6911067, www.diasmuseum.co.za. Mo–Fr 9–16.45 Uhr, Sa/So 9–15.45 Uhr. Muschelsammlung aus aller Welt und ein paar Aquarien.

Cape St Blaize Leuchtturm, Montagu St (The Point), Tel. 044-6903015, Mo–Fr 10–12 und 12.30–15 Uhr. Einer von insgesamt nur noch zwei manuell betriebenen Leuchttürmen an der gesamten südafrikanischen Küste. Der Leuchtturm ist seit 1864 in Berieb.

Cape Saint Blaize Cave, eine kurze Wanderung die Felsen am Point hoch; die Höhle ist eine wichtige archäologische Fundstätte geworden, nachdem Relikte gefunden wurden, die beweisen, dass Khoikhoi bereits vor über 80.000 Jahren in der Höhle gelebt haben.

Die Statue des Bartolomeu Diaz

Weiterfahrt

Von Mossel Bay dann auf der R 102, nicht auf der zu gut ausgebauten N 2, weiter nach George fahren. Die

Karte S. 236/237 **Garden Route** 239

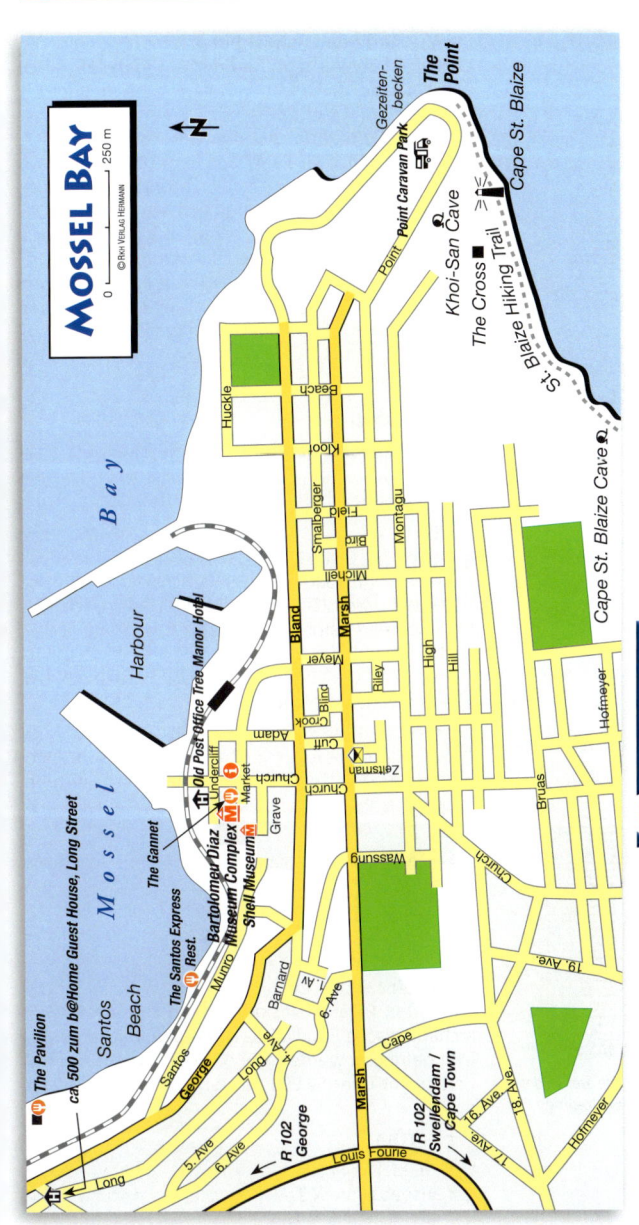

Strecke vermittelt einen guten Eindruck, wie die Garden Route vor dem Bau der Autobahn ausgesehen hat. **George** steht bei Golfern hoch im Kurs. Im Fancourt Hotel steht diesen ein Weltmeisterschaftsplatz zur Verfügung. Abenteuerlustigen Reisenden empfiehlt sich eine Fahrt auf den 1847 gebauten, unter Denkmalschutz stehenden **Montagu Pass** über die Outeniqua-Bergkette nördlich von George. Die Strecke ist nicht asphaltiert, eng und steil. Dennoch ein lohnenswerter Ausflug in die automobile Vergangenheit, bei gutem Wetter auch mit einem Pkw gut zu schaffen. Zurück nach George geht es dann über den bestens ausgebauten Outeniqua Pass (N 9/N12).

George

Information

George Tourism Bureau, 124 York Street, Tel. 044-8019103, www.visitgeorge.co.za; Infos zu und Reservierungen für Übernachtungen, Attraktionen, Trips und Touren in George, Victoria und Herold's Bay.

Restaurants

Roadside Deli, Hops Valley Farm Stall, N9, Waboomskraal, Tel. 073-2584818; Frühstück und Lunch Di–So. Italienische Küche, hausgemachtes Roggenbrot, leckere Pizzen und Lasagne, gute Aussicht von der Veranda, Farmstall.

Kafé Serefé (RR), Ecke Courtenay/Ironside Rds, Tel. 044-8841012, Lunch Mo–Fr 9.30–16.30 Uhr, Dinner Mo–Sa 19–21.30 Uhr. Stilvolle türkische Küche mit

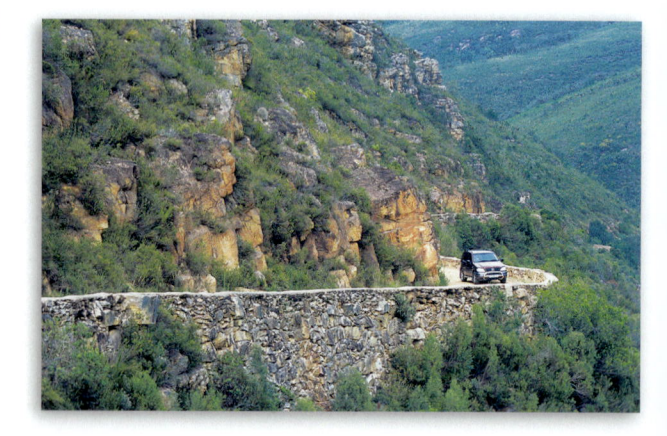

Historisch: der geschotterte Montagu Pass

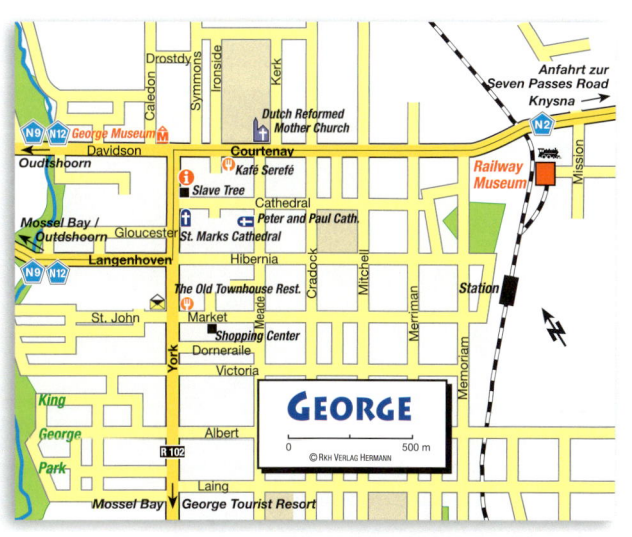

Meze-Platten und natürlich viel Lamm, türkische Musik spielt im Hintergrund. Um bei der Essensauswahl zu helfen, sind die meisten der Gerichte in Kühlschränken mit Glastüren präsentiert. Freitags gibt es meist Bauchtänzerinnen, die Wasserpfeife täglich.

The Old Townhouse Restaurant, Ecke York St/Market St, Tel. 044-8743663, Lunch Mo–Fr, Dinner Mo–Sa. Restaurant in einem renovierten Stadthaus von 1848, berühmt für seine herzhaften Steaks, aber auch Vegetarier kommen hier nicht zu kurz. Freundlicher und herzlicher Empfang. Tipp: das Wildschweingericht ist köstlich.

Wer gerne Strände mag und vor dem Schlafengehen noch einmal ins Meer springen möchte, sollte nicht in George, sondern im wenige Kilometer entfernten **Victoria Bay** direkt an der Küste übernachten (von der N 9 auf die N 2, dann Richtung Wilderness, nach 2 km rechts ab). Die winzige Bucht ist von hohen Bergen umgeben. Nur Gäste der B&Bs im Ort dürfen mit ihrem Auto weiter als bis zu dem großen Parkplatz fahren. In der jeweiligen Unterkunft nach dem Schlüssel für die Schranke fragen. Hoch über dem Beach verläuft die Bahnlinie, und der Blick fällt direkt auf den Tunnel, durch den bis vor einigen Jahren noch der berühmte **Outeniqua-Choo-Tjoe-Zug** gedampft kam.

Abenteuerlich: Old George Road zwischen George und Knysna

Victoria Bay

Unterkunft

The Waves (RRR), 7 Beach Rd, Tel. 044-8890166, www.thewavesvictoriabay.co.za. Frühstück mit Delfin- bzw. in der Saison mit Walblick von der Terrasse des 1906 erbauten Hauses. Übernachten entweder im historischen Haus oder in einem doppelstöckigen hölzernen Anbau nebenan (drei Zimmer, drei Wohnungen für Selbstversorger).

Lands End (RRR), The Point, Tel. 044-8890123, www.vicbay.com. Wie der Name bereits andeutet das letzte Haus in Vic Bay, nur sechs Meter vom Meer entfernt, natürlich gigantische Blicke auf den Ozean, den Strand und die umliegenden Berge; drei Zimmer, eine Honeymoon Suite mit eigenem Sonnendeck.

Zwischen Victoria Bay und Knysna liegt das **Wilderness Naturschutzgebiet,** Teil des Garden Route National Parks. Ein dicht bewaldetes Feuchtbiotop mit Lagunen, Flüssen, Sümpfen und Seen. Über 200 verschiedene Vogelarten wurden dort registriert. Am besten erschließt sich das Gebiet auf den zahlreichen Wanderwegen oder Kanu-Routen.

Nur wenige Kilometer weiter folgt bereits das nächste Schutzgebiet: **Goukamma Nature und Marine Reserve.** Hier gibt es neben Seen weiteres zu sehen: Im Meer tummeln sich das ganze Jahr über Delfine und zwischen Juli und Oktober oft Südliche Glattwale.

Wilderness

Information

www.wildernesstourism.co.za, Wild Info, 197 George Rd, Tel. 044-8770540, www.wildinfo.co.za.

Unterkunft

The Dune Guest Lodge (RRR), 31 Die Duin, Tel. 044-8770298, www.thedune.co.za. Direkt am Meer auf einer bewachsenen Düne gelegen, super Ausblick auf den Indischen Ozean. Geschmackvolle Einrichtung und der Schweizer Besitzer bereitet eigenhändig das Frühstück zu. Mit etwas Glück lassen sich vom Balkon aus in der Saison Wale und Delfine beobachten.

Sehenswert

Wilderness Section im Garden Route National Park, Tel. 044-302 600, gardenroute@sanparks.org, www.sanparks.org/parks/garden_route, tägl. 7.30-18 Uhr. Kanu- und Wanderouten, Übernachten in diversen Häuschen und Blockhütten verschiedener Größe, oder auf Caravan- und Campingplätzen.

Goukamma Nature & Marine Reserve, Tel. 0861-227-3628873, www.capenature.co.za; Übernachten in einer Lodge, in strohgedeckten Rundhütten oder einem Buschcamp. Ideal für Naturliebhaber.

Arts and Craft Market, Milkwood Village, www.milkwoodvillage.co.za. Jeden Freitagabend von 17–21 Uhr Livemusik und Marktstände unter den Melkbos-Bäumen.

Victoria Bay

Von George nach Knysna auf der Old George Road

Alternativ zur N 2 zieht sich die teils unbefestigte *Old George Road* (oder „Seven Passes Road") parallel zur N-2-Garden-Route durch dichte Urwaldvegetation. Sie war früher die einzige Verbindungsstrecke zwischen George nach Knysna. Damals mussten noch viele Flüsse gefurtet werden, dann baute man einfache Brücken aus Eisen und Stein, die 1995 einer Totalrenovierung unterzogen worden sind. Wer außer Thomas Bain hätte eine solche Straße bauen können. Die Old George begann er 1867.

Von George gelangt man folgendermaßen auf die historische Strecke: auf der Knysna Road aus George hinaus nach Osten und nach dem Pick-'n-Pay-Supermarkt, vor der Pine Lodge, nach links abbiegen.

Knysna

Die Lage an der Lagune ist ein Traum. Weltberühmt ist der Ort für seine Austern, die unbedingt probiert werden sollten. Auf **Thesen's Island** werden sie gezüchtet und können dort praktisch direkt aus dem Meer geschlürft werden.

Zwei Ausflüge von Knysna müssen sein: Einmal zu den **Knysna Heads,** ein gewaltiges Felsenportal, durch das das Meer in die Lagune dringen kann (rüber per Schiff, Auffahrt zum *Featherbed Nature Reserve)* und nach **Brenton-on-Sea,** Knysnas einzigem Sandstrand, ideal für Wanderungen und zum Baden. Das Knysna Tourism gibt gerne Auskunft darüber und hält jede Menge buntbedruckter Prospekte und Broschüren bereit.

Die geschmackvoll gemachte **Waterfront** ist eine weitere Sehenswürdigkeit Knysnas. Es gibt einige gute Restaurants und natürlich viele Geschäfte. Während des großen **Oyster Festivals** (jährlich vom 5.–15. Juli) ist hier richtig viel los.

Information

Knysna Tourism, 40 Main Street, Tel. 044-3825510, www.visitknysna.co.za

Auskünfte zu Übernachtungen, Restaurants, Oyster Festival. Die zahlreichen Bed & Breakfasts in und um Knysna werden auf Wunsch auch direkt gebucht. Viele von ihnen haben Foto ihrer Zimmer bei Knysna Tourism aufgehängt, was schon mal einen ersten Eindruck vermittelt.

Knysna und Umgebung
0
2 km
© RKH Verlag Hermann
Knysna Elephant Park 22 km
Plettenberg Bay 30 km
Port Elizabeth 250 km
N2
R 339
Mitchell's Brewery
African Market
Vigilance
Baracuda
Howard
Lindsay
Wilson
George Rex Drive
1 9 On Heron B & B
2 Littlewood Garden
Noetzie
East Head Café
»The Heads«
Thesen's Island
Nat. Parks Office
Leisure Island
Lagoon
34 Tapas Oyster Rest.
Featherbed Nature Reserve
Innenstadt (s. City-Karte)
Municipal Jetty
Millwood
N
Knysna
Brenton
Brenton-on-Sea
Brenton Beach
Indian Ocean
Belvidere Church
Belvidere
Belvidere Manor
Belvedere
Knysna River
White Bridge
Phantom Pass
Phantom Pass River Rd
Keytersnek
Rheenendal Rd
Buffelsbaai
Buffels Bay
nach/von George über die Old George Road (Seven Passes Road) / Rheenendal / Barrington
Portland Manor
Phantom Forest Eco-Reserve
N2
Buffels Bay Rd
Mielierug
Riversdale / George
Goukamma
Goukamma Nat. Res.

Restaurants

Phantom Forest Boma (RRRR), Phantom Pass Road (6 km außerhalb), Tel. 044-3860046, www.phantomforest.com, tägl. Dinner. Eine panafrikanische Essenserfahrung (Anfahrt s.u. „Phantom Forest Eco-Reserve"). In einer Bambus-Boma, einem Art Rundkral, wird hoch über der Knysna-Lagune ein fünfgängiges Menü serviert, das täglich wechselt, aber immer afrikanisch beeinflusst ist. Rechtzeitig buchen, da Lodge-Gäste bevorzugt Plätze bekommen.

East Head Café (RR-RRR), 25 George Rex Dr, Eastern Head, Tel. 044-3840933, www.eastheadcafe.co.za. Das Café ist in die Küstenfelsen gebaut und besser könnte die Aussicht auf die Knysna-Lagune und durch das Felsportal aufs offene Meer nicht sein! Frühstück, Al Fresco Lunches, Cocktails, Kaffee und Kuchen. Terrasse, tägl. 8–16 Uhr.

34 Tapas Oyster Restaurant (RR), Thesen Harbour, Tel. 044-3827196, tägl. Lunch und Dinner. Das Restaurant liegt direkt am Wasser und serviert Tapas in allen erdenklichen Formen. Die guten südafrikanischen Frikadellen probieren (frikkadelletjies).

Ile de Pain (RR-RRR), Ecke Grey/Gordon Sts, Tel. 044-3025707, www.iledepain.co.za. Di–Sa 8–15 Uhr, So 9–13.30 Uhr. Kleines, urig eingerichtetes Café mit hauseigener Bäckerei.

Bosun's Bar & Grill (RR), George Rex Drive, Tel. 044-3826276, Di–So Lunch & Dinner. Ein traditioneller Pub, der die Biere der lokalen Knysna-Mini-Brauereien (Mitchell's, Forresters und Bosun's Bitter) vom Fass ausschenkt; im Sommer auf den Holzbänken und -tischen im Freien, im Winter drinnen am wärmenden Kaminfeuer.

34 Degree South – The Market (RR-RRR), Knysna Waterfront Quays, Tel. 044-3827331, www.34-south.com; großer Seafood-Delikatessenladen in der Waterfront mit Super-Dekor und gut sortiertem Wein-Shop, Tische auch im Freien.

The Drydock (RR-RRRR), Knysna Waterfront Quays, Tel. 044-3827310, tägl. 11.30–22 Uhr, www.drydock.co.za. Fangfrischer Fisch, Austern, Sushi und große Weinkarte. Modernes Restaurant über zwei Stockwerke, direkt am Wasser, tolle Aussicht.

Die Waterfront von Knysna

Unterkunft

Littlewood Garden (RR-RRR), 8a Lindsay Street, Hunters Home, Tel. 044-3841544, www.littlewoodgarden.com. Sehr ruhig zwischen dem Ortszentrum und den Heads gelegen, ein Golfplatz ist in direkter Nähe. Martina Hölzl, die deutsche Besitzerin, bietet sieben verschiedene, gemütlich ausgestattete Zimmer und Ferienwohnungen. Die großzügige Gartenanlage ist ein Paradies für Natur- und Vogelliebhaber und verfügt über einen Felsenpool mit Jacuzzi.

9 On Heron B&B (RR), 9 Herons Way, Old Place, Tel. 044-382 9964, www.heronsway.co.za. Von Knysna aus auf der N2 durch das Zentrum nach Osten, dann nach 600 Metern hinter dem Kwikspar an der Caltex-Tankstelle rechts in die Bokmakierie und dann die erste rechts in den Herons Way. Schöne und preiswerte Unterkunft mit freundlichen und hilfsbereiten Gastgeberinnen.

Phantom Forest Eco-Reserve (RRRRR), Tel. 044-3860046, www.phantomforest.com. Von der N2 auf der Phantom Pass River Road 1,3 km bis zum Phantom Forest-Eingang. Gäste werden samt ihrem Gepäck in einem Geländewagen die steile Lodge-Anfahrt durch dichten Urwald nach oben transportiert. Die Lodge integriert sich so geschickt in die Vegetation, dass sie kaum auffällt – „öko" eben. Übernachtet wird in komfortablen, strohgedeckten Baumhäusern; hölzerne Stege führen zum Pool und zu einer Wellness-Boma; toller Ausblick über die Lagune bis zu den Knysna Heads. Einziger Nachteil: der Verkehrslärm der N2 schafft es, je nach Windrichtung, mehr oder weniger stark in die Idylle einzudringen.

Falcon's View Manor (RRR-RRRR), Thesen Hill Nr. 2, Tel. 044-3826767, www.falconsview.com; zwei Minuten von Knysnas Main Road entfernt, die Long Street den Berg hoch, dann links in die Hill Street und rechts in die Thesen Hill. Aussichtsreiches B&B mit toller Aussicht über Knysna und die Lagune; das elegant mit Antiqutäten eingerichtete historische Haupthaus wurde 1899 erbaut; Gäste können hier oder in den neuen, geräumigeren afrikanisch-ethnisch dekorierten Garten-Suiten übernachten. Insgesamt zehn Zimmer, alle für Nichtraucher. Gourmet-Frühstücke; mehrgängige Kerzenlicht-Dinner gegen Vorbestellung.

Weiterfahrt

Auf der N 2 geht es weiter Richtung Osten. Landeinwärts erstrecken sich endlose Waldgebiete. Hier leben vereinzelt noch Knysna-Elefanten, die einzigen

Hautnah: Dickhäuter im Knysna Elephant Park

wilden Elefanten im Land und die am weitesten im Süden lebenden Afrikas. Während einige Zeit lang angenommen wurde, dass nur noch ein einziges weibliches Exemplar existieren würde, haben Naturforscher inzwischen weitere Knsyna-Dickhäuter in dem dichten Urwald um den Prince Alfred's Pass entdeckt.

Wer Elefanten hautnah erleben möchte, tut das besser im **Knysna Elephant Park**, 22 km nach Knysna und 9 km vor Plettenberg Bay, Tel. 044-5327732, www.knysnaelephantpark.co.za. Eine tolle Erfahrung, nicht nur für Kinder: Die ehemaligen Krügerpark-Elefanten dürfen gefüttert und gestreichelt werden. Im Eingangsbereich befindet sich ein interessantes Elefanten-Museum.

Plettenberg Bay

Von portugiesischen Entdeckern ursprünglich „Bahia Formosa" (Wunderschöne Bucht) getauft, haben sich heute viele reiche Johannesburger Ferienhäuser gekauft und in den Sommerferien und über Weihnachten finden sich etwa 50.000 von ihnen im Ort ein. Aber keine Angst, „Plett" hat so viele schöne Strände, dass man sie kaum alle mit Sonnenhungrigen zulegen kann.

In der Bucht tummeln sich in der Saison nicht nur Wale, sondern auch Delfine, die man mit etwas Glück vom **Robberg Nature Reserve** aus beobachten kann, oder per Boot etwas näher.

Die rasante Erholung der südafrikanischen Walpopulation seit dem internationalen Fangverbot hat selbst Experten überrascht. In den letzten Jahren besuchten mehr Glatt- und Buckelwale die Buchten zwischen Kapstadt und Plettenberg Bay als in den vorangegangenen 150 Jahren! Früher ein seltener Anblick, tummeln sich heute in fast jeder Küstenbucht bis zu 70 Wale gleichzeitig (Südafrikaner nennen das mittlerweile respektlos *whale soup* – Walsuppe). Jede Gemeinde, von Plett über Wilderness bis Witsand und natürlich Hermanus, dem Walort schlechthin, hat ihren „Kommunal-Wal" und kann Besuchern zwischen August und November sichere Walversprechen geben.

16 km hinter Plett zweigt von der N 2 nach rechts eine Straße zum **Monkeyland Primate Sanctuary** ab. In dem privaten Affenpark haben viele einst wilde Tiere eine neue Heimat gefunden. Mit einem kenntnisreichen Führer können Touristen durch die riesigen Freigehege gehen.

Neun Kilometer weiter (25 km von Plett entfernt) dann von der N 2 nach rechts abfahren, auf die R 102. Die Strecke über **Nature's Valley und den Bloukrans Pass ist ein echter Traum!** Kurvenreich schlängelt sich die von Thomas Bain erbaute Straße durch den dichten Urwald.

Der Bungee-Jump von der Bloukrans-Brücke ist mit 216 Metern der höchste Gummiseil-Sprung der Welt

Die von unten sichtbare **Bloukrans-Brücke,** auf der die in diesem Abschnitt mautpflichtige N 2 verläuft, ist die höchste im Land. Kein Wunder, dass sich hier die Adrenalin-Fraktion etabliert hat. Der Bloukrans-Bungee-Jump ist mit 216 Metern der höchste kommerzielle Gummiseil-Sprung der Welt!

Information

Plett Tourism, Melville's Corner, Main St, Tel. 044-533 1960, www.plett-tourism.co.za. Infos zu Schiffstouren, Unterkünften und Restaurants.

Restaurants

Ristorante Enrico (RR), 269 Main St, Keurboomstrand (Abfahrt von der N2), Tel. 044-5359818, tägl. 11.30-22.30 Uhr. Italiener mit Super-Lage direkt am Keurboom Strand, ein paar Kilometer außerhalb von Plett.

Mediterrane Gerichte, u.a. Pizzen, Pasta, Fisch und Fleisch.

Cornuti Al Mare Restaurant & Bar (RR), 1 Perestrella Street, Tel. 044-5331277; Pierro Carrara serviert leckere Pizzen mit dünnen Böden und innovativen Belägen, wie z.B. Straußenfleisch, dazu leckeres, lokal gebrautes Bier vom Fass. Sieht von außen aus wie ein Fliesen-Großmarkt, ist aber innen cool dekoriert, der absolute „in"-Platz in Plett mit toller Aussicht aufs Meer.

The Fat Fish (RR-RRR), Milkwood Centre, 1 Hopwood St, Central Beach, Tel. 044-5334740, tägl. 11.30–22 Uhr. Ultramodernes Restaurant im ersten Stock mit großer Terrasse und Panoramablick über die Bucht. Spezialisiert auf Fisch, Meeresfrüchte und Sushi. Besonders lecker: Fat Fish-Frikadellen mit Avocado Salsa.

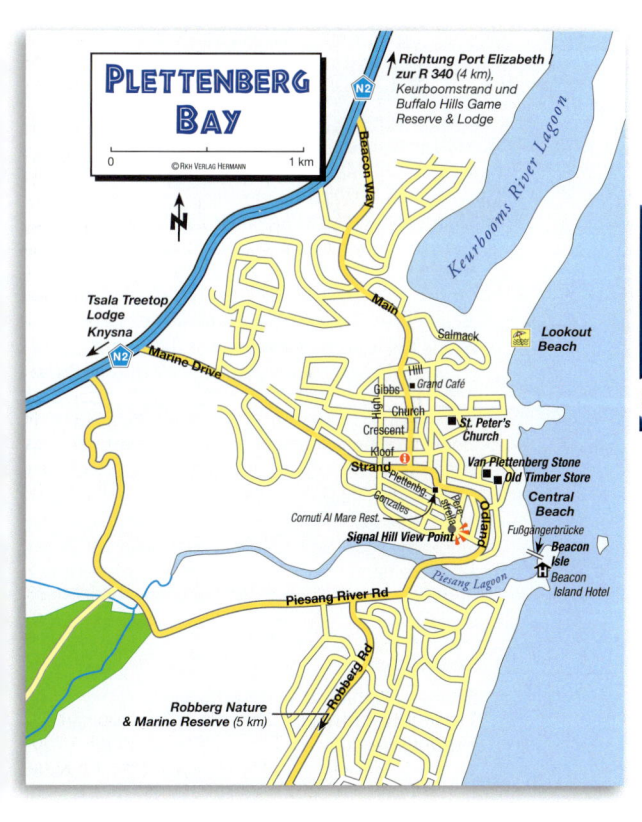

The Lookout Deck Restaurant (RR-RRR), Hill St, Tel. 044-5331379, www.lookout.co.za. Bei Einheimischen und Touristen beliebtes Restaurant direkt am Meer. Täglich von früh bis spät geöffnet.

Grand Café (RR-RRR), Grand Hotel, 27 Main Road, Tel. 044-5333301, www.thegrand.co.za. Café mit „bohemian touch"-Dekor, das an ein luxuriöses Bordell erinnert. Die Speisekarte ist klein, aber fein. Probieren: Lemon kissed Fish & Chips.

Unterkunft

Hog Hollow Country Lodge (RRR-RRRR), Askop Rd, The Crags, Tel. 044-5348879, www.hog-hollow.com. Mitten im Grünen, 18 km außerhalb von Plettenberg Bay an der N2 Richtung Port Elizabeth. Vor dem Dinner werden Snacks an einer offenen Feuerstelle auf dem Holzdeck serviert und der Blick auf die Outeniquaberge im letzten Abendlicht ist fantastisch. Stilvoll eingerichtete Zimmer, extra langer Pool, Restaurant, Bar, Wellness, Reiten und Wanderwege.

Buffalo Hills Game Reserve & Lodge (RRRR), Tel. 044-5359739, www.buffalohills.co.za; von der N2 die Abfahrt Uniondale/Wittedrift. Unterkunft in einem afrikanisch-gestylten Farmhaus oder in geräumigen Safarizelten, Kinder willkommen. Pirschfahrten im offenen Geländewagen, Büffel gibt es leider nicht mehr zu sehen, da sie verkauft wurden. In der farmeigenen Destille wird der berühmte Fruchtlikör Mampoer abgefüllt, der natürlich auch probiert werden darf.

Whale Rock House (RRR), Waif St, Tel. 082-4923343, www.whalerockhouse.co.za. Originell eingerichtetes B&B in einem Privathaus mit großer Terrasse und Meerblick. Das Haus liegt in einem Neubaugebiet, ist jedoch nur fünf Fahrminuten vom Stadtzentrum und Strand entfernt.

Außerhalb: Singing Kettle Beach Lodge (RRR-RRRR), Keurboomstrand, Tel. 044-5359477, www.singingkettle.co.za. Sechs Zimmer im Beach-Look direkt am Indischen Ozean. Die Aussicht aufs Meer ist der Hammer. Bestes Zimmer ist die Family Suite Nummer 1.

Sehenswert

Robberg Nature & Marine Reserve, Tel. 044-533 2125, www.capenature.co.za; tägl. von Sonnenauf- bis -untergang.

Monkeyland Primate Sanctuary, 16 km östl. von Plett, Tel. 044-5348906, www.monkeyland.co.za; ein Wald voller „fast" freilebender Affen (14 verschiedene Arten), interessante Führungen mit kenntnisreichem Guide. Restaurant

Birds of Eden, Tel. 044-5348906, www.birdsofeden. co.za, Für Monkeyland und Birds of Eden sind auch Kombitickets erhältlich. Ein halbes Tal ist hier in eine gigantische Vogelvoliere verwandelt worden. Es ist mit 23.000 qm und 3500 Vögeln das größte Freiflug-Vogelgehege der Welt, erlebenswert! Im Thanda Café (R-RR) gibt es Salate, Hamburger und Sandwiches.

Elephant Sanctuary, neben Birds of Eden, Tel. 044-53 48145, www.elephantsanctuary.co.za. Aufgrund seiner Größe und der schöneren Landschaft die das Reservat umgibt die empfehlenswertere Alternative zum Knysna Elephant Park, falls man nur einen der beiden Parks besuchen möchte.

Bloukrans Bungee, Face Adrenalin, Tel. 021-424 1580, www.faceadrenalin.com. Der Bungee-Sprung von der höchsten Brücke Afrikas ist mit 216 Metern der höchste der Welt. Für weniger Mutige empfiehlt sich die „Bridge Walking Tour".

Tsitsikamma Section im Garden Route National Park

Danach mündet die R 102 wieder in die N2. Nach sieben Kilometern nach rechts abbiegen. Nach Zahlung des Eintrittsgeldes geht es steil hinunter zum Meer und zum **Storms River Mouth Restcamp.**

Fast unberührt: die Natur im Nature Valley

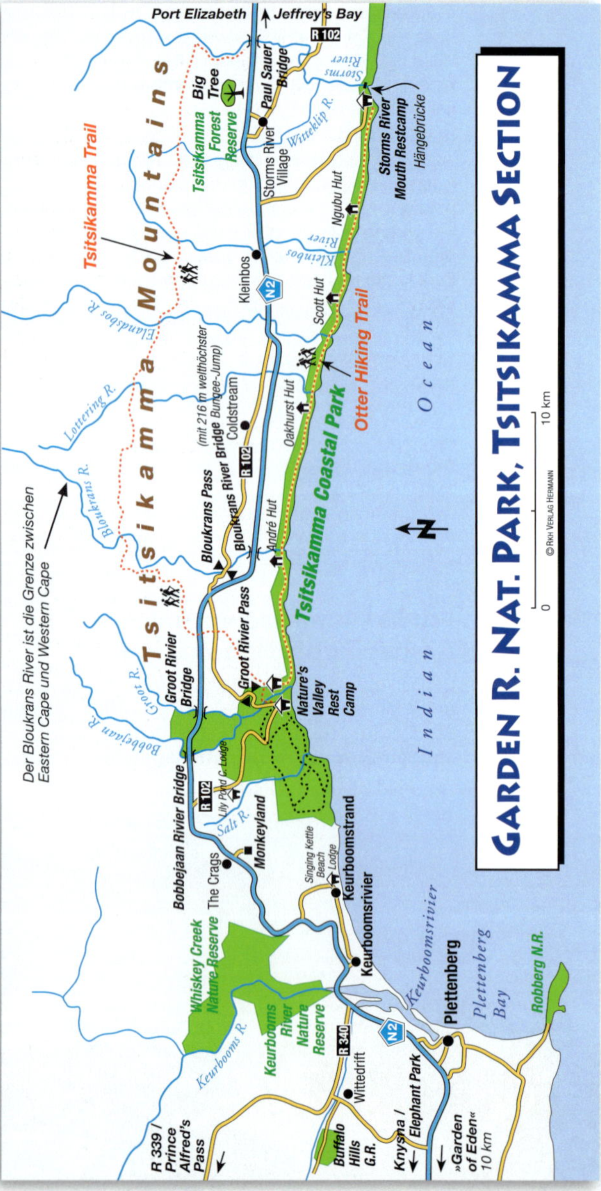
Garden R. Nat. Park, Tsitsikamma Section
Port Elizabeth
Jeffrey's Bay
R 102
Paul Sauer Bridge
Storms River
Big Tree
Tsitsikamma Forest Reserve
Storms River Village
Witteklip R.
Storms River Mouth Restcamp
Hängebrücke
Tsitsikamma Trail
Tsitsikamma Mountains
Kleinbos
N2
Kleinbos River
Ngubu Hut
Scott Hut
Otter Hiking Trail
Elandsbos R.
(mit 216 m welthöchster Bungee-Jump)
Coldstream
Oakhurst Hut
Tsitsikamma Coastal Park
Indian Ocean
Lottering R.
Bloukrans R.
Bloukrans Pass
Bloukrans River Bridge
André Hut
Der Bloukrans River ist die Grenze zwischen Eastern Cape und Western Cape
Groot R.
Groot Rivier Bridge
Groot Rivier Pass
Nature's Valley Rest Camp
Bobbejaan R.
Bobbejaan Rivier Bridge
Lily Pond C. Lodge
Salt R.
Monkeyland
The Crags
Singing Kettle Beach Lodge
Keurboomstrand
Keurboomsrivier
Whiskey Creek Nature Reserve
Keurbooms River Nature Reserve
Keurbooms R.
Plettenberg
Plettenberg Bay
Robberg N.R.
R 340
Wittedrift
Knysna / Elephant Park
R 339 / Prince Alfred's Pass
Buffalo Hills G.R.
»Garden of Eden« 10 km
0
10 km
© RKH Verlag Hermann

Garden Route

Der 1964 ins Leben gerufene Tsitsikamma National Park, der heute Teil des Garden Route National Parks bildet, war der erste Meeres-Naturschutzpark in Afrika. Insgesamt gehören etwa 80 Kilometer zerklüftete Küstenlinie dazu, das Schutzgebiet reicht fünf Kilometer in den Indischen Ozean hinaus. Der Suspension Bridge and Lookout Trail (ca. 1 Stunde) führt auf Holzstegen zu den beiden spektakulären Hängebrücken, die sich über den **Storms River** spannen. Wer nicht gut zu Fuß ist, kann auch per Boot zur Mündung fahren. Die beste und berühmteste Art den Park kennenzulernen besteht darin, den fünftägigen **Otter Trail** zu laufen. Der Wanderpfad beginnt an der Mündung des Storms River, führt die Küstenklippen hinauf und hinunter, quert mehrere Flüsse und endet nach 42 oft sehr anstrengenden Kilometern westlich im **Nature's Valley**. Weniger anstrengend ist der 20 Kilometer lange **Dolphin Trail**, während dessen viertägiger Dauer in Luxuslodges übernachtet wird.

Information

Otter Trail, eine der beliebtesten Wanderungen in Südafrika. Buchung bis zu 12 Monaten im voraus online bei South African National Parks (www.sanparks.org). Dolphin Trail, Infos bei Storms River Adventures, Tel. 042-2811607 o. 2811836; Buchung Tel. 012-4265111.

Die **Paul Sauer Bridge** über den Storms River östlich vom Tsitsikamma National Park markiert das inoffizielle Ende der Garden Route. Bei der Tankstelle/Restaurant links der N 2 gibt es eine Aussichtsplattform mit Blick auf die 1954 eröffnete Bogenbrücke. Weiterfahrt nach Port Elizabeth über die N 2. Von dort Verbindung mit der „Big-Five-Route", s.S. 259.

Am Strand von Plettenberg Bay

Tal der Affen – Baviaanskloof

Abenteuerliche Garden-Route-Alternative. Wer die Garden Route nicht zweimal fahren möchte, dem bietet sich eine überwiegend nicht asphaltierte Strecke durch eine grandiose und einsame Landschaft als Alternative an. Ein Auto mit ordentlicher Bodenfreiheit, ein Geländewagen oder eine Enduro sind bei einem Trip durch den Baviaanskloof jedoch notwendig.

Route

Von Port Elizabeth auf der N 2 kommend die Abfahrt „Humansdorp" nehmen, dann auf der R 303 nach *Hankey,* weiter auf der R 331 16 km nach *Patensie* (volltanken!). Danach auf der Bergpiste durch den Baviaanskloof, bis die N 9 erreicht ist (von Hankey 194 km). Auf der N 9 südlich bis Uniondale (63 km). Von dort über den Pass *Uniondale Poort* nach Avontuur. Dann auf der nicht asphaltierten R 339 über den *Prince Alfred's Pass* nach Knysna an der N 2.

Baviaan ist das holländische Wort für Pavian. Hier gab es einst so viele, dass die ersten Siedler begannen, ihnen im wahrsten Sinne des Wortes die Haut über den Kopf zu ziehen: Sie knallten die Primaten erbarmungslos ab und verwendeten ihr Leder für Schuhe und Taschen. Die Reste einer Gerberei zeugen davon. Heute sind die Paviane geschützt, sie trauen ihren nahezu unbehaarten Artgenossen allerdings noch immer nicht über den Weg. Die Baviaanskloof-Affen sind mittlerweile fast so aufdringlich wie ihre Artgenossen am Kap der Guten Hoffnung. Während letztere auf der Suche nach Fressbarem sogar auf die Hauben der vorbeifahrenden Autos springen, um dort ab und zu ein Verdauungsprodukt zu hinterlassen, sind erstere etwas schüchterner. Es kommt gelegentlich an den beliebten Campingplätzen vor, dass die Paviane auf der Suche nach Essbarem die Zelte und die Autos auseinander nehmen.

Zwischen Patensie im Osten und Willowmore im Westen finden Naturfreunde auf 120 Kilometern Länge eine nahezu unberührte Wildnis vor – Afrika pur. Das Gebiet erstreckt sich durch die Täler des Kouga, Baviaanskloof und Grootrivier zwischen parallel verlaufenden Bergketten.

Patensie ist Zentrum des Früchteanbaus in der Region und die letzte Chance, den Tank und die Kühlbox aufzufüllen. Kurz darauf ragt bereits der 1800 Meter hohe Gipfel des *Cockscomb,* des passend getauften Hahnenkamms auf.

Die Straße wurde von niemanden anders als Thomas Bain (siehe Exkurs S. 232) zwischen 1880 und 1890 erbaut. Der erste Teil der Stecke führt direkt durch ein Naturreservat den *Combrink's Pass* hoch. Er ist steil und hat einige verdammt enge Kurven mit atemraubenden Abgründen, die Landschafts-Szenerie ist dramatisch. Bei der

Auffahrt sind Wagenlenker froh, dass hier Linksverkehr herrscht. Es ist kein Platz für zwei Autos nebeneinander. Der Blick von oben ist wirklich fast unglaublich: Im Osten das gerade durchquerte Tal, im Westen Berge und noch mehr Berge. Bevor es wieder runter geht, passiert man das *Bergplaas-Plateau,* eine Hochebene, die mit goldenem Gras bedeckt ist, das sanft im Wind wiegt. Wer Glück hat sieht Bergzebras, Elen-Antilopen, Buschböcke und Kudus. Neben „Zebrastreifen" gibt es noch „Bremsschwellen" in Form von Bergschildkröten. Sie erreichen locker Pkw-Radgröße, und wenn man sich ihnen nähert, ziehen sie sich in ihre Panzer zurück und stoßen empörte Seufzer aus, die auch noch wie ein plattwerdender Reifen klingen ...

Passabwärts sind die Hänge mit Speckbaum, Aloen, Tal-Bushveld und Berg-Fynbos bedeckt, dazwischen blühen einige Proteen, deren bezaubernde Düfte ins Auto dringen – Aromatherapie für die Seele. Man muss einige Furten durchqueren, die meisten von ihnen wurden allerdings mittlerweile betoniert. Normalerweise gibt es also keine Probleme. Nur nach heftigen Regenfällen werden manchmal größere Teile der Strecke weggespült. Dann kommt meist nur ein Allrad durch.

Die erste Campingmöglichkeit im Tal ist **Doodsklip,** direkt am Fluss. Der Name kommt angeblich von mysteriösen Todesfällen, die sich hier vor langer Zeit zugetragen haben sollen. Vielleicht ein paar rachsüchtige Paviane ...? Gegen Abend rascheln einige von ihnen im dichten Gebüsch. Gelbe Augen schimmern aus dem Halbdunkel – kein gemütlicher Platz. Nur 5 km weiter sieht es deutlich freundlicher aus. Ein anderer Campingplatz, direkt dort, wo der Kouga River einen natürlichen Pool mit einem kleinen weißen Sandstrand geschaffen hat – ein Bilderbuch-Platz. Reinspringen, Staub abwaschen und die Seele baumeln lassen ... Hoch oben zieht ein Schreisee-Adler seine Kreise, während die untergehende Sonne die steilen Felswände in ein warmes, rotes Licht taucht.

Früh am nächsten Morgen, nur kurz nach Sonnenaufgang, ertönt ein markerschütternder Schrei: Das Alpha-Männchen des Pavian-Klans begrüßt offensichtlich den neuen Tag. Und alle anderen scheinen ihm zu antworten.

Sandvlakte Farm ist wieder einer dieser Plätze, wo die Farmer erkannt haben, dass Naturschutz mehr bringt als Agrarprodukte anzubauen. Geschütztes Land, in den Urzustand zurückversetzt und mit frei umherstreifenden Tieren, lockt Touristen an. Andere Farmer der Gegend ziehen mit, mittlerweile ist Baviaanskloof zum Megapark und World Heritage deklariert worden. Ein gigantischer Nationalpark, der sich über das gesamte Baviaanskloof-Gebiet erstreckt, ohne Zäune, wo die neu ausgesetzten Büffel und Nashörner wieder umherziehen können wie vor hunderten von Jahren.

Kurz bevor die Piste den **Grassneck Pass** hochklettert, besteht noch einmal die Möglichkeit, einen erfrischenden Sprung in den Fluss zu wagen. Von der Passhöhe aus hat man wieder endlose Karooblicke. Dann ist die Piste so übersichtlich und gut ausgebaut, dass man es so richtig „stauben" lassen kann ... Kurz bevor die Asphaltstraße erreicht ist, gilt es noch einen kleinen, aber trotzdem spektakulären Canyon mit massiven, gefalteten Gesteinsschichten zu durchqueren. In **Willowmore** endet das Baviaanskloof-Abenteuer.

Doch auf der Weiterfahrt nach Knysna ist wiederum Staubschlucken angesagt. Auf einer Piste geht es durch endlose Wälder, in denen noch wilde Elefanten leben, über den **Prince Alfred's Pass,** der natürlich auch von Thomas Bain gebaut worden ist.

Informationen

In Baviaanskloof gibt es einige B&Bs und Gästefarmen, viele von ihnen aufgelistet in der übersichtlich gestalteten Websites Homepage www.baviaans.co.za. In Willowmore befindet sich das Baviaans Informationsbüro, 42 Wehmeyer St, Tel. 044-9231004, www.bavians.gov.za.

Restaurants

Tolbos Country and Coffe Shop, Patensie, Tel. 042-2830437, www.tolbos.co.za. Kleine Gerichte und leckerer Kaffee. Infos zu Baviaanskloof.

Padlangs Country Restaurant and Shop, uriges Restaurant, 7 km außerhalb Patensies auf der R331.

Unterkunft

De Mist Cottage (RR), Patensie, Tel. 042-2830740, www.patensie2 baviaans.co.za. Sehr schönes B&B, auch als Selbstversorger buchbar; reichhaltiges Frühstück in einem Haus, das man eher in einem Kapstädter Nobelvorort vermutet.

Sederkloof Lodge (RRRRR), nur von Willowmore mit Pkw zu erreichen, Tel. 049-8391122, www. sederkloof.co.za. Die komfortabelste und schönste Übernachtungsmöglichkeit in der Baviaanskloof-Region. Sechs stilvoll ausgestattete Häuschen (Mountain chalets), direkt an einem Canyon mit Super-Aussicht auf die Kougaberge, selbst von der freistehenden Badewanne aus. Höhepunkt: Dinner in einer echten Buschmannhöhle auf dem Farmgelände.

Willowmore Guest House (RRR), Tel. 044-9231574, www.willow guesthouse.co.za. Das historische, viktorianische Gästehaus ist im ehemaligen Pfarrhaus der Holländisch-Reformierten Kirche; eine stilvolle Übernachtung am Ende des Baviaanskloof-Abenteuers.

Die „Big Five" – malariafrei

Auf Safari in der malariafreien Eastern Cape Province – zwischen Port Elizabeth und Grahamstown.

Route (ca. 750 km, 3–5 Tage)

Die privaten und staatlichen Wildnisreservate in der Eastern Cape Province.
Port Elizabeth – N 2 – R 72 Alexandria – Kenton-on-Sea – R 343 Kariega Game Reserve – N 2 Grahamstown – R 67 Kwandwe Private Game Reserve – Shamwari Private Game Reserve – Addo – Addo Elephant National Park

Südafrikas Eastern Cape Province hat sich in den letzten Jahren gewaltig verändert. Farmer brachen und brechen mit uralten Viehhaltungstraditionen. Schafe gehören plötzlich zu einer aussterbenden Art. Zäune zwischen benachbarten Farmen werden eingerissen, Kleinlaster gegen offene Landrover getauscht und Schafe durch Gnus, Giraffen und Zebras ersetzt. Ein privates Wildnisreservat entsteht neben dem anderen. Zur gleichen Zeit expandiert das berühmte nationale **Addo-Elephant**-Schutzgebiet bis zum Indischen Ozean zu einem Mega-Park. Die einstige Woll-Provinz hat sich so dramatisch und schnell verändert, dass ihre Wildschutzgebiete zusammengenommen mittlerweile eine größere Fläche einnehmen als der Krüger National Park – und die „grüne Revolution" lohnt sich! Bei Touristen werden die „Big-Five"-Safaris im Eastern Cape immer beliebter, zumal dort keine Malaria-Gefahr besteht. Seit einigen Jahren gibt es im Addo-Park Löwen, was durch die neugeschaffene Verbindung zum Meer eine „Big-Seven"-Erfahrung möglich macht, nämlich neben den klassischen Fünf – Löwe, Leopard, Elefant, Nashorn und Büffel – noch Weiße Haie und Wale.

Von der Garden Route her kommend ist **Port Elizabeth** in der Nelson Mandela Bay sozusagen das Eingangsportal zu den Wildnisgebieten der Eastern Cape Province. „P.E." versucht, sein schmuddeliges Industriestadt-Image abzulegen, wobei ein „Facelift" zur WM 2010 vieles positiv veränderte. Lohnend ist der schöne Stadtkern mit diversen historischen Häusern und der größten Ansammlung an Art-Déco-Gebäuden in Südafrika sowie ein Rundgang durch den attraktiven Boardwalk-Komplex.

Xhosa in Ritualbemalung

Die „Big Five"

Port Elizabeth

Information

Nelson Mandela Bay Tourism, Donkin Reserve, Tel. 041-5858884, www.nmbt.co.za, Mo–Fr 8–16.30 Uhr, Sa/So 9.30–15.30 Uhr. Weitere Vertretungen im Boardwalk Casino Complex in Summerstrand und am Flughafen

Unterkunft

Hacklewood Hill Country House (RRRRR), 152 Prospect Rd, Walmer, Tel. 041-5811300, www.hacklewood.co.za; Die 1898 erbaute, elegante Residenz liegt im ruhigen Stadtteil Walmer, eingerichtet mit Antiquitäten; die großen Bäder haben freistehende, viktorianische Badewannen und Duschen, Swimmingpool; auf Wunsch Dinner bei Kerzenlicht, die Gäste können ihren Wein im Keller selbst aussuchen.

The Beach Hotel (RRRR-RRRRR), Marine Drive, Summerstrand, Tel. 041-5832161, www.pehotels.co.za (Hotels und dann The Beach Hotel anklicken). Renoviertes, historisches Haus am Strand, direkt neben dem Boardwalk-Komplex.

Thunzi Bush Lodge (RRR), Seaview, Maitland Rd, Tel. 041-3722082, www.thunzibushlodge.co.za. Die passende Unterkunft für Stadtmuffel. 30 km westlich von Port Elizabeth (N2 Richtung Kapstadt) liegt diese hübsche Lodge mit Holzchalets für Selbstversorger mitten im Grünen. Pool, Wellness, Strandspaziergänge am nahegelegenen Maitland Beach.

Beachwalk B&B (RR), 1 Second Avenue, Summerstrand, Tel. 041-5833594, www.beachwalk.co.za. Gemütliches Bed & Breakfast, nur 60 Meter vom Strand und 400 m vom Boardwalk Komplex entfernt.

Sunset in Port Elizabeth

Restaurants

Old Austria Restaurant (RR), 24 Westbourne Rd, Tel. 041-3730299, Mo–Fr Lunch, Mo–Sa Dinner. Eine lokale Institution, sehr gutes Essen bei günstigen Preisen. Tipp: die gegrillten Calamari, oder die Klassiker Wiener Schnitzel und Cordon Bleu vom Kalb, oder *Liver Wiblin,* Kalbsleber gedünstet mit Zwiebeln, Sherry und Knoblauch, serviert mit Rösti. Nachtisch für Kalorienunbewusste: die dunkle, französische Schokoladentorte.

Bridge Street Brewery (RR-RRR), 1 Bridge St, Tel. 041-5810361, www.bridgestreet.co.za. 2012 eröffnete kleine Brauerei mit Bistro. Es gibt vier verschiedene Biersorten mit verrückten Namen, wie zum Beispiel *Black Dragon Double Chocolate Stout.* Livemusik.

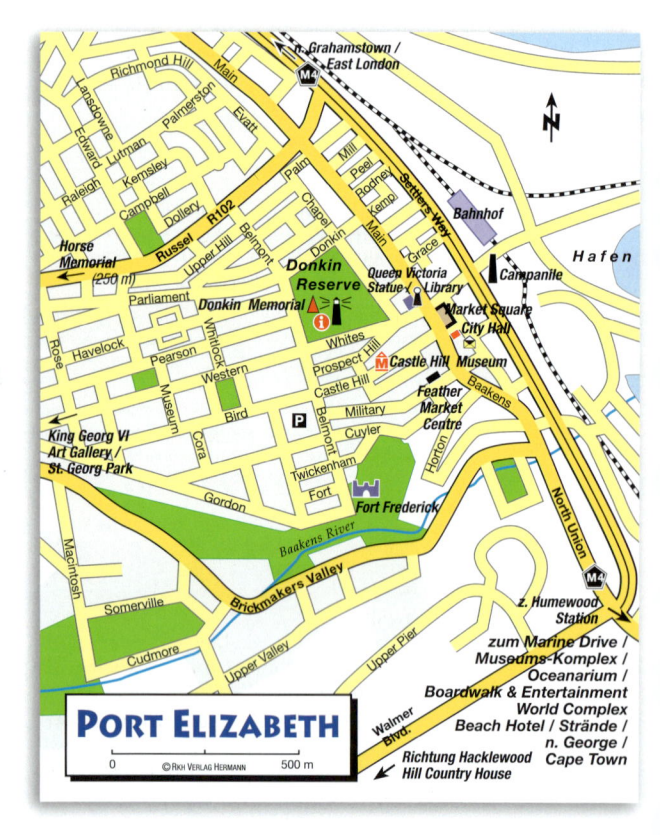

Wo P.E. auf die Pauke haut: Vergnügungsmeile Boardwalk-Komplex

The Royal Delhi (RR), 10 Burgess St, Tel. 041-373 8216, Mo–Fr 12–22 Uhr, Sa 16–23 Uhr. Hier gibt es die besten Curries der Stadt. Tipp: Wenn erhältlich, Krabben-Curry, sehr gut, aber eine Riesen-„Sauerei", da die Krabben mit den Fingern aus der Soße geholt und gegessen werden müssen.

34° South (RR-RRR), Boardwalk Complex, tägl. Frühstück, Lunch & Dinner ab 10 Uhr, Tel. 041-5831085, www.34-south.com. Wie sein großer Bruder in Knysna ein echter Seafood-Tempel; die Kombination aus Delikatessenladen und Restaurant mit tollem Dekor ist ein Erfolgsrezept. Blick auf den künstlichen See.

Blue Waters Café (RR), The Boardwalk, Marine Drive, Summerstrand, Tel. 041-5834110, www.bluewaters cafe.com, Mo-So Frühstück, Lunch & Dinner. Sehr populärer Platz, deshalb immer buchen. Super-Blick aufs Meer. Sehr schön präsentierte leckere Gerichte mit Schwerpunkt auf Seafood. Fleischfreunde kommen jedoch auch nicht zu kurz.

The Island Grill & Bar (RR), Off Marine Drive, Tel. 041-5833789, tägl. Lunch & Dinner. Bambus, Holz und Jutestoffe schaffen ein tropisches Inselferien-Ambiente, sehr relaxt, sehr günstiges Nachmittags-Deck-Menü. Prima und ungewöhnlich zubereitete Meeresfrüchte.

Nosh Nosh (RR), 1 Cooper St, Richmond Hill, Tel. 041-5822444, Mo–Sa Lunch, Di–Sa Dinner. Trendiger Essplatz mit Sushi/Sashimi-Vorspeisen und geschmacklich raffiniert kombinierten Hauptgerichten.

Golden Coast (RR), 77 Heugh Road, Walmer, Tel. 041-5818025, Di–So Lunch, Mo–Sa Dinner. Günstiges taiwanesisches Restaurant mit riesiger Auswahl asiatischer und europäischer Speisen, gemütlich eingerichtet.

Sehenswert

Boardwalk Casino & Entertainment World Complex, Marine Drive, Summerstrand, Tel. 041-5077777, www.boardwalk.co.za. Geschmackvoll gestyltes Unterhaltungszentrum rund um einen künstlichen See mit Casino, Restaurants und Geschäften.

Bayworld, Beach Road, Humewood, Tel. 41-5840650, www.bayworld.co.za. Aquarium, Reptilien und Museum. Hier ist das Skelett des letzten und 15 Meter langen Buckelwals zu sehen, der in der Algoa Bay harpuniert wurde.

Sacramento Trail, Schoenmakerskop, Marine Dr, Tel. 041-3662312. Ein acht Kilometer langer Küstenwanderweg durch das Sardinia Nature Reserve. Von hier aus sieht man mit etwas Glück Delfine und Grüne Meerkatzen-Affen.

Um die im folgenden genannten Game Reserves in einer **Rundtour Kwandwe – Shamwari – Addo** erfahren zu können, empfiehlt es sich, P.E. zunächst auf der N 2 Richtung Grahamstown zu verlassen, dann auf die R 72 abzubiegen und über Alexandria nach **Kenton-on-Sea** zu fahren. Von dort auf der R 343 wieder nach Norden, wo es 14 km später nach rechts zum **Kariega Game Reserve** abgeht. Ein guter Einstieg, denn Kariega ist vergleichsweise günstig, bietet dafür allerdings nicht alle Big Five. Sehr zu empfehlen ist die romantische Sundowner-Flussfahrt mit der *Kariega Queen*.

Nur wenige Kilometer nördlich an der N 2 liegt **Grahamstown,** ein sehr englisch anmutender Ort, der von den Siedlern, die 1820 von der britischen Insel kamen, gegründet worden ist. Grahamstown ist vor allem für sein jährliches Kunstfestival und seine historischen Gebäude berühmt. Eine Nacht sollte man zwischen den Safaris mindestens dort verbringen.

Kwandwe, etwa 25 km nördl. von Grahamstown (R 67), ist **das schönste der neueren,** riesigen privaten **Wildschutzgebiete.** Auf dem Gelände von sechs ehemaligen, überweideten Schaf- und Rin-

Angenehme Ruhe: die wunderbare Kwandwe Lodge

Im Shamwari Game Reserve

derfarmen hat der amerikanische Vitamin-Milliardär Carl de Santis mit einer Investition von zehn Millionen US$ die Zeit erfolgreich zurückgedreht. 7000 Tiere wurden wieder eingeführt, pro Jahr sollen gut 1400 weitere dazukommen. 2000 Kilometer Zäune wurden entfernt. Spurlos verschwunden sind Wassertröge und -leitungen, Wasser-Windräder, alte Pickups und rostige Traktoren, ein Großteil der Farmhäuser samt ihrer Fundamente und alle Hinweise auf die frühere alles beherrschende Viehwirtschaft.

Die **Kwandwe-Lodge** mit ihren riedgedeckten Chalets aus Holz und Glas liegt traumhaft! Direkt oberhalb des geschichtsträchtigen *Great Fish River*, wo im 18. Jahrhundert das erste Mal in der Geschichte Südafrikas Weiße aus der Kapregion und Schwarze aus dem Nordwesten mit ihren Viehherden aufeinandertrafen und wo 1779 der erste von insgesamt neun blutigen Grenzkriegen ausgefochten wurde.

Wer heute mit einem gekühlten Glas Sauvignon Blanc auf der hölzernen Terrasse der Lodge steht und auf das Flusstal und die friedliche Berglandschaft dahinter blickt, kann sich diese gewalttätigen Konfrontationen kaum vorstellen. In Kwandwe ist die lokale Xhosa-Bevölkerung sehr stark miteingebunden. Es gibt Ausbildungsprogramme, fast alle Angestellten kommen aus den umliegenden ehemaligen Agrargebieten. Die meisten hatten vorher keine Ausbildung und keinen Job. Selbst Schulen für die Kinder und Kliniken wurden gebaut.

Ähnliche soziale Programme laufen seit einigen Jahren im weiter westlich gelegenen, 140 km² großen, privaten **Shamwari Game Reserve,** wo ebenfalls nicht mehr gewinnbringende Farmen in ein gigantisches Big-Five-Reservat verwandelt worden sind. Gäste wohnen im Norden des Gebietes in der afrikanisch angehauchten **Lobengula Lodge** oder in einigen stilvoll renovierten Farmhäusern, die englische Siedler gebaut haben, die 1820 zu Tausenden in Algoa Bay, dem heutigen Port Elizabeth, landeten. Kundige Ranger kutschieren ihre Gäste in offenen Landrovern durch die Botanik, die, wenn sie Pech haben (oder je nach individueller Abenteuerlust Glück) auf „Wagenheber" stoßen, auf ein Nashorn, das für seine meist schlechte Laune und Auto-Aversion berüchtigt ist.

Auch von staatlicher Seite tut sich einiges im Eastern Cape. Der **Addo Elephant National Park** erfuhr durch den Kauf von privatem Land eine gewaltige Erweiterung. Dank der Weitsicht des südafrikanischen Umwelt- und Tourismusministers Marthinus van Schalkwyk entsteht so gerade das landschaftlich abwechslungsreichste Naturschutzgebiet des Landes. Neben Elefanten können bald, dank zukünftigem Meeresanschluss, auch noch größere Säuger beobachtet werden, Wale und Weiße Haie, was wie erwähnt den Addo zum ersten „Big-Seven"-Reservat Südafrikas machen wird.

Im Gegensatz zu den privaten Parks dürfen Besucher des Addo-Parks im eigenen Wagen auf die Pirsch gehen. Was, wenn das Fahrzeug mitten in einer Herde trompetender Dickhäuter zum Stehen kommt schnell zur Adrenalin-Sportart mutieren kann. Wichtig: ruhig bleiben, nicht aussteigen und natürlich Fotos machen, sonst glaubt einem das zu Hause sowieso wieder keiner.

Wenn die beliebten Unterkünfte im Park bereits ausgebucht sind, der kann auf einige äußerst stilvolle Plätze wie das **Elephant House** oder die **River Bend**

Eine Löwin zeigt beim Gähnen ihre scharfen Zähne

Lodge ausweichen, die in der letzten Zeit an der Peripherie des Parks aufgemacht haben. Eine weitere Initiative, in den Nationalparks private Konzessionen zuzulassen, feierte hier ebenfalls Premiere. Mitten im staatlichen Schutzgebiet entstand das **Gorah Elephant Camp** mit seinen komfortablen Luxuszelt-Unterkünften.

Grahamstown

Information

Tourism Grahamstown, 63 High Street, Tel. 046-6223241, www.grahamstown.co.za, die Website listet alle Übernachtungsmöglichkeiten in Grahamstown ausführlich und übersichtlich auf. Wer möchte, kann sich hier seinen eigenen Stadtführer buchen; auf eigene Faust geht das prima mit der Broschüre „Walking Tours of Graham's Town", die es für ein paar Rand zu kaufen gibt; Buchung von Unterkünften in der Stadt und Umgebung.

Restaurants

Norden's at Cock House (RRR), 10 Market Street, Tel. 046-6361287, Di–So Lunch, Mo–Sa Dinner. Eines der beliebtesten Restaurants der Stadt, speziell während des National Arts Festivals im Juli; Peter und Belinda Tudge beschreiben das Essen in ihrem historischen Haus als „gute Hausmannskost", was etwas untertrieben ist; selbst Gourmets werden hier nicht enttäuscht; gute Weinliste. Tipp: Belindas Schokoladen-Trüffel.

Haricot's Deli & Bistro (RR), 32 New St, Tel. 046-622 2150, Mo–Sa Frühstück, Lunch und Dinner. Ein französisches Bistro, das u.a. belegte Baguettes, Hühnerleberpastete und Entenbrust serviert. Besonders nett sitzt man im Innenhof mit plätscherndem Brunnen.

Unterkunft

Cock House (RR), 10 Market Street, Tel. 046-636 1287/95, www.cockhouse.co.za. Schöne, stilvolle Unterkunft in einem englischen Siedlerhaus von 1826, sieben Zimmer, 2 Suiten, eine Wohnung mit zwei Schlafzimmern für Selbstversorger; Ex-Präsident Nelson Mandela hat hier dreimal übernachtet.

Evelyn House (RR), 115a High Street, Tel. 046-622 2366, www.afritemba.com. Im Herzen der Altstadt in einem schönen Garten gelegenes Gästehaus mit Pool.

High Corner (RR), 122/4 High Street, Tel. 046-622 8284, www.highcorner.co.za. Gästehaus in einem der ältesten Gebäude (1814) Grahamtowns, die Zimmer sind mit Antiquitäten eingerichtet. Salzwasser-Pool.

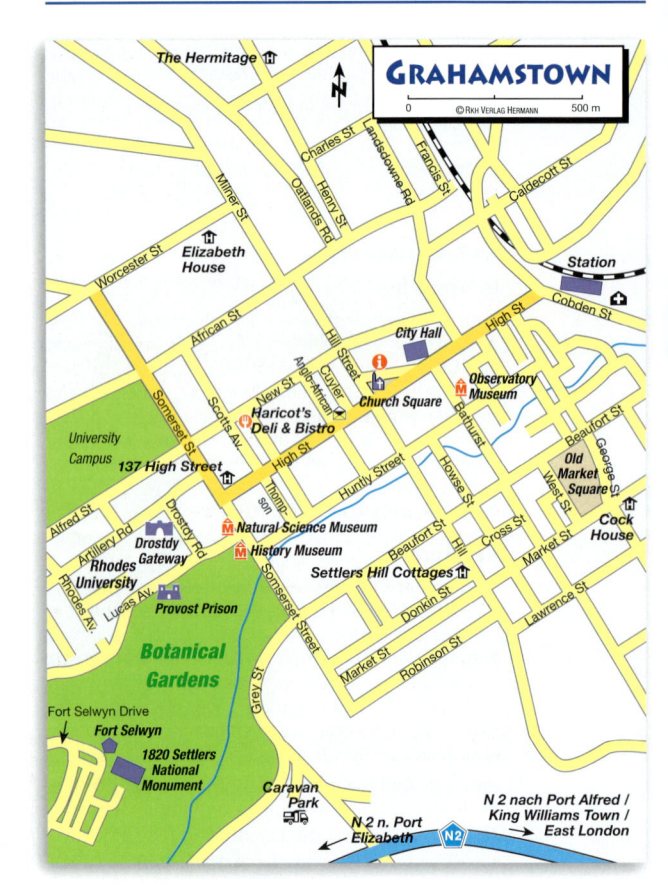

137 High Street (RR), 137 High Street, Tel. 046-622 3242, www.137highstreet.co.za. Das Haus wurde 1843 im Stadtzentrum erbaut; sieben Zimmer, Restaurant, das einen guten Cappuccino zum Frühstück serviert.

Safaris

Unterkunft

Addo Rest Camp (R-RRR), Tel. 042-2338600, www.sanparks.org/parks/addo. Direkt im Addo Park gibt es eine Auswahl an Unterkünften, wie Zeltcamps, Rondavels und Lodges in verschiedenen Preisklassen. Vorhanden: Restaurant, Pool und Laden. Nächtliche Pirschfahrten sind möglich. Wegen großer Beliebtheit frühzeitig buchen.

Gorah Elephant Camp (RRRRR), Addo Elephant National Park, Tel. 044-5327818, www.gorah.com. Innerhalb des Addo Parks befindliches, wunderbar ruhig gelegenes kleines Luxus-Zelt-Camp (max. 20 Gäste), neben einem stilvoll renovierten Farmhaus, wo abends Kerzenlicht-Dinner serviert werden; Pirschfahrten im offenen Landrover.

Riverbend Country Lodge (RRRR-RRRRR), Addo, Tel. 042-2338000, www.riverbendlodge.co.za. Überraschung in der „Wildnis", eine Lodge im englischen Landhaus-Stil; gute Küche, kinderfreundlich, ruhige Lage. Pirschfahrten im offenen Geländewagen, geführte Wildbeobachtungen zu Fuß, Mountainbike-Touren.

Elephant House (RRRR-RRRRR), Addo-Park, Tel. 042-2332462, www.elephanthouse.co.za. Die „afrikanisch-ethnische" Alternative zu Riverbend, Lodge-Feeling in liebevoll dekorierten Zimmern, sehr nette Besitzer, nur einen Leoparden-Sprung vom Addo Elephant National Park entfernt.

Zuurberg Mountain Village (RRR), Addo-Park, Tel. 042-2338300, www.addo.co.za. Übernachten in einer ehemaligen Kutschenstation, 1861 erbaut und kürzlich von Grund auf renoviert. Wunderbare Lage an einem Bergpass, dank Erweiterung des Addo Elephant National Parks nun direkt an dessen Grenze gelegen. Traditionelle Küche und Pub.

Fish Eagles Lodge (RR), Rietfontein Road (Abzweig von der R 336 zwischen Addo und Kirkwood), Tel. 042-2340727, www.addofisheagleslodge.com. Günstige Unterkunft am Sundays River, mitten im Grünen, aber nur drei Zimmer. Angeln, Kanuverleih und mit etwas Glück sieht man einen Schreiseeadler (African Fish Eagle).

Private Game Reserves

Die extrem teuren Übernachtungspreise in den Big Five Private Game Reserves enthalten pauschal Frühstück, Lunch, Fünf-Uhr-Tee und Dinner sowie zwei Pirschfahrten mit Ranger im offenen Geländewagen pro Tag.

Kariega Game Reserve (RRRRR), Tel. 046-6367904, www.kariega.co.za. Kariega bietet drei verschiedene Übernachtungsmöglichkeiten. Außer der traditionellen Pirschfahrt im Geländewagen steht auch eine Bootsfahrt, entweder auf dem Kariega oder Bushmans River, auf dem Programm.

Beyond Kwandwe Private Game Reserve (RRRRR), auf der R 67 von Grahamstown 22 km Richtung Fort Beaufort, Tel. 011-8094314, www.kwandwereserve.com. 160 km^2 großes Wildnisreservat, zur Auswahl steht die minimalistische Ecca Lodge und die Afrochique Great Fish River Lodge mit Blick auf den Great Fish River.

Shamwari Private Game Reserve (RRRRR), Tel. 041-4071000, www.shamwari.com. Eines der ersten privaten Wildnisreservate im Eastern Cape, entstanden aus mehreren aufgelassenen Farmen, ehemaligen Farmgebäuden und englischen Herrenhäusern. Heute stehen insgesamt sieben verschiedene Unterkünfte zur Verfügung. Im Süden des Reservats besteht außerdem die Möglichkeit, in der **Bayethe Lodge** zu übernachten, einem luxuriösen Zeltcamp mit sechs Leinwandbehausungen für etwas direkteren Fauna-Kontakt.

Nguni River Lodge (RRRRR), zwischen Addo und Paterson, Tel. 042-2351022, www.ngunilodges.co.za. Im afrikanischen Stil erbaute Lodge, sieben riedgedeckten Rundhütten in warm-erdigen Farbtönen; jede Suite hat ihren eigenen kleinen Pool.

Zebrastreifen im Busch: Kreuzung im Kwandwe Game Reserve

Westküste und Cederberge
Fische und Felsen

Südafrikas **West Coast** ist berühmt für ihr Seafood, das oft in Open-air-Restaurants gegrillt serviert wird. Der **West Coast National Park** gehört zu den wichtigsten Feuchtbiotopen des südlichen Afrika. Die Weine aus den **Swartland-Bergen** werden in letzter Zeit immer besser – und beliebter. Und in den zerklüfteten, wild verwitterten **Cederbergen** wächst Südafrikas berühmtes Gesundheitsgetränk, der *Rooibos-Tee*. Wie in vielen Teilen Südafrikas wird auch dort ehemaliges Farmland in seinen ursprünglichen Zustand zurückversetzt.

Route (ca. 750 km, 3–5 Tage)

Kapstadt – Bloubergstrand – R 307 Mamre – Darling – Yzerfontein – West Coast National Park – Langebaan – Paternoster – Velddrif – Lambert's Bay – R 364 Clanwilliam – Cederberge – Wuppertal – Ceres

Auf der N 1 geht es von der City Richtung Paarl und kurz darauf nach links auf die R 27, die bis **Bloubergstrand** führt. Hier entstehen die berühmten Tafelbergfotos im letzten Nachmittagslicht mit dem Meer und den Felsen im Vordergrund und dem Lichtersaum der Stadt dahinter.

Bloubergstrand

Restaurant

Mojo Blueberg (RRR-RRRR), Eden on Big Bay Shopping Centre, Ecke Otto du Plessis/Sir David Baird Drive, Tel. 021-5549671, www.moyo.co.za/restaurant-moyo-blouberg, tägl. 11–23 Uhr. Am Wochenende Frühstücks-Büfett. Afrikanische Erlebnisgastronmie pur. Verrückte Architektur und Inneneinrichtung. Mit Blick auf den Tafelberg und Robben Island von Surfboards, die als Bänke dienen und die Beine im Wasser baumeln lassen.

Information

West Coast Tourism, 58 Long Street, Moorreesburg, Tel. 022-4338505, www.capewestcoast.co.za; Infos zu Sehenswertem und Unterkünften zwischen Yzerfontein und Lambert's Bay.

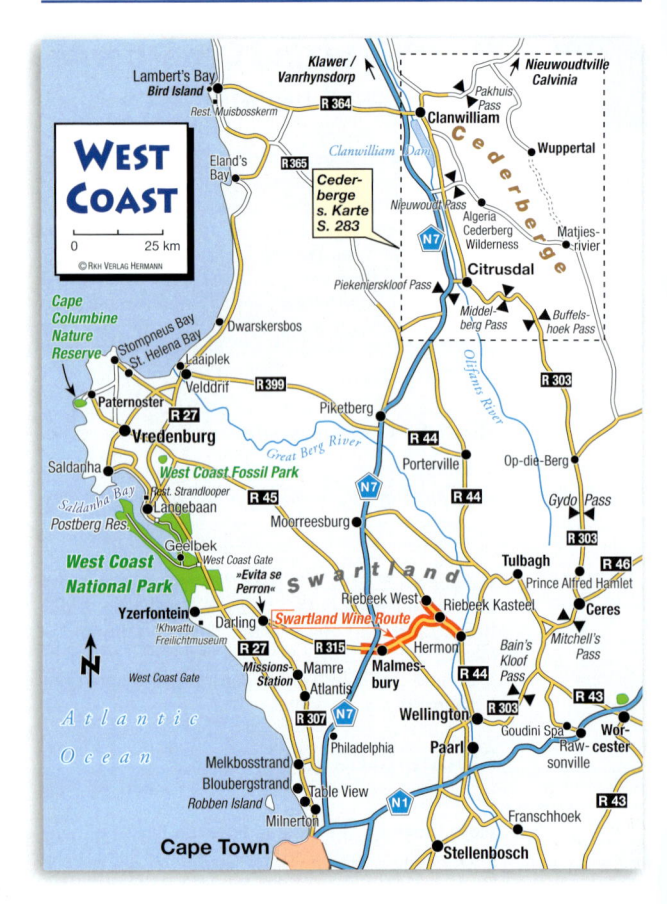

Über **Melkbosstrand** gelangen wir zurück auf die R 27. An der T-Junction mit der R 307 verlassen wir die Küstenstraße und halten uns nordwärts. Sofort wird die Landschaft deutlich trockener, Brauntöne lösen das Grün ab. Die kurvige Straße gleitet über sanfte Hügel.

Der Missionsort **Mamre** wurde 1808 von Deutschen gegründet. Die kleine Kirche und die weißverputzten, strohgedeckten Häuschen sehen aus wie die Filmkulissen zu einem Heilewelt-Heimatfilm. Bevor die Missionare kamen, war die Situation desolat. Die lokale Khoi-Gemeinde war völlig verarmt. Die Deutschen lehrten ihnen verschiedene Handwerke, wie Strohdachdecken, Mauern, Tischlern, Gerben und Schmieden. Was nicht nur dazu führte, dass sie Geld verdienen konnten, sondern auch ihr verlorenes Selbstbewusstsein zurückbekamen.

Unter mangelndem Selbstbewusstsein hat die im folgenden beschriebene „Dame" nie gelitten: Das kleine Örtchen **Darling** ist durch Südafrikas berühmteste weiße Südafrikanerin, die ein Mann ist, auf die touristische Landkarte gelangt. Der Kabarettist **Pieter Dirk Uys,** der heute so über den ANC *(„You ANC nothing yet")* herzieht wie zu Zeiten der Apartheid über die National Party, hat sich hier niedergelassen. Sowohl privat als auch „geschäftlich". In der kleinen ehemaligen Bahnstation „Evita se Perron" hat er sein eigenes Theater mit Restaurant. Im Garten, *Boerassic Park* genannt, finden sich satirische Apartheid-Interpretationen. Pieter-Dirk, Sohn eines Afrikaner-Vaters und einer deutsch-jüdischen Mutter, konnte sich nur deshalb ungestraft freizügig über die einstige konservative Buren-Regierung äußern, weil er sich auf der Bühne in eine Frau verwandelte – und es bis heute tut. Die elegante „Dame" heißt *Evita Bezuidenhout* und sollte von Darling-Besuchern unbedingt einmal live erlebt werden. Sobald Evita bzw. Pieter merkt, dass Deutsche im Publikum sitzen, baut er ein paar passende deutsche Sprachbrocken mit ein …

Neben der Hauptattraktion Evita ist Darling vor allem für seine im Frühling (September/Oktober) herrlich blühenden Wildblumen bekannt.

Evita Bezuidenhout über die Wildblumen in Darling: „Some of the flowers are unique, such as the ones from Taiwan in my garden. They're open 24 hours a day and never need water. Just dust them once a week."

Die unverwechselbare Silhouette des Tafelbergs vom Bloubergstrand

Darling

Info

Darling Tourist Bureau, Pastorie Street, Tel. 022-4923361, www.darlingtourism.co.za; Tipps zum Übernachten in und um Darling.

Weingüter

Swartland Wine Route, Tel. 022-4871133, www.swartlandwineroute.co.za; Infos zu den über 20 produzierenden Weingütern der Swartland-Region.

Nicht verpassen sollte man folgende Westküsten-Weingüter (www.westcoastwineroute.co.za, Tel. 027-2133126):

Darling Cellars, Tel. 022-4922276, www.darlingcellars.co.za. Weinproben und -verkauf, Mo–Do 8–17 Uhr, Fr 8–16 u. Sa 10–14 Uhr, Kellertouren nach Vereinbarung, Picknickmöglichkeiten, in der Saison Wildblumen. Probieren: *Sir Charles Henry Darling, Lime Kilns, Cabernet Sauvignon, Shiraz, Sauvignon Blanc, Noble Late Harvest.*

Cloof, Tel. 022-4922839, www.cloof.co.za. Weinproben und -verkauf Mo–Do 10–17, Fr 10–16, Sa 10–14 Uhr; schöne Aussichten, grenzt an ein Naturschutzgebiet.

Cloof Kitchen serviert frische Salate aus dem eigenen Garten und Tortillas. Di–Sa 11–15 Uhr. Probieren: *Crucible Shiraz, Lynchpin, Inkspot Vin Noir, The Very Sexy Shiraz.*

Groote Post Vineyards, Tel. 021-4922825, www.grootepost.co.za. Weinproben und -verkauf Mo–Fr 9–17, Sa/So 10–16 Uhr. Groote Post Restaurant Mi–So. Probieren: *Sauvignon Blanc Reserve, Pinot Noir, Wooded/Unwooded Chardonnay, Riesling.*

Typisch: buntes Fischerboot an der West Coast

Restaurant

The Marmalade Cat (R) 19 Main Rd, Tel. 022-4922515. Das kleine Café in einem Geschenkeladen serviert leckere Omelette und Pies, gemütlicher Innenhof.

Evita se Kombuis (RR), Evita se Perron, Bahnstation, Tel. 022-4922831, www.evita.co.za, Di–So 9–17 Uhr. Der berühmte Satiriker Pieter-Dirk Uys hat in der kleinen Bahnstation des Winz-Kaffs Darling ein einzigartiges Kabarett-Café ins Leben gerufen. Neben seinen regelmäßigen Auftritten wird typische Burenkost serviert: Bobotie, Bredie, Curry, Koeksisters und Melktart. In Bambis Berlin Bar gibt es Wein, Bier und Hochprozentiges. Restaurant-Reservierung unbedingt erforderlich.

Unterkunft

Lelieblom Farmhouse (RR), Tel. 082-5737736, www.lelieblom.co.za. 15 km nordöstlich außerhalb Richtung Moorreesburg (dann noch 1,8 km nach rechts) bietet die Farm ein einziges Häuschen für Selbstversorger. Abends dann mit den sehr gastfreundlichen Besitzern an einer reichgedeckten Tafel traditionell speisen.

Trinity Guest Lodge (RR), 19 Long St, Tel. 022-4923 430, www.trinitylodge.co.za. Wunderschön restauriertes, viktorianisches Haus in ruhiger Umgebung, eine Übernachtung, „wie in der guten alten Zeit", nur vier Zimmer mit viel Grün, schmiedeeisernen Betten und einem üppigen Frühstück.

Darling Lodge (RR), 22 Pastorie St., Tel. 022-4923062, www.darlinglodge.co.za. Noch eine romantische Übernachtung in einem restaurierten viktorianischen Haus mit insgesamt sechs Zimmern, vier im Haus und zwei am Pool. Ebenfalls reichhaltiges Frühstück.

Weiterfahrt

Über die R 315 geht es Richtung Küste auf die R 27. In **Yzerfontein** (www.yzerfontein.net) ist vor allem während der Snoek-Fangsaison viel los. Restaurant- und Fischladenbesitzer aus Kapstadt warten dann bereits mit ihren Pickups. Die Fische fliegen vom Schiff direkt auf die Ladeflächen.

Bitte schreiben oder mailen Sie uns (verlag@rkh-reisefuehrer.de), wenn sich in der Kap-Provinz Dinge verändert haben oder Sie Neues wissen. Vielen Dank!

Langusten satt im Strandloper Restaurant

Yzerfontein

Restaurants

Kaijaiki Restaurant (RR), 36 Park Rd, Tel. 022-451 2858, www.kaijaiki.co.za, Lunch & Dinner tägl. außer Do. Muschelsuppe, gebackener Linefish, Kalamari, Felslangusten und diverse andere Pfannengerichte. Westküsten-Weine auf der Karte.

Strandkombuis (RR-RRR), Sixteen Mile Beach, tägl. Lunch & Dinner, wetter- und reservierungsabhängig, im Juni u. Juli geschlossen, Tel. 021-8735302, www.strandkombuis.co.za. Beliebtes Open-air-Fisch„restaurant" am Strand, unbedingt vorher reservieren, gigantisches Seafood-Buffet: Felslangusten-Suppe und Austern, Seafood Potjie, Muscheln, geräucherter Snoek, Linefish vom Grill u.a. Dazu frisches Farmbrot. Wer sich den Bauch vollgeschlagen hat und sich nicht mehr bewegen kann, kann im rustikalen Strandkombuis B&B (RR) übernachten.

Die Lagune von **Langebaan** ist Teil des **Westcoast National Park** und eines der wichtigsten Feuchtbiotope in Südafrika. Tausende von Vögeln leben an dem nährstoffreichen Wasser. Mehr als 250 verschiedene Arten wurden hier bislang registriert – sogar Flamingos aus der namibischen Etosha-Pfanne. Pro Saison landen hier etwa 70.000 Zugvögel.

Sehenswert

!Khwattu, R 27, kurz vor Yzerfontein, Tel. 022-492 2998, www.khwattu.org. Ein kulturelles Freilichtmuseum zum Thema der San (Buschmänner) – den Urbewohnern Südafrikas. Geführte Touren, Museum, Restaurant, Souvenirladen.

Langebaan

Information

Langebaan Tourism Bureau, Ecke Oostewal- u. Bree St, Tel. 022-7721515, www.langebaaninfo.com; Infos zu Übernachtungen, Restaurants, Surfspots und zur Blütezeit der Wildblumen.

Restaurants

Strandloper (RRR), am Strand von Langebaan, Tel. 022-7722490 o. 083-2277195, www.strandloper.com, Lunch & Dinner in der Saison, außerhalb der Saison nur Lunch. Kerniges Open-air-Seafood Strand-Restaurant im Robinson-Ambiente, stundenlang Fisch genießen, barfuß im Sand, dazu mitgebrachten Wein trinken und zum Abkühlen zwischendurch ins Meer springen ...

The Farmhouse (RRR), 5 Egret St, Tel. 022-7722062, www.thefarmhouselangebaan.co.za. Mediterrane und südafrikanische Küche in einem kapholländischen Haus aus dem Jahre 1860; sowohl Fisch- als auch Fleischspezialitäten; sehr große Weinauswahl, sowie ein kleines, kostenloses Büchlein, in dem steht, welcher Wein zu welchem Essen getrunken werden soll.

Boesmanland Plaaskombuis (RR-RRR), Club Mykonos, Tel. 082-7730646 o. 082-5605934, www.boesmanlandfarmkitchen.com, tägl. geöffnet. Open-air-Restaurant hoch oben auf den Felsen mit Blick aufs Meer; Spezialität: Burenkost und Afrikanisches; berühmt für das leckere, im Holzofen gebackene Brot, die Knoblauch-Muscheln, das auf offenen Feuern gegrillte Lamm-, Rind- und Hühnerfleisch ...

Geelbek (R-RRR), West Coast National Park, Tel. 022-7722134, www.geelbek.co.za, tägl. Frühstück und Lunch. Das hervorragende Restaurant im historischen kapholländischen Herrenhaus serviert lokale Fischspezialitäten. Vom Garten aus sieht man die türkisfarbene Lagune.

Pearlys on the Beach (RR), am Strand, Tel. 022-772 2734, www.pearlys.co.za; wie der Name bereits andeutet, isst man hier auf einer Holzterrasse direkt am Strand; gute Fleisch- und Fischgerichte, legere Surfer-Atmosphäre.

Sehenswert

Westcoast National Park, Tel. 022-7722144, www.sanparks.org/parks/west_coast. Ein 180 km² großes Schutzgebiet, das sich zwischen Yzerfontein bis Langebaan erstreckt, besonders zur Wildblumen-Saison wunderschön! Restaurant und verschiedene Unterkünfte.

Über Vredenburg auf der R 399 nach Paternoster fahren. Landkarten von 1693 verzeichnen den verschlafenen, kleinen Westküstenort noch als *St. Martins Bay*. Später wurde *St. Martins Paternoster* daraus, schließlich blieb einfach **Paternoster** übrig. Wörtlich übersetzt bedeutet dies bekanntlich „Vater unser", was viele darauf zurückführen, dass es sich dabei um die letzten Worte der häufig vor der Küste havarierten Seeleute gehandelt haben muss ... (aber Paternoster existiert auch als Nachname, ist ein Ort in Chile und in Belgien und die Bezeichnung für eine schottische Fischerboot-Takelage).

Wo der Name tatsächlich herkommt, interessiert die Bewohner nicht. Sie sind froh, da zu leben, wo es breite Sandstrände gibt, üppige Fischgründe, mehr als genug Felslangusten und viele skurrile Typen. Mehr und mehr Kapstädter legen sich hier friedsambeschauliche Wochenend-Domizile zu.

1793 schrieb der holländische Forscher Peter van Meerhof in sein Tagebuch, dass er in St. Martins Bay einen Leoparden und ein Flusspferd geschossen habe. Diese Zeiten sind längst vorbei. Aber die Sümpfe im Osten des Orts sehen noch heute sehr nach Hippo aus ... Auch Pinguine gibt es keine mehr, was an der unangenehmen Angewohnheit lag, diese im vorletzten Jahrhundert als Felslangusten-Köder zu benutzen und ihre Eier als Frühstücks-Snacks zu vertilgen. Was sich glücklicherweise bis heute erhalten hat, sind die erwähnten Felslangusten *(crayfish* oder *rock lobster)*, die zwischen November und Juli gefangen werden, die strömungs- und brandungsicheren Strände, die wunderschönen Wildblumen im Frühling und die Wale im Meer.

Die historischen Fischerhäuser wurden renoviert – meist von ruhesuchenden Kapstädtern. Den besten Fisch im Ort gibt es im **Voorstrandt Restaurant.** Die urige Kneipe steht direkt am Beach, was es zum idealen Sundowner-Platz macht. Ebenfalls einen Besuch wert ist der alte Gemischtwarenladen **Die Winkel op Paternoster,** der viktorianischen Trödel, alte Schilder, restaurierte Möbel, selbstgemachte Marmeladen und Süßigkeiten verkauft. Wer die skurrilsten Typen des Ortes live erleben möchte, muss in die Bar des **Paternoster Hotels** gehen und dort ein Bier trinken (Warnung: das „Innendekor" der Bar ist ein absoluter Alptraum für Feministinnen ...

Das mit Küsten-Fynbos bewachsene **Cape Columbine Nature Reserve** mit Leuchtturm und der bezaubernden Bucht „Titiesbaai" liegt ein paar Kilometer südwestlich des Ortes. Die Frühlingsblumenblüte „explodiert" hier besonders spektakulär!

Paternoster

Restaurants

Voorstrand Restaurant (RR-RRR), am Strand, Tel. 022-7522038, tgl. 10–21 Uhr. Das gemütliche Restaurant in einem angewitterten Holzhaus direkt am Strand serviert leckere Fischgerichte.

Gaaitjie (RRR), Sampson Road, Tel. 022-7522242. Suzi Holzhausen zaubert in ihrem Strandrestaurant ungewöhnliche Fischgerichte. Probieren: Yellowtail Curry oder im Ofen gebackener Snoek.

Unterkunft

Farr Out B&B (RR-RRR), 17 Seemeeusingel, Tel. 022-7522222, www.farrout.co.za. Kurz vor Paternoster auf einem Hügel mitten im Fynbos. Die Deutsche Besitzerin Marion Lubitz kümmert sich rührend um ihre Gäste und das Frühstück ist genial. Ehemann Deon bietet Beach Buggy Trips entlang der Küste an.

Déjà-Vu Guesthouse (RR-RRR), Tel. 022-7522013, www.deja-vu.co.za. Das Haus mit seinen vier Gästezimmern steht direkt am Meer. Der richtige Platz, um die Seele baumeln zu lassen.

Hocus Pocus und Die Opstal (RR-RRR), Cell 083-9884645, www.paternoster.co.za. Ein Auswahl an originellen weißgetünchten 1–2 Schlafzimmer-Ferienhäusern mit Blick auf die Bucht.

Friedliche Idylle: Paternoster ist einer der schönsten Orte der Westküste

The Beach Camp (R), Cape Columbine Nature Reserve, Tel. 082-9262267 www.beachcamp.co.za; übernachten à la Robinson Crusoe, mit Matratzen eingerichtete Zelte oder einfache Strandhütten direkt am Meer.

Sehenswert

Cape Columbine Nature Reserve und Leuchtturm, Tel. 022-7522718, tägl. 9–17 Uhr.

Die Winkel op Paternoster, Main St, Tel. 022-7522 632; fotogener Gemischtwarenladen aus alten Zeiten.

Über **Velddrif** geht es nahe am Meer entlang nördlich weiter, und zwar abenteuerlich und staubig, auf einer recht gut unterhaltenen Piste. Der nächste Ort heißt **Dwarskersbos,** von wo bereits Elands Bay ausgeschildert ist. Der Streckenabschnitt erinnert an die einsame Straße entlang Namibias berühmter Skelettküste.
   Elands Bay hat wieder eines dieser typischen Landhotels mit Bar aufzuweisen. Diesmal hängt zur Dekoration eine abgeschnallte Beinprothese von der Decke über dem Tresen – Burenhumor.
   Fünf Kilometer vor **Lambert's Bay** befindet sich links der Piste **Muisbosskerm.** Das Freiluft-Restaurant ist nach den Ästen des an der Küste wachsenden Muisbos-Busches benannt, aus dem es erbaut worden ist. Edward Turner, ein lokaler Farmer, erfand 1986 diese Art von Fisch-Essplatz direkt am Meer und betreibt ihn noch heute mit seiner Familie. Entlang der Westküste hat sein Beispiel Schule gemacht. Heute gilt diese Art von Restaurant als ein Synonym für eine West-Coast-Reise.
   In Lambert's Bay selbst lohnt sich ein Besuch im Hafen, von wo ein Dammweg auf die einstige **Vogelinsel** führt. Dort lassen sich manchmal Aberhunderte von Kap-Tölpeln aus nächster Nähe beobachten. Ende 2005 sorgten räuberische Robben dafür, dass die Kap-Tölpel zeitweise komplett verschwanden. Für aktuelle Infos zum Vogelbestand die Website von Cape Nature Conservation konsultieren: www.capenature.co.za.

Lambert's Bay

Information

Lambert's Bay Tourism Bureau, Church St, Tel. 027-4321000, www.lambertsbay.com, Mo–Fr 9–13 u. 14–17 Uhr, Sa 9–12.30 Uhr; in der Blumensaison (Aug-Sept.): Mo–Fr 9–17.30, Sa 9–13 Uhr. Gute Tipps zum Übernachten und zur Blumenblüte.

Lambert's Bay: Hafen mit Möwe

Restaurants

Bosduifklip (RR), Tel./Fax 027-4322735, www.bosduifklip.co.za, 4,2 km außerhalb von Lambert's Bay an der R 364 nach Clanwilliam; Lunch & Dinner je nach Vorbestellung. Das Open-air-Restaurant liegt im *Sandveld* (bewachsene Dünenlandschaft) inmitten einer steinalten Felsformation; das Büfett-Menü besteht aus herzhafter Burenkost. An Vorspeisen gibt es Snoekpastete, marinierte Muscheln, Rollmops, frische Salate und Pfeffermakrele; Delikatessen sind der gegrillte Fisch und das zarte, am Spieß gegarte Lamm; Alkohol-Ausschank; vorher reservieren.

Isabella's Restaurant (R-RR), Lambert's Bay Hafen, Tel. 027-4321177, tägl. Frühstück, Lunch und Dinner. Charaktervolles kleines Restaurant, dessen Boden aus Muschelschalen besteht, Fischspezialitäten der Westküste und hervorragende Pizzen aus dem Holzofen.

Muisbosskerm Muisbosskerm (RRR), R 365, 5 km südl. von Lambert's Bay, an der Piste nach Elands Bay, Tel. 027-4321017, www.muisbosskerm.co.za, tägl. Lunch & Dinner, abhängig vom Wetter und den Reservierungen. Mit diesem Restaurant wurde vor mehr als 20 Jahren der Trend zu den für die Westküste typischen Open-air-Seafood-Plätzen ausgelöst, das Prinzip ist immer noch das gleiche: Für einen Festpreis darf drei Stunden lang Fisch direkt am Meer gegessen werden. Vorher reservieren.

Sehenswert

Voeleiland (Bird Island), Cape Nature Conservation, Tel. 027-4822403, www.capenature.co.za, sommers tägl. 8–18 Uhr, winters 8–17 Uhr. Auf der Insel, die durch einen Damm mit dem Festland verbunden ist, kann man Kap-Tölpeln (Gannets) und Kormoranen beobachten. Ende 2005 hatten sie sich eine Weile von Bird Island zurückgezogen, nachdem die brütenden Vögel von aggressiven Robben attackiert wurden. Ranger schossen einige der „Problem"-Robben, um das natürliche Gleichgewicht wiederherzustellen.

Weiterfahrt

Tourfortsetzung von Lambert's Bay auf der R 364 nach **Clanwilliam**, in die Cederberge. Vor allem zur Wildblumenblüte im August und September wird der hübsche, kleine Ort von Besuchern überrannt. Ansonsten herrscht eine eher beschauliche Atmosphäre. Zwei südafrikanische Spezialitäten entstehen hier in Fabriken: der gesunde *Rooibos-Tee* und die bequemen weichen Lederschuhe, *Veldskoene*.

Clanwilliam – Wuppertal

Hauptgrund für einen Besuch in Clanwilliam ist, einen Tagesausflug nach **Wuppertal** einzuplanen. Die ersten 40 Kilometer sind asphaltiert, die restlichen 30 Kilometer gut befahrbare Piste für Pkw. Von Wuppertal aus kommt man nur per Allradantrieb weiter.

Zunächst geht es auf der R 364 aus Clanwilliam hinaus auf den 905 m hohen **Pakhuis Pass** – wieder ein Werk von Thomas Bain –, mitten hinein in die skurril verwitterte, rote Felsenlandschaft der **Cederberge.** Die Aussicht zurück ins Tal des *Olifants*

Wild zerklüftete Cederberge

Westküste und Cederberge

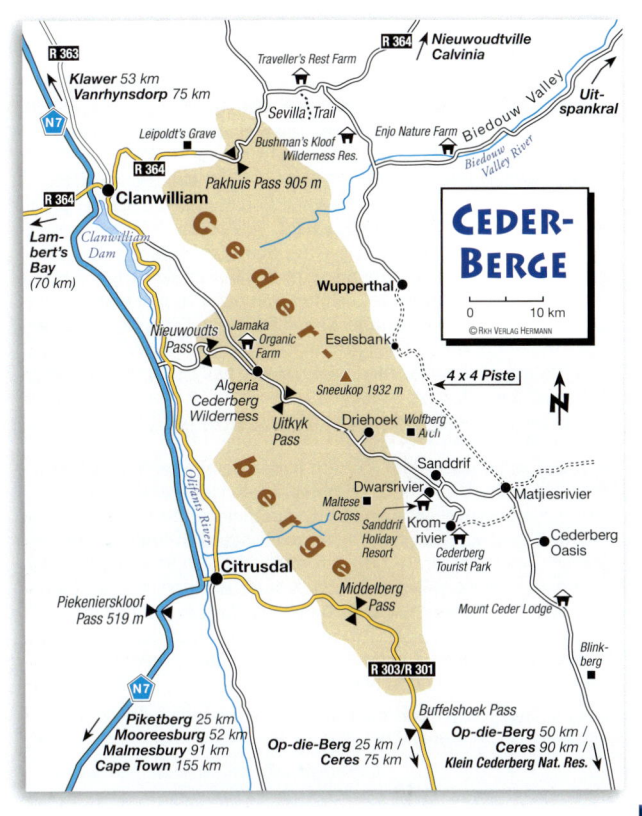

River ist super! An der Passhöhe hat der berühmte, in Clanwilliam geborene Arzt und Poet *Louis Leipoldt* seine letzte Ruhestätte gefunden. Seine Asche wurde hier 1917 nach seinem Vermächtnis in eine Buschmannhöhle gestreut. Er wollte eins werden mit der Landschaft, die er sein Leben lang so geliebt hatte.

San und Khoi lebten hier schon Tausende von Jahren, bevor die ersten Europäer ins Land kamen. Auf vielen Felsen ist die Geschichte der Urbewohner teilweise erhalten geblieben. Auf dem vier Kilometer langen **Sevilla Trail** sind besonders schöne Freiluftgalerien zu besichtigen. Auf der Farm, wo der Felsmalereien-Pfad liegt, kann günstig übernachtet werden. Es geht allerdings auch sehr luxuriös – und teuer. Der Eingang zu **Bushman's Kloof** liegt direkt an der R 364. Alle internen Zäune wurden entfernt,

Rooibos Tea

Gesund und gut. Einer der erfrischendsten Getränke an heißen und kalten Tagen ist der südafrikanische *Rooibos Tea*, auch *Khoi San Tea* genannt, in Deutschland unter dem Namen *Rotbusch-Tee* bekannt (eine völlig falsche Bezeichnung ist „Massai-Tee").

Den Namen, der „roter Busch" bedeutet, hat der Tee von seiner Farbe. Er gedeiht nur in einem kleinen Gebiet in den Cederbergen, ein paar Stunden nördlich von Kapstadt. Die Rooibos-Pflanze ist relativ klein, hat feine Nadeln wie ein junger Tannenbaum. Nur die äußersten Blattspitzen werden geerntet, dann zerkleinert und zerstampft, mit Wasser versetzt, gelüftet und dann zum Fermentieren gelagert. Danach wird er in der Sonne auf einen Feuchtigkeitsgrad von 10% getrocknet. Schließlich folgt eine Dampf-Pasteurisierung, um sicher zu gehen, dass vor dem Verpacken und Versand jedes Blatt komplett steril ist.

Der Tee schmeckt gut und ist gesund. Er ist reich an Anti-Oxidanten und enthält kein Koffein und nur wenig Tannin. Generationen von südafrikanischen Müttern haben damit ihre Babies beruhigt und ihnen damit viel Gutes getan. Rooibos-Tee enthält Mineralien, Ascorbinsäure, Vitamine und Spurenelemente von Calcium, Magnesium und Fluor. Der Tee ist völlig natürlich und wird ohne Zusatz-, Konservierungs- und Farbstoffe hergestellt. Er hat einen charakteristischen süßen, dezenten Kräutergeschmack. Er wird wie normaler Tee zubereitet und auch so getrunken, also mit oder ohne Milch, Zucker, Honig oder Zitrone. Rooibos-Tee gibt es in Südafrika in allen Supermärkten, in Deutschland gute Sorten in Reformhäusern. Die beste Qualität ist Premium Grade.

Infos im Internet: www.khoisantea.co.za, www.rooibosltd.co.za, www.roibuschtee-online.de.

Clanwilliam: Hier wird der Rooibos-Tee geerntet

Antilopen und Zebras laufen nun frei in dem Reservat herum. Auf dem alten Farmland und auf den ehemaligen Viehweiden wurden und werden natürlich vorkommende Gräser und Pflanzen wieder ausgesät. Bushman's Kloof Wilderness Reserve hat kürzlich eine weitere Nachbarfarm gekauft und damit sein privates Schutzgebiet auf 80 km² vergrößert. Begleitet von kundigen Rangern, meist Archäologie-Studenten aus Kapstadt, können hier über 150 verschiedene Buschmann-Zeichnungen bewundert werden.

Clanwilliam

Information

Clanwilliam Tourism Association, Main St, Tel. 027-4822024, www.clanwilliam.info, Mo–Fr 8.30–17, Sa 8.30–12.30 Uhr; gute Tipps zur Blumenblüte und zu den Felsmalereien, Unterkünften, Restaurants und Geländewagenstrecken.

Restaurants

Olifantshuis (RRR), Ecke R 364/Main Rd, Tel. 027-482 2301, Dinner Mo–Sa. Charmantes Restaurant mit etwas kitschiger Einrichtung. Die besten Steaks und Pizzen im Ort. Probieren: Das mit Rooibostee geräucherte Straußenfilet.

Reinhold's Restaurant (RRR), Main Rd, Tel. 027-482 2163, Dinner Di–Sa. Restaurant im 70er Jahre Stil. Traditionelle üppige Fleischgerichte, nichts für Vegetarier! Alle Gerichte können als halbe Portionen bestellt werden, für Dreiviertel des Preises.

Unterkunft

Traveller's Rest Farm (R), an der R 346, östlich vom Pakhuis Pass, Tel. 027-4821824, www.travellersrest.co.za; einfache Farmhäuser für Selbstversorger, direkt am Sevilla Trail, wo sich zahlreiche sehr schöne Buschmann-Felsmalereien befinden. Ausritte, das Khoisan Kitchen Restaurant ist nur für größere Gruppen geöffnet.

Clanwilliam Hotel (RR-RRR), Main St, Tel. 027-4821101, www.clanwilliamhotel.co.za; das nette Stadthotel liegt mitten in Clanwilliam.

Clanwilliam Lodge (RRR), Graafwaterweg, Tel. 027-482 1777, www.clanwilliamlodge.co.za. Boutique-Hotel, die Zimmer haben AC und Satellitenfernsehen, manche auch DVD-Spieler. Großer Pool mit Tagesbetten im Beduinen-Stil zum Relaxen.

Im Bushman's Kloof Reservat erklärt ein Tourguide die Bedeutung der Felsmalereien

Bushman's Kloof Private Wilderness Reserve (RRRRR), 20 km von Clanwilliam auf der R 346, Tel. 027-4822627, www.bushmanskloof.co.za. Die schönste und luxuriöseste Übernachtungsmöglichkeit auf dieser Route, leckeres Essen, afrikanisch-ethnisches Lodge-Ambiente; Pirschfahrten mit Rangern in offenen Geländewagen, Buschmannzeichnungen, Mountainbikes und Kanus, Fly-in-Safaris vom Kapstädter Flughafen möglich.

Jamaka Organic Farm (R), zwischen Clanwilliam und Algeria, Tel. 027-4822801, www.jamaka.co.za. Ökologische Zitrus- und Mangofarm mitten in den Cederbergen. Sieben Cottages für Selbstversorger am Rondegat-Fluss. Wandern, Baden, Faulenzen. Besitzer Katrin und Jannie Nieuwoudt sprechen Deutsch.

Sehenswert

Rooibos Tea Factory, Ou Kaapseweg, Tel. 027-482 2155, www.rooibosltd.co.za. Hier entsteht Südafrikas berühmter Gesundheitstee, der nur in der näheren Umgebung von Clanwilliam in den Cederbergen perfekt gedeihen kann. Interessantes Rooibos-Museum.

Strassberger Veldskoen Factory, Ou Kaapseweg, Tel. 027-4822140, Mo–Fr 7.30–12.30 u. 13.30–17 Uhr. Seit über 150 Jahren werden hier die für Südafrika typischen, weichen Lederschuhe, veldskoene genannt, handgefertigt.

Der **Sevilla Trail mit Felsmalereien**, gegenüber der Traveller's Rest Farm, zwischen Pakhuis Pass und Bushman's Kloof (Tel. 027-4821824, www.travellers

2. Teil der Fahrt nach Wuppertal

Hinter Bushman's Kloof Wilderness Reserve geht es, 40 km hinter Clanwilliam, von der R 364 nach rechts ab ins Biedouw-Tal und nach Wuppertal. Die Straße schlängelt sich durch die Berge und man hat fast das Gefühl, überhaupt nicht mehr anzukommen. Und dann ist es endlich zu sehen, tief unten im Tal des Tratra River: **Wuppertal,** das kleine, 1830 von Deutschen gegründete Missionsdorf. Einer der abgelegendsten Orte in Südafrika! Etwa 500 Menschen leben in der Siedlung, und etwa 2000 weitere in der Umgebung, in den Gemeinden *Eselbank, Langkloof* und *Cedarberg.*

Als der erste deutsche Missionar, Johann Leipold, in das Tal kam, lebten dort sieben Khoi-Familien und es gab weder einen Wegweiser, geschweige denn eine Piste. Mit dem Bau der weißverputzten, strohgedeckten Häuschen bekam der Ort ein fast alteuropäisches Aussehen, was er sich zum Glück bis heute erhalten hat.

Das Dorf ist ein ruhiger Ort und „Nightlife" ein Fremdwort. Der Ort produziert zwei Produkte, für die er heute bekannt ist. Dank Leipold war Wuppertal einst die Veldskoene-„Hauptstadt" Südafrikas. Er lehrte den Khoikhoi sein Schusterhandwerk vor 170 Jahren, und diese produzieren seither die sehr bequemen, weichen

Highlight in den Cederbergen: Das markante Malteser-Kreuz

Lederschuhe und Wanderstiefel, ohne die kein burischer Farmer aufs Feld geht. Noch Anfang des 20. Jahrhunderts trug man „Wuppertaler" in ganz Südafrika. Die Manufaktur steht heute noch, aber Schuhe der Marken Nike, Caterpillar und Hi-Tech u.a. haben sich in den letzten Jahren produktionssenkend ausgewirkt. Von einst 40 Angestellten arbeiten momentan nur noch sieben. Kürzlich wurde mit einer internationalen Vermarktungskampagne begonnen. Wuppertal-Besucher können direkt in der sehenswerten Fabrik anprobieren und kaufen. Ebenfalls seit kurzem produziert Wuppertal einen qualitativ sehr hochwertigen Rooibos-Tee.

Im August und September ist Wuppertal von einem Wildblumen-Meer umgeben. Die anfangs erwähnten Geländewagenfahrer kommen aber das ganze Jahr über. Für sie beginnt ein spektakulärer Trail mit Übernachtungsmöglichkeiten. Pkw-Besitzer müssen von Wuppertal aus den gleichen Weg wieder zurück nach Clanwilliam fahren.

Wuppertal

Information

Wupperthal Tourism, Tel. 027-4923410, www.wupperthal.co.za, Mo–Fr 9–16.30 Uhr, Sa 9–12 Uhr. Das Information Centre vermittelt die drei im Ort vorhandenen Gäste-Cottages für Selbstversorger, die etwa 300 Rand pro Häuschen und Nacht kosten.

Cederberge-Landschaft

Wuppertal 4x4 Route, zwei Geländewagenstrecken „Tra Tra Valley" und „Citadel", einsam und anspruchsvoll; 49 km/9 h oder 14 km/3 h lang, einfache Übernachtungsmöglichkeit an der Strecke, Tel. 027-482 3410.

Restaurant

Lekkerbekkie (R), Die Werf Street, Tel. 027-4823410; traditionelles Essen, das die kulinarische und kulturelle Geschichte der Region reflektiert – überraschen lassen!

Geländewagenbesitzer können den extrem steilen Schotterpass aus Wuppertal hinaus Richtung *Eselbank* wählen und von dort auf einer nicht ganz einfachen 38 km langen Piste bis nach **Matjiesrivier** gelangen. Hier liegt das Wanderparadies der Cederberge mit den berühmten Felsformationen *Malteser Kreuz* und *Wolfberg Arch*. Es gibt einige schöne Farmunterkünfte in *Driehoek, Sanddrif, Dwarsrivier* und *Kromrivier,* viele mit Fluss-„anschluss" – ein Genuss bei der hier meist vorherrschenden Hitze!

Wer von Clanwilliam kommt, fährt auf einer Piste Richtung *Algeria Cederberg Wilderness,* dann über den gleichfalls nicht asphaltierten *Uitkyk Pass* weiter bis *Driehoek, Sanddrif, Dwarsrivier* und *Matjiesrivier*.

Weiterfahrt

Von Matjiesrivier über Cederberg Oasis und Mount Ceder nach Op die Berg, dort auf die R 303, die über den Gydo Pass nach **Ceres** führt. In Ceres trifft die Westküste/Cederberge-Route auf die Weinland-Route (s.S. 157) und kann von da aus mit dieser verbunden werden.

Cederberg

Information

Es gibt eine informative Website über das gesamte 1620 km² große Schutzgebiet der **Cederberg Conservancy,** das sich vom Pakhuis Pass im Norden bis Grootrivier im Süden zieht: www.cederberg.co.za. Dort können auch die nachfolgend gelisteten Unterkünfte im Bild betrachtet werden.

Unbedingt besorgen sollten sich Besucher die übersichtliche „Slingsby's Cederberg"-Landkarte, www.themaps.co.za; in Buchhandlungen erhältlich.

Wanderpermits für das Gebiet gibt es bei *Cape Nature Conservation,* Clanwilliam, Tel. 027-4822812.

Permits und Unterkunftsbuchungen für die Cederberge und für 28 andere Schutzgebiete in der Western Cape Province können auch über das Kapstadt-Büro von CNC vorgenommen werden: **Cape Nature Conservation,** Cape Town Head Office, Tel. 021-4834051, www.capenature.org.za.

Unterkunft

Mount Ceder Lodge (RR-RRR), südliche Cederberge, Tel. 023-3170113 www.mountceder.co.za. Die beiden Steinhäuschen (Blinkberg und Waboomhoek) sind ganz besonders zu empfehlen, sie liegen ruhig und fernab, mit Blick auf den Fluss; tolle Bademöglichkeiten im ganzjährig fließenden River; das Restaurant Old Mill Countryhouse (R-RR) serviert Frühstück, Lunch und Dinner.

Kromrivier Cederberg Tourist Park (R-RR), Tel. 027-4822807, www.cederbergtourist.co.za; Chalets für Selbstversorger, Bed&Breakfast, Camping, Wander- und Mountainbike-Trails, Geländewagen-Trail, Reiten, Schwimmen im Damm und im Fluss. Tipp: „Breekkrans" ist das schönste Häuschen und liegt direkt unter einem schattigen Baum am Damm.

Sanddrif Holiday Resort (R-RR), Dwarsrivier, Tel. 027-4822825, www.cederbergwine.com. Direkt am Ufer des Dwarsrivier-Flusses, von den Chalets für Selbstversorger kann man praktisch direkt ins kühle Nass springen.

Klein Cedarberg Nature Reserve (R-RR), Tel. 023-3170783, www.kleincedarberg.co.za. Von der R 303 nördlich von Ceres abgehend, 5 km gut unterhaltene Piste, Steinhäuschen in einer grandiosen Felslandschaft; das Essen wird im Pioneer's House aus dem 18. Jh. serviert; Touren mit den Besitzern zu San-Felszeichnungen; schöne Wanderungen, Super-Sternenhimmel; Swimmingpool. Schweizer Besitzer.

Enjo Nature Farm (R-RR), von Clanwilliam aus 40 km Asphaltstraße plus 25 km Piste Richtung Wuppertal, Tel. 027-4822869, www.soulcountry.info. Die „Aussteiger" Andrea und Moritz Conrad haben sich ihren Traum erfüllt. Mitten im Nichts bieten sie kleine, einfache Häuschen zum Übernachten an. Reiten, Rundflüge, Wandern und Schwimmen im Fluss oder Pool. Der perfekte Platz, um die Seele baumeln zu lassen.

Anhang

Der Strand von Clifton

Anhang

Die Autoren dieses Reiseführers

Fotojournalistin *Elke Losskarn* hat über 20 Bücher und Kalender illustriert und ist 1996 nach Kapstadt ausgewandert. Dort bietet sie Foto-Workshops an und unterrichtet Fotografie an verschiedenen Schulen. Sie lebt mit ihrer Patchwork-Familie in Hout Bay auf der Kaphalbinsel, www.elke-losskarn.com.

Dieter Losskarn ist Reisebuch-Autor und freier Journalist, www.lossis.com.

Bildnachweis

Alle Fotos in diesem Buch von Elke Losskarn, außer:
Helmut Hermann: S. 142, 238
Fotolia.de (Bildnr./Urheber): Umschlagrückseite unten (38542989 / michael jung), S. 297 unten (2390134 / piccaya)
Shark Diving Unlimited: S. 23; Martina Hölzl: S. 33;
Face Adrenalin: S. 46; Janet Kuier: S. 49; Tom Jacobs: S. 63;
Joubert Tradauw: S. 219

Geparden, die schnellsten Landtiere der Welt

Register A–Z

Abseiling 46
Addo Elephant
  National Park 266
Amalienstein 223
Anreise 14
Arniston 207
Ashton 215

Bain's Kloof Pass 185
Banken 27
Bantry Bay 152
Barrydale 218
Bartholomeus Klip 189
Baviaanskloof 256
Betty's Bay 196
Big Five 259
Biltong 44
Bloubergstrand 271
Bloukrans-Brücke 250
Blue-Train 16
Bo-Kaap 97
Bobotie 44
Boerewors 44
Boschendal 163, 166
Bottle Store 44
Braai 44
Bredasdorp 205
Bredie 44
Bungee 46

Calitzdorp 223
Campingplätze 19
Camps Bay 150
Canal Walk 105
Cango Caves 229
Cango Ostrich Farm 229
Cango Wildlife Ranch 229
Cape Agulhas 205
Cape Columbine
  Nature Reserve 279
Cape Hangklip 195
Cape Town Carnival 73
Cederberg 289
Cederberge 271, 283
Ceres 289
Chapman's Peak Drive 21, 142
Clanwilliam 282
Clifton 152

Constantia 126

Danger Point 204
Darling 274
De Hoop Nature Reserve 208
De Kelders 204
Diplomatische Vertretungen 24
Dolphin Trail 255
Du Toitskloof Pass 213
Dwarskersbos 280

Einreise-Formalitäten 25
Elands Bay 280
Elim 204
Essen und Trinken 40

Fahrrad 47
Fauna 52
Feiertage 26
Fernkloof Nature Reserve 198
Feste 26, 90
Filmkulisse 121
Fliegen 47
Flora 66
Fotografieren 26
Franschhoek 160

Garden Route 235
Geländewagen 18
Geld 27
George 240
Geschichte 68
Gesundheit 27
Golf 47
Gordon's Bay 195
Goukamma Nature und
  Marine Reserve 242
Grabouw 160
Grahamstown 267
Grand West Casino 104

Harold Porter National
  Botanical Gardens 196
Helderberg Wine Route 159
Helshoogte Pass 168
Hermanus 198
Highgate Ostrich
  Show Farm 229

Hout Bay 144

Infostellen 28
Internet 28

Jan van Riebeeck 69
Jazz 115

Käfer-Miete 18
Kap der Guten Hoffnung 73, 138
Kap-Halbinsel 124
Kapstadt 86
Kariega Game Reserve 264
Karoo 213
Kassiesbaai 207
Kenton-on-Sea 264
Kingklip 45
Kirstenbosch 125
Kleinmond 197
Kloofing 47
Knysna 244
Knysna Elephant Park 249
Koeksisters 45
Kogelberg Biosphere Reserve 196
Kogman's Kloof 215
Kommetjie 142
Kwandwe 264

Lambert's Bay 280
Langebaan 277
Linefish 45
Lion's Head 97

Malgas 209
Mamre 272
Märkte 103
Matjiesfontein 233
Mealie Pap 45
Meiringspoort 229
Melkbosstrand 272
Melktart 45
Mietwagen 17
Miller's Point 137
Montagu 217
Montagu Pass 240
Mossel Bay 236
Motorrad 19
Mountainbike 47
Muizenberg 195

Musik 115

Nationalparks 30
Nationalparks in den Kap-Provinzen 32
Nature's Valley 255
Noordhoek 142
Notruf-Nummern 34
Nuwekloof Pass 189

Observatory 124
Öffnungszeiten 34
Old Georg Road 244
Otter Trail 255
Oudtshoorn 225

Paarl 176
Pakhuis Pass 282
Paternoster 279
Paul Sauer Bridge 255
Pflanzen 52
Plettenberg Bay 249
Port Elizabeth 261
Post 35
Prince Albert 230
Pringle Bay 195

Ratanga Junction 105
Reisezeit 35
Reiten 48
Restaurants 42
Riebeek-Kasteel 190
Riebeek-West 190
Robben Island 75, 98
Robertson 213
Roller 19
Rondevlei Nature Reserve 131
Ronnies Sex Shop 221
Rooi Els 195
Rooibos Tea 284
„Route 62" 215
Rovos Rail 16

Safari 76
Safari Ostrich Farm 229
Sandboarding 48
Scarborough 141
Sea Kayaking 48
Sea Point 153
Seweweekspoort 223

Shamwari Game Reserve 265
Shosholoza 16
Shosholoza Meyl 15
Sicherheit 36
Signal Hill 97
Simon's Town 135
Sir Lowry's Pass 160
Somerset-West 159
Sprache 36
Stanford 203
Stellenbosch 169
Stellenbosch Wine Route 172
Storms River 255
Straßenverkehr 20
Strom 36
Sundowner 77
Surfen 49
Swartberg Pass 78, 229
Swartland Wine Route 191, 274
Swellendam 221

Taal Monument 176
Tafelberg 79, 97
Tal der Affen 256
Tankstellen 36
Tauchen 49
Telefonieren 37
The Wellington Wine &
 Brandy Route 184
Tiere 52
Townships 154
Trinkgeld 37
Tsitsikamma Section im Garden
 Route National Park 253
Tulbagh 185

Übernachten 38

VAT Return 24
Velddrif 280
Vergelegen 158
Victoria & Alfred Waterfront 99
Victoria Bay 242
Voeleiland 281

Waenhuiskrans 207
Wal-Bekanntschaft 199
Wale 80, 199
Walküste 195
Waterfront 99
Weine 42
Weinland 157
Weinprobe 82
Wellington 183
Wellness 38, 180
Westcoast National Park 276
Westküste 271
Wilderness 243
Willowmore 258
Witsand 209
Wohnmobil 17
Woodstock 124
Wuppertal 282, 287

Yzerfontein 276

Zeitunterschied 38
Zollbestimmungen 38

Notizen

Helmut Hermann, Bettina Romanjuk

Tourguide Südafrika

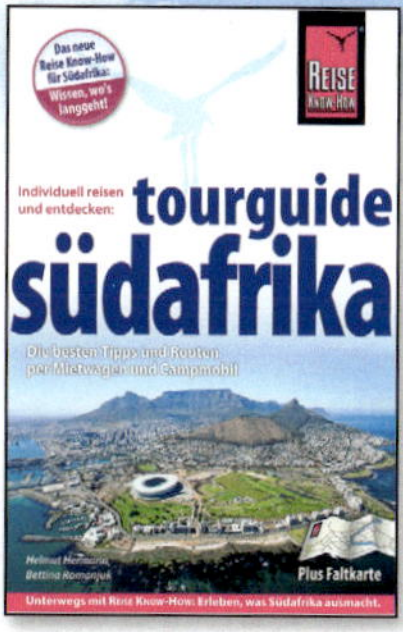

Sanibona – Willkommen in Südafrika

Mit dem „Tourguide Südafrika" das Land am Kap selbstorganisiert und authentisch kennenlernen. Unverzichtbar für alle, die das faszinierende Südafrika individuell bereisen wollen.

▸ **Routenbasiertes Konzept:** Von Johannesburg nach Kapstadt oder vice versa vom Kap der Guten Hoffnung bis zur Nordprovinz Limpopo – entdecken Sie Südafrika auf 9 Haupt- und vielen Nebenrouten. Nach persönlichem Zeitrahmen und Ihren Vorlieben ausbau- oder verkürzbar

▸ Alle praktischen Reisefragen von A bis Z, interessante Hintergrundinformationen über Land und Leute und zum neuen Südafrika

▸ Auf den Punkt gebrachte Beschreibungen von Städten und Orten mit ihren Sehenswürdigkeiten, kulturelle, künstlerische, architektonische und landschaftliche Highlights

▸ Übernachten in den südafrikatypischen und sehr gastfreundlichen Bed & Breakfasts oder in anderen Unterkünften für jeden Geldbeutel

▸ Kulinarische Empfehlungen von Kennern und Einheimischen, Wine & fine Dining-Restaurants

▸ Nicht zu versäumende Nationalparks mit ihren Tierpopulationen, spannende und unbekannte Winkel, Wandervorschläge für Fitte und Faule sowie Tipps für sportliche Aktivitäten

780 Seiten
ISBN 978-3-89662-505-2
€ 22,50 [D]

NEU

▸ Mehr als 80 Stadt- und Ortspläne, Nationalpark- und Routenkarten, alle korrespondierend mit dem Inhalt

▸ Über 370 stimmungsvolle Fotos und historische Abbildungen

▸ Glossar und ausführliches Register, Griffmarken, Seiten- und Kartenverweise zur einfachen Handhabung

▸ Zahllose geprüfte Internet-Adressen, GPS-Daten zum problemlosen Finden von Unterkünften und Sehenswürdigkeiten

▸ Konkrete Empfehlungen für Bed & Breakfasts, Hotels, Hostels und Campingplätze

▸ Strapazierfähige PUR-Bindung

▸ Aktuell recherchiert für 2013/2014

+ Faltkarte Südafrika

SÜDAFRIKA KNOW-HOW

NEWS INFOS HIGHLIGHTS TOUREN ÜBERNACHTEN WEIN-SAFARI KOMPLETTREISEN

SÜDAFRIKA: BEST OF …

ALLE | SEHENSWÜRDIGKEITEN | UNTERKÜNFTE | WEINGÜTER | FREIZEITSPASS | RESTAURANTS | WORKING FARM | STÄDTE

- ORANGE GROVE FARM
- KAP DER GUTEN HOFFNUNG
- GRANDE ROCHE HOTEL
- CANGO WILDLIFE RANCH
- PIONEER'S BUTCHER & GRILL
- LENTELUS FARM
- LEUCHTTURM IN MOSSEL BAY
- KAROO BOTANICAL GARDEN
- KAPSTADT / CAPE TOWN

Übernachtungsführer Südafrika
Die schönsten Unterkünfte in allen Provinzen
- Weingüter am Kap
- Restaurant-Empfehlungen

Bed & Breakfast, Guest Houses, Lodges, Hotels, Cottages, Apartments, Backpacker

Übernachtungsführer, Weingüter & Restaurants

Die Südafrika-Webseite:
www.suedafrikaknowhow.de

Informieren Sie sich über:

- ☺ Land & Leute Südafrika
- 🧳 Reisevorbereitungen
- ✪ Sehenswürdigkeiten
- ✎ Reise-Neuigkeiten

und anderes mehr …

- ▶ Für Smartphones und Tablets
- ▶ Modernes Full-Screen-Design
- ▶ Diashow, filterbar nach Interessen
- ▶ Interaktive Touren

WEIN-SAFARI SÜDAFRIKA

Bettina Romanjuk

Übernachtungsführer Südafrika

Der einzige Übernachtungsführer für Südafrika in deutscher Sprache

NEU: Inklusive zusätzlichem Gratis-Download des Buches als PDF für alle Käufer.

- Dieser Übernachtungsführer ist die ideale Ergänzung zu herkömmlichen Südafrika-Reiseführern. Alle Unterkünfte sind mit Beschreibung, einem oder mehreren Fotos und Kontaktdaten aufgeführt.

- Vorgestellt werden Bed & Breakfasts, Gästehäuser, Lodges, Hotels und Ferienhäuser oder -wohnungen. Auf deutsche oder kinderfreundliche Häuser wird ebenso hingewiesen wie auf das Vorhandensein von Pool, Gästerestaurant oder W-Lan bzw. Internetanschluss.

- Neu ist ein ergänzendes Kapitel, das **Weingüter am Kap** vorstellt – mit Kontaktdaten, Weinanbau-Schwerpunkten, Öffnungszeiten und Informationen zur Kellerbesichtigung, Tastings oder Restaurant, falls vorhanden.

- Des weiteren **Restaurant-Empfehlungen** für viele der im Buch aufgeführten Orte.

- Alle Unterkünfte und Weingüter mit **QR-Code** für die Website.

Übernachtungsführer Südafrika
3. aktual. Auflage 2014
336 Seiten • € 14,90 [D]
ISBN 978-3-89662-503-8

▸ Über 400 Unterkünfte mit Farbfotos und Beschreibungen

▸ Übersichtskarten der Weingebiete am Kap

▸ Zahlreiche Übersichts- und Detailkarten

www.suedafrikaperfekt.de

Die Südafrika-Homepage von REISE KNOW-HOW mit Informationen zu Unterkünften und mehr …

Christine Philip

Südafrika

Südafrika mit diesem kompletten Reisehandbuch entdecken:

- **Informiert reisen:** Für alle neun Provinzen sorgfältige Beschreibung der sehenswerten Orte, der schönsten Naturschutzgebiete, Tier- und Nationalparks. Mit vielen Wanderungen und Tipps zur aktiven Freizeitgestaltung.
- **Praktische Tipps und Wissenswertes** zur Reisevorbereitung und zum täglichen Reiseleben. Viele Internet- und eMail-Adressen für zusätzliche Informationen. Mit neuen südafrikanischen Städtenamen.
- **Durch Südafrika reisen:** Unterwegs zu Naturschönheiten und bekannten Sehenswürdigkeiten mit Mietwagen oder Camper, Transporthinweise für Busse, Flugzeug und Eisenbahn. Routen- und Streckenvorschläge für mehrere Wochen Aufenthalt.
- **Präzise Streckenbeschreibungen und detaillierte Karten,** um auch abgelegene Gebiete bereisen zu können. Viele lohnenswerte Abstecher.
- **Zahllose Unterkunftsempfehlungen und kulinarische Tipps** für jeden Geldbeutel von preiswert bis luxuriös.

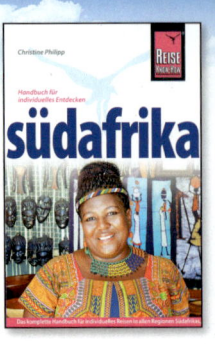

9. Auflage 2014
792 Seiten
ISBN 978-3-89662-610-3
€ 25,00 [D]

- Mehr als 100 Stadtpläne und Karten, praktische Übersichtskarten in den Umschlagklappen
- Griffmarken, Seiten- und Kartenverweise zur einfachen Handhabung
- Mit Glossar und großem Register
- Abstecher nach Lesotho, Swaziland und Namibia
- Informativer Geschichtsteil, viele unterhaltsame Exkurse
- Ausführliche Kapitel über Kapstadt, Krüger-Nationalpark, Garden Route

Daniela Schetar und Friedrich Köthe

Namibia

Ganz Namibia mit diesem Reisehandbuch entdecken. Die 7. aktualisierte Auflage dieses Buches …

- kombiniert detailgenaue, vor Ort recherchierte praktische Informationen mit unterhaltsamen und informativen Exkursen zu Geschichte, Hintergründen und den Menschen des Landes
- nennt und gewichtet nahezu alle Unterkünfte in Namibia mit Internet-Kontakt, enthält genaue Stadtpläne mit Lageangaben der Hotels
- erlaubt mit integriertem Routenplaner die einfache Planung der Reise und macht mit GPS-Daten und exakten Kilometertabellen jedes Ziel auffindbar
- führt in die Nachbarländer, nach Victoria Falls, Botswana und in den südafrikanischen Kgalagadi Transfrontier National Park
- listet eine Vielzahl an Aktivitäten, wie Ballonfahren, Fallschirmspringen, Quadbike-Fahren, Reiten, Wandern, Fly-in-Safaris, Angelausflüge, Kajaktouren
- ermöglicht Ihnen die Reise in Gebiete und Landschaften, in die „andere" nicht kommen

So urteilten Benutzer der vorherigen Auflagen:

- »Das Reisehandbuch ist wirklich Klasse und hat wesentlich dazu beigetragen, dass uns dieser Urlaub unvergessen bleibt …«
- »Ihr wirklich ausgezeichneter Reiseführer hat sich als sehr ausführlich und hilfreich erwiesen …«
- »… ich konnte kein anderes Buch vergleichbarer Qualität finden!«

7. Auflage · 660 Seiten
ISBN 978-3-89662-326-3
€ 25,00 [D]

- Strapazierfähige PUR-Bindung
- Mehr als 55 Stadtpläne und Karten, praktische farbige Übersichtskarten in den Umschlagklappen
- Über 100 Fotos und Abbildungen
- Griffmarken, Seiten- und Kartenverweise zur einfachen Handhabung
- Informative Hintergrundberichte, ausführlicher Tierteil und umfangreiches Register
- Mehr als 650 Unterkunftsadressen
- Namibias Reiseziele auf 32 Routen entdecken
- Eine Unzahl an GPS-Daten

Die schönsten Unterkünfte in Südafrika
www.suedafrikaperfekt.de

Willkommen in Südafrika!

- 🛏 Große Auswahl an Unterkünften und Hotels
- 📄 Filtermöglichkeiten nach Vorlieben
- € Unterkünfte in allen Preisklassen
- 🌐 Interaktive Karte aller Unterkünfte
- ★ Gästebewertungen
- 💼 Reisen in Südafrika
- ☺ Informationen zu Land & Leuten
- 🍽 Wining & Dining
- 📖 Reiseführer und Literatur
- 🚩 Jetzt auch mit Unterkünften in Namibia

Elke's Foto-Workshop
Fotografieren wie ein Profi...

Elke Losskarn, die Fotografin des Reiseführers „Kapstadt, Garden Route, Kap-Provinz", bietet in Hout Bay Fotokurse in deutscher Sprache an oder kann für einen Tag als Reisebegleiterin gebucht werden. Sie kennt die besten Fotospots auf der Kaphalbinsel.

www.elke-losskarn.com · info@elke-losskarn.com
Tel. ++27-(0)72-3721047

www.eenuurkop.co.za

Cottages   Guest Farm   Swellendam

Rad- und andere Abenteuer aus aller Welt

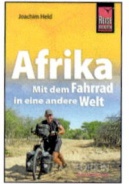

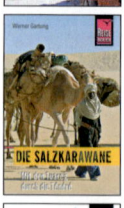

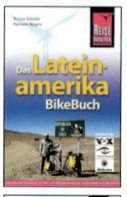

Edition Reise Know-How

In der Edition Reise Know-How erscheinen außergewöhnliche Reiseberichte, Reportagen und Abenteuerberichte, landeskundliche Essays und Geschichten. Gemeinsam ist allen Titeln dieser Reihe: Sie unterhalten, sei es unterwegs oder zu Hause – auch als ideale Ergänzung zum jeweiligen Reiseführer.

Abenteuer Anden – Eine Reise durch das Inka-Reich
ISBN 3-89662-307-9 · € 17,50

Afrika – Mit dem Fahrrad in eine andere Welt
ISBN 978-3-89662-522-9 · € 19,90

Auf Heiligen Spuren – 1700 km zu Fuß durch Indien
ISBN 3-89662-387-7 · € 17,50

Auf und davon – Auf Motorrädern durch Europa, Asien und Afrika
ISBN 978-3-89662-521-2 · € 19,50

Die Salzkarawane – Mit den Tuareg durch die Ténéré
ISBN 3-89662-380-X · € 17,50

Durchgedreht – Sieben Jahre im Sattel
ISBN 3-89662-383-4 · € 17,50

Myanmar/Burma – Reisen im Land der Pagoden
ISBN 3-89662-196-3 · € 17,50

Odyssee ins Glück – Als Rad-Nomaden um die Welt 10 Jahre, 160.000 km und 5 Kontinente · ISBN 978-3-89662-520-5 · € 19,90

Please wait to be seated – Bizzares und Erheiterndes von Reisen in Amerika. ISBN 3-89662-198-X · € 12,50

Rad ab – 71.000 km mit dem Fahrrad um die Welt.
ISBN 3-89662-383-4 · € 17,50

Südwärts – von San Francisco nach Santiago de Chile.
ISBN 3-89662-308-7 · € 17,50

Suerte – 8 Monate auf Motorrädern durch Südamerika.
ISBN 978-3-89662-366-9 · € 17,50

Taiga Tour – 40.000 km allein mit dem Motorrad von München durch Russland nach Korea und Japan · ISBN 3-89662-308-7 · € 17,50

USA Unlimited Mileage – Abgefahrene Episoden einer Reise durch Amerika · ISBN 3-89662-189-0 · € 14,90

Völlig losgelöst – Panamericana Mexiko–Feuerland in zwei Jahren
ISBN 978-3-89662-365-2 · € 14,90

Die goldene Insel – Geschichten aus Mallorca
ISBN 3-89662-308-7 · € 10,50

Eine Finca auf Mallorca oder Geckos im Gästebett
ISBN 3-89662-176-9 · € 10,50

Eine mallorquinische Reise – Mallorca 1929
ISBN 3-89662-308-7 · € 10,50

Geschichten aus dem anderen Mallorca – Robert Graves
ISBN 3-89662-269-3 · € 12,50

„Rad & Bike"

Fahrrad Weltführer – Das Standardwerk für Fernreiseradler, 3. Aufl., 768 Seiten. ISBN 978-3-89662-527-4 · € 25,00

BikeBuch USA/Canada – 624 S., über 170 Fotos und 45 Karten
ISBN 3-89662-389-3 · € 23,50

Fahrrad Europaführer – 4. Auflage, 768 S., über 50 Karten und 280 Fotos und Abb. · ISBN 978-3-89662-527-4 · € 25,00

Das Lateinamerika BikeBuch 696 S., 92 SW- und 32 Farbfotos, 27 Karten · ISBN 978-3-89662-388-1 · € 25,00

Bestseller 5. Auflage

Peter Smolka

71.000 km mit dem Fahrrad um die Welt:

Rad ab!

Vier Jahre lang radelte der Erlanger Globetrotter Peter Smolka um den Erdball. Zunächst durchquert er den Nahen Osten und Afrika, wo er nur knapp den Angriff eines Elefanten überlebt. In Kapstadt heuert er auf einer Segelyacht an, die nach Brasilien bringt. Nach neun Monaten Südamerika sind die nächsten Stationen Neuseeland und Australien. Bereits seine Fahrt durch Saudi-Arabien hatte in der Reiseszene für Aufsehen gesorgt. In Südostasien erhält Peter Smolka nach zähen Verhandlungen auch die Genehmigung Mynamer (Ex-Birma) auf dem Landweg zu durchqueren. Vor der Rückreise nach Europa wagt er sich schließlich nach Afghanistan hinein … Spannend, detailliert, einfühlsam und humorvoll – ein Buch für jeden, der gern reist.

Hardcover mit Schutzumschlag, 360 Seiten, plus 16 Seiten Farbfototeil
REISE KNOW-HOW Verlag · ISBN 3-89662-383-4 · € 17,50

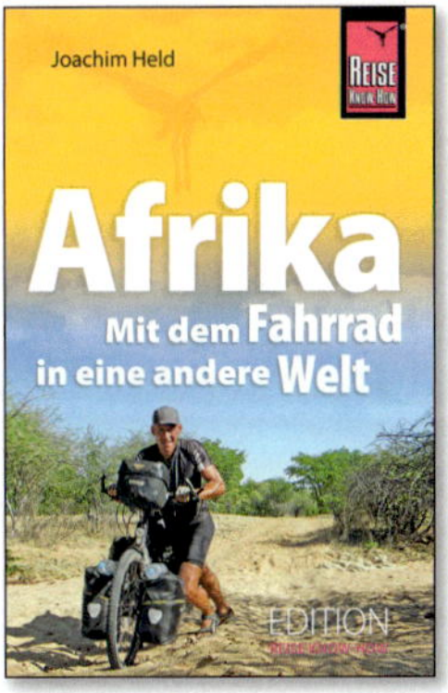

Joachim Held

Afrika

NEU – nach „Abenteuer Anden" wieder im Sattel!

Mit dem Fahrrad in eine andere Welt

Joachim Held bricht im August 2008 nach Afrika auf. Er lässt sich treiben, durchquert die Westsahara, kämpft sich durch den Kongo und weiter bis nach Kapstadt, auf dem Rückweg erklimmt er den Kilimanjaro. Am Ende ist er zwei Jahre auf 33.000 Kilometern unterwegs, fasziniert von der Lebensfreude und Hilfsbereitschaft der Menschen, aber auch tief betroffen von ihren Lebensumständen. In Sierra Leone sieht er hungernde Kinder, in Guinea gerät er in Putschwirren und in Kamerun prophezeit man ihm eine Begegnung mit dem Tod. Einen Abend sitzt er im entlegenen Dschungel Zentralafrikas mit Dorfältesten zusammen und hört Fragen, auf die er keine Antworten hat: „Warum ist Europa so reich und Afrika so arm? Was sollen wir tun? Sag' du es uns, du kommst doch aus Europa!"

Einfühlsam berichtet Joachim Held über seine Begegnungen und Erlebnisse in Afrika. Er beschreibt Höhen und Tiefen seiner Reise, gelegentlich selbst verzweifelt, aber dann auch wieder mit Humor. Angereichert mit vielen Hintergrundinformationen, ist dies ein spannendes Buch zum Mitreisen und Nachdenken.

Hardcover mit Schutzumschlag, 392 Seiten + 32 Seiten Farbteil
Reise Know-How Verlag · ISBN 978-3-89662-522-9 · € 19,90

AFRIKA HAUTNAH

Lassen Sie sich von unserem umfangreichen Reiseangebot auf unserer Website inspirieren!

Jacana Tours GmbH
Willibaldstr. 27, D-80689 München
Tel.: 089 5808041, Fax 089 5808504
e-mail: info@jacana.de

AFRICAN **JACANA** TOURS

www.jacana.de

AfriCamper.com
4x4 CAMPER RENTALS

4x4 Camper Rental
Southern Africa

WINDHOEK • CAPE TOWN • JOHANNESBURG • DURBAN
For enquiries and bookings: +27 21 8545627
www.africamper.com

www.reiseAgentur-brandner.de

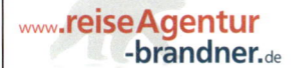

der Natur auf der Spur...   Ihr Spezialist für südliches Afrika

Kleine Gruppen   **Individual-Reisen**   **Familien**   **Photoreisen**

Salierstraße 24 · 70736 Fellbach
Tel.: ++49-(0)711-579889 - info@reiseagentur-brandner.de

Entdecken Sie AFRIKA mit uns!

**Südafrika · Namibia
Botswana · Sambia
Simbabwe · Malawi
Mosambik · Kenia
Tansania · Uganda
Ruanda · Äthiopien**

KLIPSPRINGER
www.klipspringer-tours.de

Klipspringer-Tours · Königsallee 57 · 71638 Ludwigsburg
Telefon: 07141 1477-550 · E-Mail: info@klipspringer-tours

www.klipspringer-tours.de

The Tarragon

Luxuriöse und elegante self-catering Cottages mit herrlichem Ausblick
21 Hunters Way, Hout Bay, Cape Town
Tel. 021-791 4155, Cell 076-191 7755
www.thetarragon.com

Cape Oasis Guesthouse

Nur 20min von der Innenstadt, in einem sicheren Vorort von Kapstadt, bietet die Cape Oasis Apartments, Zimmer und eine Lodge zu günstigen Preisen für Selbstversorger. Ein herrlicher Blick auf den Tafelberg, ein solarbeheizter Swimming- und Whirlpool und ein großzügiger tropischer Garten sind die ideale Basis um die Kapregion zu entdecken.

info@cape-oasis.de | www.cape-oasis.de | T: 021-5565659
C: 082-3428214 | 32, Sandpiper Crescent, Table View

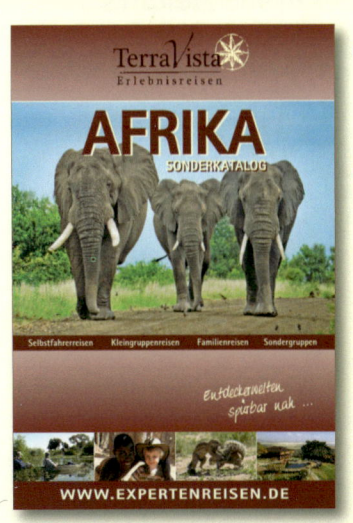

Selbstfahrerreisen ✹ Kleingruppenreisen ✹ Familienreisen

TerraVista
Südafrika-Spezialist

Kostenlos bestellbar!

www.expertenreisen.de

Persönliche Beratung: 04203-4370880

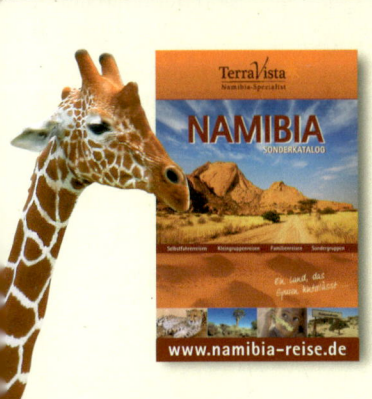

TerraVista
Namibia-Spezialist

Kostenlos bestellbar!

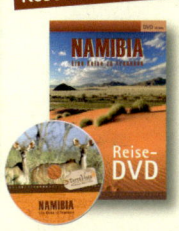

www.namibia-reise.de

Happy Hill – Knysna Heights
Bed & Breakfast · Apartments

Kleines Gästehaus mit traumhaftem Ausblick auf Lagune und Berge. Die deutschen Gastgeber Rainer und Elke Semmelroth heißen Sie herzlich willkommen und freuen sich darauf, Sie zu verwöhnen und auf Wunsch auch Wanderungen mit Ihnen in dieser schönen Umgebung zu unternehmen.

21 Mc Clelland Circle
Knysna - Knysna Heads 6571
Tel.   +27 (0)44 382 6627
Handy +27 (0)76 112 0521
dt. Tel. +49 (0)30 60 98 24 91

rainersemmelroth@telkomsa.net
www.gaestehaus-knysna.de

Hier gibt es deutsches Fernsehen.

Raus aus dem Winter und schnell in den Süden in die Wärme der Kleinen Karoo nach Südafrika, auf die Montana Straußenfarm zu supergünstigen Preisen für Luxus und Wohlempfinden

MONTANA *Guest Farm*

Tel. +27 44 272 7774
dbeitz@mweb.co.za · www.montanaguestfarm.co.za

CAPE DIEM LODGE

Die Cape Diem LODGE***** ist Ihre neue Lifestyle Lodge im Herzen der Mutterstadt Südafrikas! Lassen Sie sich auf hohem Niveau verwöhnen, während Sie am sonnigen Pool Ihr Frühstück genießen, bei einem Sundowner auf der Veranda Ihren Blick über die Bucht schweifen lassen oder das zeitlos minimalistische Ambiente der viktorianischen Villa von 1875 einfach nur genießen …

Cape Diem LODGE*****

reservations@capediemlodge.com
www.capediemlodge.com
11 Vesperdene Road,
Green Point 8005
Tel. + 27 (0)76 811 5574

FARout

Gemütliches 4-Sterne Gästehaus am Ortsrand von Paternoster: Beach Buggy Trips, Hot Tub oder Indianerzelt, was darf es für Euch sein? Lasst Euch von Marion und Deon verwöhnen.

info@farrout.co.za
www.farrout.co.za

Telefon +27 (0)22 752 2222

Macht es Euch gemütlich im voll eingerichteten Ferienhaus *Quay West* mit zwei Schlafzimmern im Herzen der „Bokkom-Republik" Velddrif.
Einfach nur die Seele baumeln lassen oder doch lieber auf Entdeckungsreise gehen …

info@quaywestcoast.com · www.quaywestcoast.com

Restvale
Nelspoort
2119
Molteno Pass
Karoo National Park
Rosesberg Pass
Teekloof Pass
2054
Nuweveldberge
Renosterkop
Old Town Hall
N.G. Church
Beaufort West
1913
Droërivier
R306
R 61
N1
N12
Leeuw
Leeugamka Dam
Letjiesbos
Wiegnaarspoort
Merweville
R353
Luttig
Leeu-Gamka
Kruidfontein
1189
Zwarts
Prince Albert Road
Dwyka
R407
Gamka
Seekoegat
Kommandokraal
Witte
Koup
Water Mill
Prince Albert
Swartberg Pass
Groot Swartberge
Klaarstroom
Gamkapoort Dam
Cango Caves
2319
Meiringspoort
Seweweekspoort Pass
Matjiesvlei
Matjiesrivier
Grootkraal
Schoemanspoort
De Rust
2504
Huisrivier Pass
Kruisrivier
Schoemanshoek
Olifants
Ladismith
Groenfontein
R328
R341
Zoar
Calitzdorp
R 62
Oudtshoorn
Dysselsdorp
Karoo
Suspension Bridge
Kammanassieberge
Oosgam
De Hoop
Kamanassie Dam
R327
1605
Volmoed
1997
Potjiesberg Pass
Rooiberg Pass
Koutjie
Daskop
Molenrivier
Outeniekwaberge
Montagu Pass and Old Smithy
N9
Speelmanskraal
Van Wyksdorp
Groot
Noll
Old Toll House
1309
1580
Herold
Kleinplaat
Prince Alfred
Robinson Pass
Outeniqua Pass
Bergplaas
Barrington
Homtini Pass
Ruitersbos
Blanco
George
Cloetes Pass
Rondevlei
Phantom Pass
Toll House
Langberg
Sinksabrug
Sedgefield
Knysna
Langeberg
Wilderness
Pacalts
Herbertsdale
Brandwag
Herolds Bay dorp
Wilderness National Park
Belvidere Church
The Heads
Groot Brakrivier
Mossel Bay
Knysna Lake Area
Du Plessis Pass
Hartenbos
Walker Point
Riversdale
Mossel Bay
N2
Albertinia
Dana Bay
Gourits
R305
Johnson's Post
Vlees Bay
Vless Bay
Droëvlakte
351
Cape Vacca (Kanonpunt)
Still Bay East
Gouritsmond
Still Bay West
Groot Jongensfontein
212
Cape Barracouta
I N D I A N